2014年度天津市哲学社会科学规划基金项目（后期资助）
“中日琉球归属交涉研究（1854—1894）”（编号：TJZZHQ1402）

东亚地缘政治格局变迁视阈下的
中日琉球问题研究

（1854—1894）

刘少东◎著

时事出版社
北京

图书在版编目（CIP）数据

东亚地缘政治格局变迁视阈下的中日琉球问题研究：1854－1894/刘少东著.—北京：时事出版社，2018.8

ISBN 978-7-5195-0223-2

Ⅰ.①东… Ⅱ.①刘… Ⅲ.①琉球群岛—中日关系—地缘政治学—研究—1854－1894 Ⅳ.①D829.313

中国版本图书馆 CIP 数据核字（2018）第 107941 号

出版发行：时事出版社
地　　址：北京市海淀区万寿寺甲 2 号
邮　　编：100081
发行热线：（010）88547590　88547591
读者服务部：（010）88547595
传　　真：（010）88547592
电子邮箱：shishichubanshe@sina.com
网　　址：www.shishishe.com
印　　刷：北京朝阳印刷厂有限责任公司

开本：787×1092　1/16　印张：14.5　字数：252 千字
2018 年 8 月第 1 版　2018 年 8 月第 1 次印刷
定价：88.00 元
（如有印装质量问题，请与本社发行部联系调换）

目　录

前　言 …………………………………………………………… (1)

序　章　地缘政治下的中日琉关系 ……………………………… (9)
　第一节　地缘政治下的朝贡体系 ……………………………… (9)
　第二节　封贡体系下的中日琉关系 ………………………… (16)

第一章　美国远征时代的琉球签约 …………………………… (32)
　第一节　佩里签约琉球 ……………………………………… (32)
　第二节　万国签约琉球 ……………………………………… (38)

第二章　日本明治初期的琉球吞并 …………………………… (45)
　第一节　谋取琉球策略 ……………………………………… (45)
　第二节　占有琉球准备 ……………………………………… (53)
　第三节　吞并琉球方针 ……………………………………… (58)

第三章　日本侵台前后的琉球立约 …………………………… (67)
　第一节　蓄谋问罪琉案 ……………………………………… (67)
　第二节　中日台湾战事 ……………………………………… (88)

第四章　格兰忒访晤下的琉球斡旋 …………………………… (106)
第一节　处分阻贡与求援 ……………………………………… (106)
第二节　何如璋琉球照会 ……………………………………… (112)
第三节　格兰忒与琉案 ………………………………………… (128)

第五章　分岛复国过程的琉球交涉 …………………………… (142)
第一节　中日预备交涉琉案 …………………………………… (142)
第二节　琉球君臣交涉复国 …………………………………… (170)

结　语 ……………………………………………………………… (185)

参考文献 …………………………………………………………… (206)

后　记 ……………………………………………………………… (227)

前 言

1937 年 3 月，毛泽东亲笔撰写《祭黄帝陵文》[①] 有云“琉台不守，三韩为墟”，将琉球摆在与台湾同等重要的位置，表达出对收回琉球主权的重大关注。

2012 年，中日关系经历风风雨雨，迎来了邦交正常化 40 周年。就在这样一个历史性时刻，日本一些右翼分子却发表了狂词怪论。该年 4 月 16 日，在美国访问的石原慎太郎突然抛出东京都要“购买”钓鱼岛的计划，再次把中日两国民众最为敏感、最为关切的领土争端问题推到舆论的风口浪尖。

① 此篇祭文作于 1937 年 3 月，由毛泽东起草，毛泽东、朱德两人署名。同年 4 月 5 日，林伯渠受毛泽东、朱德委派，代表中华苏维埃全体人民在陕西省黄陵县黄帝陵祭陵仪式上宣读。《祭黄帝陵文》为 1937 年 4 月 6 日延安《新中华报》上题为《苏维埃代表林伯渠参加民族扫墓典礼》的文章所报道披露。（《新中华报》为苏维埃中央政府机关报，时为蜡版刻写，发行量极为有限。）转引自《党的文献》2005 年第 5 期。《祭黄帝陵文》全文如下：“中华民国二十六年四月五日，苏维埃政府主席毛泽东、人民抗日红军总司令朱德敬派代表林祖涵，以鲜花时果之仪致祭于我中华民族始祖轩辕黄帝之陵。而致词曰：赫赫始祖，吾华肇造，胄衍祀绵，岳峨河浩。聪明睿智，光被遐荒，建此伟业，雄立东方。世变沧桑，中更蹉跌，越数千年，强邻蔑德。琉台不守，三韩为墟，辽海燕冀，汉奸何多！以地事敌，敌欲岂足，人执笞绳，我为奴辱。懿维我祖，命世之英，涿鹿奋战，区宇以宁。岂其苗裔，不武如斯，泱泱大国，让其沦胥。东等不才，剑屦俱奋，万里崎岖，为国效命。频年苦斗，备历险夷，匈奴未灭，何以家为。各党各界，团结坚固，不论军民，不分贫富。民族阵线，救国良方，四万万众，坚决抵抗。民主共和，改革内政，亿兆一心，战则必胜。还我河山，卫我国权，此物此志，永矢勿谖。经武整军，昭告列祖，实鉴临之，皇天后土。尚飨！”

石原慎太郎四处宣称他为了捍卫“尖阁列岛”（中国的钓鱼岛[①]）已经奋斗了40年。他在一篇题为《有一种国难叫“尖阁列岛”》的万字长文中，指责美国政府40年来“态度暧昧”，不愿在国际法庭为日本“拥有”钓鱼岛作证，指责日本外务省40年来“懦弱无力”，不允许日本运输省把他树立在钓鱼岛的灯塔标记在海图上。其以最后一赌的姿态试图撞击中日关系的底线。

日方力图割裂钓鱼岛与中国台湾的历史联系，并一再否认《马关条约》中的“台湾附属岛屿”包括钓鱼岛。但大量历史文献表明，中国政府将钓鱼岛纳入台湾管辖下，从海防和行政两个方面都对钓鱼岛实施了长期的有效管辖，钓鱼岛并不是无主之地，而是中国台湾的附属岛屿。钓鱼岛及其附属岛屿不仅有中国渔民长期经营，而且至少从明代中叶开始就纳入中国政府的海防范围，由中国政府采取了实际管辖措施。这一历史事实，比日本所称1895年1月内阁决定窃据要早300多年。

中国外交部发言人刘为民强调：钓鱼岛及其附属岛屿自古以来就是中国的固有领土，中国对此拥有无可争辩的主权。日方无权在钓鱼岛海域执行任何“公务”，日本对钓鱼岛采取任何单方面行动都是非法和无效的。2013年5月8日，《人民日报》发表文章，呼吁对琉球列岛的归属“再议”[②]。

《人民日报》2013年5月8日发表《论〈马关条约〉与钓鱼岛问题》

---

① 钓鱼岛诸岛位于台湾省东北，距中国台湾基隆港约190公里，距日本冲绳岛西南约420公里。钓鱼岛诸岛总面积约5平方公里，岛屿周围的海域面积约17万平方公里，相当于五个台湾本岛面积。据英国著名学者李约瑟所著的《中国科学技术史》记述：早在1430年完成的中国明朝《顺风相送》一书，首先就提到了钓鱼岛是福建往琉球途中航路指标地之一，可见钓鱼岛早就为中国人民发现及利用。2012年7月6日，日本政府计划年内实现钓鱼岛“国有化”。而据日本《产经新闻》2012年7月7日报道：2012年7月6日，日本政府高官造访在东京都厅办公的石原慎太郎，传达了将钓鱼岛（日本称“尖阁列岛”）本岛、南小岛、北小岛三岛“国有化”的方针。日本政府官员也已经开始与岛屿“所有者”谈判。日本计划于2012年内促成岛屿的“国有化”。三个岛屿目前为私人“所有”。日本政府从私人手中租借这三个岛屿，合约在每年3月末更新，但2013年合约更新似乎难以实现。据某政府相关消息人士透露，“石原不断发表挑拨式的言论，如果他执意‘收购’钓鱼岛，日中关系的恶化将无法避免”。日本政府由此判断，在东京都做出收购决定前，有必要将岛屿“国有化”。2012年4月，石原曾声称东京都要“购买”钓鱼岛。随后，正租借岛屿的日本政府就与东京都政府展开了非正式的协商。为了“购买”钓鱼岛，石原在民间募集的资金已高达13亿日元。

② 张海鹏、李国强：“论《马关条约》与钓鱼岛问题”，《人民日报》，2013年5月8日。

一文，该文称："历史上悬而未决的琉球问题也到了可以再议的时候。"同时指出："冲绳本是琉球王国所在地。琉球王国是一个独立的国家，明初即接受明朝皇帝册封，是明清时期中国的藩属国。""1879 年，日本政府以武力派往不设军队的琉球，将琉球国王强行押解到东京，吞并琉球王国，将它改名为冲绳县。日本历史美其名曰'琉球处分'。"法新社于 2013 年 5 月 8 日对此分析称，琉球群岛中最大的岛屿——冲绳岛是美国主要军事基地。中国呼吁再议琉球群岛归属，旨在向日本施加压力，迫使其在钓鱼岛问题上做出妥协。法新社称，琉球群岛含美国空军和海军基地所在地——冲绳岛，该岛有 130 万居民。① 法新社文章还提到《开罗宣言》和《波茨坦公告》，认为在这两篇宣言中都存在战后处置日本的规定，同时日本天皇接受了这些规定。"依照这些规定，不仅台湾及其附属诸岛（包括钓鱼岛诸岛）、澎湖列岛要回归中国，历史上悬而未决的琉球问题也到了可以再议的时候。"此外，文章再次重申了中国政府对钓鱼岛的主权。据法新社分析，因钓鱼岛归属争议，中日两国在最近数月卷入了一场"口水战"，而中国定期派遣舰船进入钓鱼岛附近海域巡逻，这使外界担忧两国可能爆发武力冲突。

中日东海争端爆发，不少日本学者认为，无知的日本右翼臆想在东海得寸进尺，只会推动琉球独立。日本在东海挑衅，不但难保琉球，还会招致灭国之灾。日本历史学家井上清引经据典说明琉球与钓鱼岛是中国的领土，批判日本政府的侵略扩张政策和极右翼势力伪造、捏造历史的可耻行为。② 日本著名外交学者信夫清三郎曾认为："直到近代日本吞并琉球之前，日琉关系'与日朝关系一样，即是一种具有正式邦交意义的'通交'关系，同属'通信之国'。"

香港中文大学的威力 · 兰姆（Willy Lam）③ 也分析称，冲绳岛是琉球群岛中最大的岛屿，距离日本大陆约 1000 公里，历史上曾经是中国的藩属

---

① 据法媒称："中国再议琉球主权迫使日本在钓鱼岛妥协"，环球网，2013 年 5 月 9 日。

② 唐淳风编著：《悲愤琉球》，东方出版社，2014 年版，第 2 页。

③ 威力 · 兰姆是研究中国政治的专家，其认为中国对日本琉球群岛主权的质疑，目的可能在于提高在东部海域争议中的筹码。威力 · 兰姆还认为这是一场心理战，重点要给日本施加压力，从而迫使日本政府在钓鱼岛问题上做出妥协。

国琉球王国的中心，在1879年被日本侵略。一些中国人认为历史关系是认定主权的基础，因而否认日本对这些岛屿的占领，认为这是日本侵略的后果，而二战已经判定日本为战败国。“中国在主权问题上变得日益坚定，亚洲各国也因此投入了巨大的资金来提高海洋防卫能力。”

针对《人民日报》刊文质疑冲绳县归属日本的正当性，日本2013年5月8日提出“抗议”，中国外交部发言人于9日表示不接受日方所谓“抗议”。事实上，不但钓鱼岛不属冲绳，连冲绳都不是日本的“固有领土”，而是侵占他国的领土。就此，日本前民主党党首冈田克也①在其任期内，曾经常公开宣称“冲绳是中国的领土”。

据日本媒体消息，针对日本政府欲将钓鱼岛“收归国有”一事，美政府高官称，钓鱼岛适用于《美日安保条约》，但美国将不会参与中日钓鱼岛主权纷争。2013年7月9日，美国高官首次明确表示，钓鱼岛“属于《美日安保条约》第5条的适用范围”。美国对此本是心知肚明，却公然帮腔日本，指责中国。这就有必要揭穿美日勾结剥夺琉球主权的真相。

2015年4月，日本冲绳县知事翁长雄志随同由日本国际贸易促进会会长河野洋平率领的访华团来到中国，引起日本媒体的关注。据日本《朝日新闻》4月15日报道，翁长访华前正因美军向普天间转移基地问题和日本中央政府发生对立，在这种情况下访问中国，他不得不保持紧张，免得给人留下“亲中国”的印象。《朝日新闻》称：14日上午，在日中企业家举

① 冈田克也于1953年7月14日生于三重县四日市，1976年冈田克也毕业于东京大学法律系专业，1990年到1997年，他先后加入自民党、新生党、国民之声党、民政党等多个党派。1998年随民政党一起加入民主党，从2004年5月18日开始就任民主党党魁。2012年1月13日日本民主党前干事长冈田克也出任日本副首相，2012年12月26日卸任。2015年1月18日，冈田克也当选日本民主党新党首。在对华政策上，冈田克也的基本认识是：日美同盟虽然是日本的外交基轴，但是如果不能与中国保持良好的关系，那么对日本的经济和政治都有损害。他把中、美、日三国的合作视为未来亚洲和世界安全与繁荣的保证，也是日本在国际上能够发挥更重要作用的条件。当年，台湾地区新任“驻日代表”许世楷拜访冈田克也时，得到的回答是：“民主党不支持台湾独立，关于台湾的未来，应该与中国（大陆）对话解决。”关于冲绳未来发展和地位的问题，冈田为首的民主党有关部门写出一个报告，其中提到冲绳古代不属于日本，并且有独立的文化，甚至提到了所谓“一国两制”和尊重冲绳人民自己的选择等问题。在参拜靖国神社问题上，冈田克也多次明确要求小泉纯一郎首相停止参拜，特别指出如果没有得到中国方面的理解就不要去参拜。

行的一场会议上，尽管中国方面对翁长知事给予特殊照顾，在向河野及驻华大使木寺昌人赠送纪念品时，也给翁长知事赠送了同样礼品，但是他却一直低头不语，在和记者对话时，他也避免言及基地问题。据同行人员透露，翁长对周围人说，此行不会谈及任何基地问题。对此，报道引用和日中关系有关人员的言论称，这表明翁长不想给以经济交流为目的的访问浇冷水。这一点，中国方面也同样慎重应对。日本《产经新闻》4 月 14 日曾挑唆称，在中国海警船不断“入侵”钓鱼岛的当下，作为管辖钓鱼岛的冲绳县知事，翁长访华应该向中国提出抗议。不过据《日本经济新闻》报道，翁长没有向中方表示任何抗议。

英国广播公司（BBC）中文网 4 月 15 日发文称，日本访华团 14 日受到中国国务院总理李克强的接见，翁长在发言中提及冲绳在琉球王国时期和中国进行经济贸易的历史。BBC 称，14 日下午随日本国际贸易促进会访华团与中国总理会谈时，在访华团团长、前日本国会众议院议长河野洋平敦促发言的契机中，翁长对李克强表示，希望加强那霸与福建省的经济交流，开通那霸与福州的定期航线。他解释说：“冲绳曾经作为琉球王国，与中国为首的亚洲进行频繁的贸易往来。琉球王国成为连接亚洲的桥梁。”他还强调琉球王国与福建省的历史渊源称：“当时福建省约有 500 至 600 人归化了琉球王国，传递了中国的文化和技术。”文章还指出，现任日本冲绳县知事翁长雄志称，琉球王国是 1429 年至 1879 年间以冲绳本岛为中心存在了 450 年的王国，与明、清两朝是从属关系。从抵抗明治政府收归时代起，琉球人就有向清朝求援的记录，直至现在冲绳人对日本的归属意识也有别于本土日本人，冲绳人抱怨“受到差别对待”，不少冲绳人将此归咎于美军将超过一半的驻日基地建在冲绳。

2015 年 5 月 17 日，日本冲绳县知事翁长雄志在集会上手中举起“不要边野古新基地”① 的标语以示抗议。9 月 14 日上午，翁长雄志还在该县政府大楼内举行记者会，宣布取消在边野古地区沿岸建设美军基地的许可证。日媒分析称，此举意味着冲绳县政府在美军基地建设问题上已与日本中央政府彻底决裂。据报道，翁长雄志在记者会上表示，由于安倍政府无

---

① 日本政府重启美军普天间机场（位于冲绳县宜野湾市），搬迁至该县名护市边野古地区。

视冲绳民众意愿，坚持在边野古地区的建设计划，极大地伤害了冲绳县民的心。该县政府委托第三方专家委员会经过调查验证，认为前知事批准基地建设的手续存在不合法的程序，故决定取消基地建设施工的许可证。

琉球问题一直横亘在中日以及日本政府与冲绳县民之间，琉球历史问题也是中日关系中最为敏感的问题之一。中国涉日示威游行中打出“收回冲绳”的标语，中国学界 2015 年掀起的冲绳地位问题的讨论，无不让日本政府感到紧张。琉球独立问题使得日本政府与冲绳县民之间的关系趋于紧张，它不仅是因钓鱼岛问题引起且影响中日之间政治外交的重要因素，更是影响中日关系的重大政治外交课题。因此研究中日之间的琉球问题，不仅具有学术价值，更具有重要的现实意义。

本书的研究主要是围绕中日政府如何针对“琉球归属交涉”这一问题而展开，在借鉴前期研究成果的基础上，以详细分析中、日、美、英、俄等国历史资料为视角，客观整理研究中日之间的“琉球归属交涉”这一重大问题。

本书围绕 1854 年至 1894 年 40 年间，也就是以日本幕末开港为始至甲午战争爆发之前，欧美西方国家如何对琉签订条约、中日之间为何修订《中日修好条规》、交涉琉球漂流事件、批准《中日修好条规》以及日本明治政府如何强行推进占领琉球政策、中日之间又如何完成“分岛改约交涉”等内容进行梳理，旨在为中日琉球交涉这一历史悬案提供进一步研究。

本书以马克思主义历史唯物主义和辩证法为指导，运用历史学、国际关系学、政治学、外交学、法学等多种研究方法，就 1854 年至 1894 年，也就是始于“万国条约”之下日本明治维新，而止于中日甲午战争爆发前的中日琉球归属问题进行全面而系统的研究，其主要探究内容如下：

序章：地缘政治下的中日琉关系。其主要厘清封贡体系演变及其与国际体系发生碰撞导致崩溃的过程中，一直作为中国藩属国的琉球是何以被日本推行吞并琉球政策而强行变成其一个藩的历史经纬。

第一章：美国远征时代的对琉签约。其主要从“琉球交涉”历史启程的国际背景下，欧美等国在远征东亚与中日琉签署“万国条约”下对中日与琉球之间的历史定位的表态，分析清琉封贡体制存在与中日签订不平等条约对对琉条约的殃及。

第二章：日本明治初期的对琉策略。其主要论述日本明治初期琉球政策的由来：对内，倒幕运动迫使庆喜大正奉还；对外，则是万国不平等条约的威逼。其可谓为日本内忧外患所致，也由此导致日本对琉推行实效占领政策，无视中日两国关系。

第三章：日本侵台前后的对琉处理。主要是围绕“琉球处分”问题，从何如璋与寺岛宗则的会谈至格兰忒调停琉球事件，以及竹添进一郎与李鸿章的预备交涉，来探讨中日两国如何为处理琉球事件做准备。

第四章：格兰忒防晤下的对琉斡旋。侧重于何如璋与寺岛宗则的照会就琉球事件的交涉。中国据理力争琉球属于中国，而日本却以“示系内务”为由强词夺理，谈判陷入僵局。依据格兰忒的调停建议，李鸿章及明治政府围绕琉球问题的处理又开始了新一轮交涉。本章分析了何如璋、李鸿章以及明治政府对琉球处理的态度。

第五章：分岛改约过程的对琉交涉。主要论述四大臣与宍户玑围绕琉球分岛改约的八次交涉及琉球复国。第一次至第五次交涉可谓毫无结果，而清政府在第六次与第七次的交涉中态度急转，而第八次的签约，主要是因为明治政府井上馨外务卿利用当时清俄伊犁边界问题借力造势，导致清政府出现对外在形势的误判，因担心日俄联手而选择签订四件琉球拟稿，其自以亦无他法而不得已从换得宫古岛、八重山两岛并推行琉球复国为由而欲了之。另外本章所就陈宝琛、张之洞积极谏言，李鸿章所就误判而上奏采用拖延之法，以及在伊犁问题解决之后，中日再议分岛改约，中方建议三分琉球，本岛复国，而日方予以反对。甲午战争前后，琉球复国运动兴起，对日展开复国交涉并向清请求独立帮助。

结语：中日琉球归属问题交涉，尽管前有美国格兰忒调停，后有拟定约稿，但终未了结。然而，日本政府却欲壑难填，致使中日琉球交涉成为历史悬案。

本书深入系统地考察琉球交涉问题这一中日关系中的重大政治外交课题，可以弥补国内学界对这一课题的研究不足，具有一定的学术、历史价值和现实意义。首先，其学术价值在于，目前国内尚没有学者全面而系统地研究中日之间琉球问题交涉的源起，该课题弥补了这一空白。中日美之间的琉球问题研究，涉及国际关系、政治、外交、军事、经济、历史、法学等诸多领域，是一个跨学科、多领域的综合问题，本书力图对这一问题进行尝试性研究，并且首次比较系统地就中日两国针对琉球问题的交涉进行研究，特别是对日本明治政府围绕琉球问题的对外政策这一关键问题展开了分析与论证，具有一定的创新意义。其次，其历史价值在于，本书主要通过参阅大量日文文献挖掘新的内容，对一些重大历史事件进行了全新补充与论证。从本书所涉及的1854年至1894年欧美对中日琉的条约政策研究中可以看出，欧美等西方各国虽然对中日两国实行强行政策，但也一直将与中日与琉球的对峙作为其利益的考虑砝码。本书在一定程度上弥补了中日两国学界因各自资料“不足”而出现的研究“空白”。再次，本书在利用中日两国第一手资料的基础上，运用国际关系学、外交学、历史学等的理论和研究方法，对“琉球处分”与清俄伊犁问题的相关性、日本明治政府如何利用“琉球处分”来推行其领土扩张及修改条约进行的论述，对“琉球处分”的特征及其国际性所进行的客观分析，可谓弥补了学术界的不足。进入21世纪后，世界政治经济形势进一步发生变化，特别是美国“重返亚太”的纵深推进、日本积极“搭便车”跟进中日海洋及领土争端的激化等，中日美三国关系进入了更为复杂的势态，而这种势态是21世纪第二个十年中国和平发展和维护战略机遇所面临的重要课题之一，因此本书所进行的研究可谓正逢其时。

鉴于研究对象的复杂，本书内容难免挂一漏万。笔者在书中提出的某些观点与其说是结论，不如说是提出需要解决的问题，供读者参考并诚恳地欢迎评判指正。

本书是2014年度天津市哲学社会科学规划基金项目（后期资助）研究的最终成果，并奉上笔者涉及琉球·冲绳问题的其他相关研究——人民出版社2015年出版的《二战前后的冲绳问题及中日美关系研究》［2011年度国家社科基金项目（11BGJ019）］，以及世界知识出版社2011年出版的《日美冲绳问题起源研究1942—1952》［天津市社会科学优秀成果三等奖（TJSK13－3－78）］，谨此对在笔者琉球·冲绳问题研究创造过程中提供帮助的各位专家、学者表示衷心的感谢！

序　章
地缘政治下的中日琉关系

第一节　地缘政治下的朝贡体系

中国在历史上是一个伟大的帝国，是地区朝贡体系①的中心，是亚洲最强大的国家。朝贡体系的雏形曾是古代中国（大陆地区）的畿服制度，即中原王朝的君主（或君王）是内服和外服的共主（“天子”），君主在王国的“内服”（中心地区）进行直接的行政管理，对直属地区之外的“外服”（边缘地区）则由中原王朝册封这些地方的地方统治者进行统治，内服和外服相互保卫，由此形成“普天之下，莫非王土”的世界共主的“天下”概念。在历史发展和文化传播过程中，中心“内服”统治区域不断扩展，许多“外服”地区在接受“内服”② 地区的社会组织和思想文化观念后，慢慢变成“内服”的一部分，又不断形成新的“外服”地区。③ 对朝贡体系的认识，现主要有中国中心主义、西方中心主义以及最近兴起的所谓“朝贡贸易体制论”的经济中心主义。④ 其中所谓的中国中心主义，就

① 朝贡体系自公元前3世纪至19世纪末期，一直存续于东亚、东南亚和中亚地区，是以中国中原帝国为主要核心的等级制网状政治秩序体系，其与条约体系、殖民体系并称为世界主要国际关系模式之一。

② 商王朝的职官有中朝任职地内服官和被封于王畿以外地外服官之别。内服是王畿，即商王直接统治的地区，外服则是附属国管辖的地区。商王在不同程度上具有支配内服与外服的实际权利。

③ 这种内服外服之间的不断转化就变成所谓的“华夷之辨”。

④ 郑容和：“从周边视角来看朝贡关系——朝鲜王朝对朝贡体系的认识和利用”，《国际政治研究》，2006年第1期，第72—87页。

是认同中国文化优越性的周边民族，为了吸收和同化中国文化而接受不平等的关系并主动地向中国朝贡。

1648 年，随着《威斯特伐利亚条约》的签订，国际关系体系逐渐成为欧洲国家之间的主要国际交流体系，成为欧洲国家在与东亚交往时的主导体系，这一近代条约体系造成东亚封贡体系的动摇。

一、朝贡体系下的东亚秩序

（一）商朝朝贡体系：九州岛之外，谓之番国

早在中国商朝时期，统治者便已建立了“越在外服，侯甸男卫邦伯”的内外服制度，在这个制度当中，中国中原王朝的君主是内外服的共主。君主在王国中心地区（内服）设立行政机构，进行直接管理。在直属地区之外（外服），则由接受中原王朝册封的地方统治者进行统治，内服和外服相互保卫。据《尚书·大禹谟》记载，九州岛之内的各地区，还负有进贡的责任。周朝取代商朝之后，将这一制度细化，进一步发展出了五服、六服和九服的概念。特别是在《周礼·秋官·大行人》中，详细规定了各服的贡期和贡品的种类，还第一次提出了“九州岛之外，谓之番国”的概念，以求将这一制度推广到中原王朝尚未实际掌控的更广阔的地区去。

（二）秦朝朝贡体系：畿服体系，推广世界

公元前 221 年秦朝统一中原地区之后，建立起了严格意义上的中央集权制帝国。当时，在整个东亚和南亚地区，除了匈奴之外，并不存在可以与秦以及其后继的汉朝政权全面抗衡的政权。因此，除了以“敌国”身份对待匈奴之外，中原帝国便开始将先秦时期的畿服体系推广至已知的世界中去。

（三）汉朝朝贡体系：中原政权，册封“诸国”

在汉武帝击败匈奴、开通西域之后，由于在已知世界中不存在可以抗衡的对手，以中国中原王朝为中心的朝贡体系正式得以确立。在这时期的

朝贡体系中，中原政权和其他诸国以“册封”关系为主。即各国需要主动承认中原政权的共主地位，并凭借中央政权的册封取得统治的合法性。中央政权对各地方政权往往直接封为“某某国王”，如“汉委奴国王”“南越武王”“疏勒国王”等。各受封国对中原政权按照不同的要求负有进贡和提供军队等义务。

（四）晋隋朝贡体系：西晋崩溃，隋朝恢复

公元291年，西晋爆发八王之乱，其后中原王朝崩溃，北方游牧民族大量进入华夏民族的中枢地带，原册封体系随之崩溃。直至公元589年隋朝重新统一之后，朝贡体系方得到恢复。

（五）唐朝朝贡体系：羁縻制度[①]，取代朝贡

在这一时期内，中原政权往往采取“羁縻”政策取代原有的册封制度，最主要的特点是，封赐的不再仅仅是王号，而是和直属官员相同的官职，比如南朝宋顺帝就曾封百济国王为“镇东大将军”，封日本为“安东大将军”。唐太宗开始，更普遍封赐各内属的地方首领官职，设立羁縻州、县，以体现其“华夷一家”的思想。如渤海被封为“忽汗州大都督”、疏勒被封为“疏勒都督”等等。

（六）宋朝朝贡体系：演化土司，纳入中原

宋朝之后，进一步加强了对第一种情况的羁縻州、县的控制，在部族首领之外，加派中原政府任命的监管官员，到元代逐渐演化成土司制度，实际上将其纳入了中原政权的领土之中。

---

① 唐朝羁縻制度主要为三种：其一，是在唐朝军事力量笼罩之下的地区设立的羁縻州、县，其长官由部族首领世袭，内部事务自治，并进行象征性的进贡，但是负有一些责任，如忠于中原政府、不吞并其他羁縻单位和内地州县，以及按照要求提供军队等等，实际上中原政权将其视为领土的一部分，文书用“敕”；其二，是所谓的内属国，如渤海、疏勒、南诏、契丹等，一般封为都督或郡王，有着自己的领土范围，但是其首领的政治合法性来自于中原政府的册封，不能自主，中原政权将其视为臣下，文书用“皇帝问”；其三，是所谓的“敌国”和“绝域之国”，如吐蕃、回纥、日本等，虽然可能亦有册封，然多为对现实情况的追认，其首领的统治合法性并不依赖中原政权的册封，中原政权的文书多用“皇帝敬问”。

（七）元朝朝贡体系：未沿传统，朝贡混乱

在这一时期内，往往同时有多个政权均声称自己是天下之主，要求周边诸国朝贡，各小国往往也同时向多个大国朝贡，更有一些国家一边接受朝贡，一边又向更大的政权朝贡。这使得这一时期的朝贡体系呈现出多元的网状特征。

（八）明朝朝贡体系：贸易往来，达到巅峰

1368 年明朝建立，1371 年明太祖朱元璋明确规定了安南、占城、高丽、暹罗、琉球、苏门答腊、爪永乐十二年榜葛剌国进贡的麒麟哇、湓亨、白花、三弗齐、渤泥以及其他西洋、南洋等国为“不征之国”，确立了中国的实际控制范围，并且确定了“厚往薄来”的朝贡原则。由此，最后确立了朝贡体系成为东方世界的通行国际关系体制。在这个体制中，中国中原政权成为一元的中心，各朝贡国承认这一中心地位，构成中央政权的外藩。15 世纪前期，随着郑和率领强大的宝船队对印度洋的巡航，以及永乐帝朱棣对北方蒙古势力的扫荡，朝贡体系达到了巅峰。在此同时，日本对琉球，朝鲜对女真，越南对占婆、南掌等国，也都提出了朝贡的要求，形成了数个次级的朝贡中心。

这个时期，除了同明朝有直接接触的朝鲜、越南、缅甸等国外，在厚往薄来政策引导下，其他的一些国家如韩国与明朝的朝贡，逐渐演变成了一种贸易往来，尤其是明朝中后期的海禁政策，使得朝贡几乎成为这些国家同中国进行贸易往来的唯一手段。其中最有名的就是中日之间的勘合贸易。

（九）清朝的朝贡体系：保留朝贡，分别管辖

1644 年，清朝建立了对中国大陆地区的统治，保留了明朝的朝贡体系，只是要求各国缴还明朝的封诰，重新领取清朝的封诰。清朝明确将和周围部族的往来分为理藩院和礼部分别管辖。蒙古、西藏等与内地的往来视为国家内务，由理藩院管辖：与朝鲜、日本、俄罗斯等国的来往，视为独立的外国，由礼部管辖。在朝贡体系影响下，东亚地区逐渐形成一个以

汉字、儒教、佛教为核心的东亚文化圈。

二、近代条约下的朝贡体系

（一）国际关系体系，冲击朝贡地位

随着欧洲国家逐渐同东方世界直接接触，国际关系体系与朝贡体系之间的冲突便开始发生。1653 年，俄罗斯沙皇派遣使节到中国，要求顺治皇帝向其称臣，成为俄罗斯的殖民地。这种要求理所当然被中国的统治者拒绝，而反过来要求沙皇前来朝贡。经过长期的武力冲突和外交斗争，中俄双方都开始认识到对方的实力，最后于 1689 年，两国按照欧洲国际公法的惯例，签订了《尼布楚议界条约》①，之后又在 1727 年和 1728 年相继签订了《布连斯奇界约》②和《恰克图条约》③，实际上确立了两国的平等地位。

（二）近代条约体系，动摇朝贡基础

随后，欧洲势力逐渐蚕食了中国周边的小国，日本也在德川家康建立

---

① 《尼布楚议界条约》，是中俄双方在尼布楚进行谈判并签订的第一个边界条约。该条约由清政府全权使臣索额图和沙俄全权使臣戈洛文，于康熙二十八年七月十四（1689 年 9 月 7 日）在尼布楚（今俄罗斯涅尔琴斯克）签订。该条约签订后，中俄东段边境地区相对稳定，两国和平往来，贸易得到了很大的发展。该条约是清政府做了很大让步的情况下而签订的一个失土条约。

② 《布连斯奇界约》（Treaty of Kiakhta），是中国和俄国于清朝雍正五年（1727 年）订立的划分中俄中段边界的条约（现在大部分成为俄蒙边界）。该条约规定：中俄中段边界，额尔古纳河，向西至沙毕纳依岭（即沙宾达巴哈）为界，以北归俄国，以南归中国。还包括通商、遣返逃人、宗教、外交等方面内容。该条约基本是平等的，它遏制了俄国对我外蒙北疆的侵略，维护了中国北疆的稳定。

③ 中俄《布连斯奇界约》缔结后，两国代表仍继续就明确双方各种关系的总协议进行磋商，雍正六年（1728 年）中国政府首席代表郡王额驸策凌等与俄国政府首席代表萨瓦·伏拉迪斯拉维奇公爵等在中俄边境重镇恰克图正式签订了《恰克图条约》。该条约有拉丁文、满文、俄文三种文本，共分 11 条，为清雍正年间与俄国签订的关于两国之间边界、政治、经济、宗教诸方面关系的总条约。该条约内容主要有：（1）确认中俄两国由《布连斯奇界约》划分的中段边界；重申《尼布楚条约》所规定的关于乌第河与外兴安岭之间地区暂行存放的协议。（2）准许俄国商队每三年来北京一次，人数不得超过 200 人，贸易免税。（3）准许俄商在恰克图、尼布楚等两国交界处互市贸易。（4）允许俄国在北京建立东正教堂，俄国可加派三名东正教神甫和六名学习满、汉文的俄国学生来京。（5）双方逃人及持械越境杀人者，即于捕获地方正法；其他越境犯罪视情节轻重处罚。（6）有关两国间事务，由中国理藩院与俄国枢密院，或由中国喀尔喀蒙古土谢图汗与俄国边境长官互通公函。

幕府之后，停止了向中国的朝贡，并且进一步加强了对琉球的控制。这都使得朝贡体系内的成员大幅减少。清朝中期，朝贡国减少到七个：朝鲜、越南、南掌、缅甸、苏禄、暹罗、琉球。但是，这并没有动摇朝贡体系的基础。

1793 年，随着英国乔治·马戛尔尼使团正式到访中国，条约体系与朝贡体系开始出现全面碰撞。马戛尔尼提出的互派使节、签订通商条约等要求，均被乾隆帝以“不可更张定制”为由拒绝。尤其在鸦片贸易上，两种不同体制之间的摩擦终于达到了不可调和的程度，最终导致了鸦片战争的爆发。1842 年，清政府被迫与英国签订了中英《南京条约》，首次以条约的形式规定了中国和外国往来，朝贡体系的基础遭到了不可挽回的动摇。之后数十年中，朝贡体系被一个又一个条约所削弱。

1871 年，中国清朝政府虽然一再以“大信不约”为借口拒绝同曾经的朝贡国日本签订平等条约，但是最后仍然被迫签订了《中日修好条规》，朝贡体系开始破裂。

之后，随着中法战争和中日甲午战争爆发后《中法新约》和《马关条约》的签定，朝贡体系内最后的成员越南和朝鲜也脱离了这一体系，朝贡体系[①]彻底崩溃。

对于近代东亚因西方而衰落，以“头号中国通”费正清等为代表的学院派，曾把东方近代的问题归结为“古今东西”问题。时间上的“古—今”、空间上的“东—西”，分别以“国家”和“发展”作为时空

---

① 朝贡体系下向中原王朝朝贡的政权，中国境内有：中国东北：卫氏朝鲜、乌桓、鲜卑、肃慎、扶余国、高句丽、渤海国；新疆：楼兰、大宛、高昌、月氏、于阗（和田）、龟兹、疏勒、焉耆、回纥、突骑施；青藏高原：吐蕃（公元 641—670 年）、吐谷浑、羌；云贵高原：南越国、夜郎、南诏、大理。而中国境外有：蒙古、匈奴（公元前 33—11 年）、南匈奴（公元 48—304 年）、柔然、突厥、薛延陀、日本、倭国、室町幕府、琉球、北山王国、中山王国、南山王国、琉球国（第一尚氏王朝、第二尚氏王朝）、越南、瓯雒国（瓯貉）、万春国（野能）、大越、大瞿越、大虞（吴朝、丁朝、前黎朝、李朝、陈朝、胡朝、后黎朝、莫朝）、大南（阮朝）、林邑（唐代以前）、占城（宋代以后）、朝鲜半岛、百济、新罗、后高句丽、后百济、高丽、朝鲜王朝、文莱、渤泥、文莱、柬埔寨、扶南、真腊、马来西亚与印度尼西亚、狼牙修（狼牙修）、满剌加（拜里米苏拉）、末罗瑜（末罗游）、三佛齐（室利佛逝）、旧港、满者伯夷、菲律宾、吕宋、苏禄王国、古麻剌朗、泰国、暹罗、老挝、不丹、锡金、尼伯尔、喀喇库木、尉犁、乌孙、波斯、贵霜、博罗尔等。

纵横坐标，形成近代史认识的两大模式：“（西方）冲击—（东方）反应”、“传统—现代”，即西方帝国主义国家的“冲击”，导致“传统”的东方国家进入类似西方的“现代”社会。而“后京都学派”的日本学者、著名汉学家，现任中山大学亚太研究院院长的滨下武志教授，在其《中国、东亚与全球经济：区域和历史视野》一书中，提出“近代中国和亚洲的衰落不是由于西方的‘冲击’所造成的，而是由于东亚的‘内部原因’”。其认为朝贡关系和地域经济圈是“亚洲经济圈”，即“前近代亚洲市场”理论的两块基石。滨下“上穷碧落下黄泉”寻觅史料并综合分析得出的结论，是对“冲击—反应”模式一次彻底的颠覆。[①] 在其研究思路中，世界经济体系仿佛是个大圈子，东亚区域是个小圈子，而中国则是另一个小圈子。虽然贸易圈有大有小，但形成的却是“奥运五环旗”的并列式结构，各个区域体系间都是竞争关系。“与统治关系相比，朝贡体制的根本点是靠贸易关系在支撑，实际上是更加多面的、多层次的、在某些时候具有包容异质因素作用的一种体制。”滨下认为，朝贡关系有两大特性：从政治角度看，朝贡关系是中国统治者将中央与地方的统治关系扩大到外围和四边，按“中央—各省—藩部（土司、土官）—朝贡诸国—互市诸国”的顺序排列，按邻接的“中心—周边关系”的同心圆的方式交错产生的一种体系，并在16—17世纪逐渐成熟。而若从经济角度看，“朝贡本身是一种交换”，主要围绕固有商品的定价而进行。比如中国的宁波和日本的长崎，历史上由于贸易的关系，彼此间联系的紧密程度甚至要超过其与各自国内其他地区的联系。实际上，通过以海洋为媒介的经济联系，进而通过大陆部分的海滨城市与内地的联系，再加上边境贸易所形成的国际互动，亚洲形成了自己的“经济圈”。因为朝贡关系促发和推动的亚洲各国各地区的交易活动，产生了连接亚洲各地的交易网络、交易中心地、汇兑渠道和金融中心地等，形

---

① 沈玉慧：《中国、东亚与全球经济——区域与历史的视角》，社会科学文献出版社，2009年版，第275页。

成了朝贡贸易关系的交易网络。①

从上文看出，在东亚朝贡体系和现代主权国家国际体系之中，中国承担着不同的含义，有着不同的政治作用。

第二节　封贡体系下的中日琉关系

19 世纪后期，东亚国际秩序开始出现新的局面，不论是清朝还是日本，在欧美列强的压迫之下，在经历了激烈的内乱和政治斗争后，都重新构建了中央政权，为了推动国内的近代化和文明化，以及在“万国对峙”的国际社会中确保国家独立，也都开始探索新的对外关系。②

一、封贡体系下的中琉关系

古代琉球，“国无典籍”，“琉球”一名最早见于《隋书》中所作“琉求”。“琉求国，居海岛之中，当建安郡东，水行五日而至。土多山洞。”③

隋大业三年（607 年），隋炀帝命羽骑尉朱宽“入海求访异俗”，但因语言不通，“掠一人而返”，这是关于中国与“琉求”来往的最早历史。

元朝时，国力强盛，也开始觊觎琉球，甚至做好了攻伐的准备。据元

① “交易网络”不仅与外部世界交换商品，同时也对亚洲和中国市场的价格动向发挥一定的制约功能，是东方对当年西方诸家的“反冲击”。此后，当西方资本主义列强将这个市场逐步纳入世界市场之中时，“前近代亚洲市场”仍保留和继承了自身的历史延续性。过去在追求新的国际统合观念方面，历来都是将“国家”以及由“国家”组成的“国际”作为分析近代史的前提和框架，但是，日本学者滨下武志认为：“国家”和“国际”之间可称之为“地域圈”的领域，难以包容进去。在把握亚洲区域内在关系的时候，把处于“国民经济”和“世界经济”之间、起媒介作用的“地域经济圈”纳入研究视野显得十分必要。其认为：近代亚洲史不应被视为西欧近代发展阶段所规定的对象，而应探求如何在亚洲历史上地域圈内的各种关系中，亦即从对亚洲自身的认识中寻找亚洲的历史，而地域圈内各地区的结合，必然形成发挥网络中介作用的中枢地。这些中枢地在近代亚洲的人、财、物流动的历史中发挥着重要的作用。

② 西里喜行著，胡连成等译：《清末中琉日关系史研究》上册，社会科学文献出版社，2010 年版，第 265 页。

③ 《隋书·东夷传·琉求国》。亦有将“琉求”称为“琉虬”。如，琉求国用汉语撰的第一步国史《中山世鉴》中：“当初，未琉球之名。数万岁之后，隋炀帝令羽骑尉朱宽访求异，时至此国地界。涛间远而望之，蟠的旋蜿蜒，若虬浮于水中，故因以名琉虬。”

代文献记载，元朝后期曾先后数次派遣水军前往琉球进行征伐诏谕活动，最终建立了友好往来的关系，琉球国王也派遣官生进入国子监读书，从而为明朝建立与琉球国之间的稳定的中琉宗藩关系奠定了良好的基础。①

明洪武元年（1368 年），朱元璋称帝，建立明朝，其为了稳定国内统治，先后实施一系列内外政策，对外则是采用和平相处、友好往来的方针。中琉传统封贡关系自明初建立以来，存续长达 500 余年的时间。这期间，明清王朝与琉球逐步建立并发展起密切的封贡关系。琉球国在中国宗藩体制下，深受中华文化的影响。

明太祖朱元璋灭元统一中国后，为发展与周边国家的睦邻友好关系，于明洪武五年（1372 年）派杨载为使臣持诏前往琉球。据明朝严从简所著的《殊域周咨录》（卷四・东夷）记载：

琉球国居东海，古未详何国。汉魏以来，不通中华。……本朝洪武五年，遣行人杨载诏琉球曰："昔帝王之治天下，凡日月所临，无有远迩，一视同仁。故中国奠安，四夷得所，非有意于臣服之也。自元政不纲，天下争兵者十有七年。朕起布衣，开基江左。将兵四征不庭，西平汉主陈友谅，东缚吴王张士诚，南平闽越，勘定巴蜀，北清幽燕，奠安华夷，复我中国之旧疆。朕为臣民推戴，即皇帝位。定有天下之号曰大明，建元洪武。是用遣使外夷，播告朕意。使者所至，蛮夷酋长称臣入贡。惟尔琉球，在中国东南，远据海外，未及报知。兹特遣使往谕，尔其知之。"

此时，琉球分为中山、山南和山北三国，彼此征战不休，加之资源所限，均迫不及待与强大的明朝建立朝贡关系，以壮大势力。明洪武二十五年（1392 年），琉球中山王察度率领"受其诏"，立即派遣王弟与杨载入朝，前往中国"奉表称臣"，并向朝廷贡万物，明太祖回赐《大统历》等。从而开始了明朝与琉球的朝贡活动与友好往来。在中山王的刺激下，山南王、山北王也相继进贡明朝。在三国分立的情况下，琉球各国为了寻求自身的"法统"的合法性并提高自身的声望纷纷与明朝交好。

1383 年，中山王察度和山南王察承察度同时进贡，洪武帝赐中山王金

---

① 《隋书》以及宋元史料所记载的"琉求"一词，学术界亦有指"台湾岛"之说，而明代及其以后的史书中的"琉球"明指为琉球群岛而并非台湾岛。

银印，并出于帝王“和夷万国”的目的专门派遣使臣携带诏书前往琉球，诏谕三国罢兵息民。在一系列的刺激下，山北王帕尼芝也在该年派使臣进贡明朝，琉球列岛上的三国从此均成为明王朝的藩属。到了洪武十七年(1384年)，出现了琉球三王共同向明朝进贡的局面。从1368年到1392年，琉球三国多次派使者入明，明太祖回以赏赐。

1395年，中山王察度死后，武宁继位。明永乐元年（1403年），武宁派遣使节入明。1404年，明成祖派遣行人时中至琉球，册封武宁为中山王。这是琉球国历史上第一位受中国册封的国王。自此以后，琉球王位凡有更迭，其新王必依例遣人来报前王之丧，并请册封。从1404年派遣正式册封使开始，到1532年陈侃出使琉球之前，明朝派往琉球的册封使节10次，此后直到明朝灭亡还有5次，共计15次。

除了明朝对琉球的册封关系外，琉球历代王国都对明朝进贡。琉球与明朝建立的朝贡关系，虽然含有“欲借天威以壮其国”之目的，但更是为了在经济上的利益。据不完全统计，自洪武十年（1377年）到崇祯十二年(1639年)，琉球派遣使者入贡、入谢达180余次。①

琉球等海外小国频繁朝贡，密切了宗藩关系。后虽限制朝贡次数，但收效甚微，反而是有增无减。

元末明初，日本正处于南北朝对峙时期（1335—1392年），封建诸侯为了掠夺财富，经常在中国东南沿海和东亚海域其他一些沿海地区进行掠夺和骚乱，构成了这一时期的倭寇主体，给中国沿海人民和琉球人民造成了巨大损失，也给琉球使团朝贡和在华活动造成严重影响。然而，中琉在抗击倭寇的斗争中相互支持。

明初由于朱元璋采取了积极的防御政策和外交政策，加之国力的强盛，因而遏制了倭寇患乱的蔓延。但是明英宗正统以后，随着明朝政治的腐败，海防的松弛，倭寇复起。嘉靖十五年（1555年），中琉共同大败倭寇，斩敌两千。“嘉靖十五年，倭寇自浙直败还入海，至琉球国境上，中山王世子尚元遣兵邀击尽歼之。”②

---

① 李金明：“明朝中琉封贡关系的论析”，《福建论坛（人文社会科学版）》，2008年第1期。

② 《明世宗实录》卷四百五十五。

明朝的对琉册封与受琉朝贡，具有政治与经济的双重意义。其加强了明朝与琉球王国的宗藩关系，只是到了丰臣秀吉时期这一宗藩关系才受到来自日本的威胁，但从整体上看，封贡关系推动了明琉上层统治阶级之间的联系，同时也促进了双方的交流与经济的发展往来，琉球吸取了大量的中国礼仪、制度和文化。①

清朝同样重视与琉球的关系。“琉球国凡王嗣位，现请朝命，钦命正副使奉敕往封，赐以驼纽镀金银印，乃称王，未封以前称世子，权国事。”②

1648 年，琉球国王尚贤死后无嗣，其弟尚质被立为世子。1651 年，清廷派遣谢必振赍敕归谕世子，并讨还明朝赐印。历时两年，明朝印信上缴完毕。

1653 年（顺治十年），尚质派遣人赴京贡方物，表贺世祖登记，并请求册封新王。顺治帝即刻派遣官员赴福建准备册封事宜。由于郑成功的抗清武装雄踞海上，造成册封使一直未能渡海，直至明郑内部因王位内杠，无暇阻止琉球与清朝的船只往来。1663 年，清朝趁机派遣册封使，首代册封使张学礼等人奉诏赴琉球册封新王，尚质成为第一个与清朝建立封贡关系的琉球国王。

在明清交替之际，琉球曾经在清政权、南明政权以及三藩之间徘徊观察，最终基于实力主义而选择了尊奉清朝，继续在东亚封贡体制下求得其自身生存和发展之路。清朝对琉球国的册封十分重视，清朝先后向琉球派出 8 次册封使，共计 16 人。清朝在册封人员的选择上十分严格，最终需由

---

① “（洪武）三十一年，中山王察度遣亚兰匏贡马及硫黄、胡椒等物。世子武宁贡亦如之。初，王尝遣女官生姑鲁妹在京读书。至是亦来贡谢恩。上赐王闽人之善操舟者三十六户，以使贡使、行人来往。”这说明洪武三十一年（公元 1398 年），姑鲁妹（那霸久米村人氏）是以官费生（及现在所谓“公派留学生”）派到南京学习的。当时学习的课程主要有《大诰》《明律》和宋儒注的《四书》《五经》以及刘向的《说苑》等。学的内容多是从政、治民的权术和经验。这种受政府派遣的官费生，多为贵族子弟，人国子监后学习生活的一切费用均由明朝政府负担，而琉球是首次派员到南京国子监学习。球国向中国派遣留学生的目的是以备朝贡、迎受封典和为本国发展生产及科学文化为需要。洪武三十二年（1399 年），琉球国民驾船到阿兰埠采硫磺，遭风浪漂到惠州海丰，被巡逻士兵所获。因为语言不通，当地官员以为是日本人，转送至京城。正值琉球遣使入贡谈及此事，明太祖逐将之遣还，并派闽人善操舟者三十六姓到琉球，以方便琉球的朝贡往来。

② 《清史稿·琉球传》。

皇帝决定下旨。

琉球作为中国的藩属国，必须向宗主国履行朝贡这一重要的职责。琉球贡使不远万里携带贡品入京，沿途各省官兵不遗余力接替护送，福建伴随官还会全程陪同使臣往返京城，相互间体现了琉球与清朝对双方关系的重视。另外，朝贡贸易在清代贸易中也占有重要位置，其规模和数量大大超过明初限带百斤的规定。琉球国也是大致每两年向中国进贡一次，每次均派遣100多人的进贡使团，其携带表文、方物等分乘两艘进贡船出使清国。中琉册封贸易的兴盛极大地促进了琉球国的经济发展和社会的进步。

此期间，琉球有许多商船、渔船因为台风等原因漂流到中国境内，清政府往往赠送丰厚的物资后将其遣返，还会按规定给予遇难者抚恤。如雍正八年（1730年），“琉球二号”贡船在到达东海海域后遭遇海风漂至台湾地区海域触礁，正贡船也同时沉没，福州官员奏报皇帝仍照例加倍给赏，贡物也不再另外派人进贡，对遭遇海风侵袭在清朝避风的琉球商船，清朝则会命令按照人数日给盐菜口粮，直至回国之日再另行发粮一月。乾隆二十一年（1756年），在册封朝贡过程中，虽然发生了“索银事件”，清政府请琉球在福建的官员亲自见证了对八位首犯的明正典刑，维护了清朝在对琉交往中的形象。清朝沿袭了明朝的制度，继续接纳琉球学生来华入国子监读书。琉球在文化方面深受中国的影响，这与这些留学生返回国后一直担任要职，起到将中国文化传播到琉球的重要桥梁作用有着直接关联。①

二、萨摩藩属下的日琉关系

明朝以前，由于地缘关系，琉球与日本的关系时有往来。到琉球王国建立，日琉两国之间的交往关系逐步加强，此时日本与琉球之间的关系只是友邦关系。

据史料记载，1414年，日本室町幕府足利义持将军曾经致书琉球王，

---

① 康熙十一年（1672年），琉球国为了更好学习和接受中国文化，仿照中国在那霸久米村兴建孔庙［康熙十三年（1674年）落成］，每年举行春秋二祭，祭礼悉数仿照中国规制。

对其派使节表示谢意。但具体有时间记载的日琉信件在1432年（明宣德三年）之前一件也没有发现。只是到了1432年，琉球国王按照明宣宗的要求宣谕日本后，琉日双方的联系才日益加强。

琉球与日本的交往由来已久。在日本史料中最早提及琉球的是日本最早的官修国史《日本书纪》（720年成书）和《续日本纪》（797年成书），书中确有关于“南岛”的记载。诸如：推古天皇二十四年（公元616年）“三月，掖玖人三口归化。夏五月，夜句人七口来之。秋七月，亦掖玖人二十口来之……皆安置于朴井，未及还皆死焉”。掖玖即琉球群岛的屋久岛。“和铜七年（714年）十二月，太朝臣建治等率南岛奄美、信觉及球美岛五十二人归朝。灵龟元年（715年）正月，南岛奄美、夜玖、度感、信觉、球美人等，来朝贡方物。养老四年（720年）十一月，向南岛人二百三十二人叙位。”上述表明，公元7—8世纪时的日本已与“南岛”有来往。然而，所谓“南岛为我南岛久矣”，所谓“琉球为我南岛久矣”，以及所谓“琉球国，自上古以来称作冲绳，在南海十二岛之内，为皇国属岛之事，古史亦有记载”①，却无史实根据。虽说日本多次向“南岛”派遣人员，但也只是出使，从无中国明清时期对琉球“册封”这类活动。所以，无论是有人前来“归化”，还是“来朝贡方物”，并不等于日本领属“南岛”。日本古籍对“南岛”的记载，并非宗主国与藩属国的关系，而是平等的关系。

此外，日本汉文史料《唐大和上东征传》的天平胜宝五年（753年）十一条记载，东渡日本弘扬佛法的鉴真和尚所搭乘的遣唐使船，“廿一日戊午，第一第二舟通道阿儿奈波岛”，并在岛上都留了半个多月。② 一般认为，这里的“阿儿奈波岛”即是琉球群岛的冲绳岛。由此可知，当时的琉球群岛已是中日交往海上航路中南方航线的主要枢纽。

在琉球国史《中山世鉴》（1650年成书）记称：“大日本人王五十六

---

① 日本明治四年（1871年）七月十二日，鹿儿岛藩（旧萨摩藩）向政府提交的调查报告。大山梓：『日本外交史研究』，良書普及会，1980年版，第108頁。转引自米庆余：《琉球历史研究》，天津人民出版社，1998年版，第15—30页。

② 《新校群书类从》第三卷。转引自何慈毅：《明清时期琉球日本关系史》，江苏古籍出版社，2002年版，第3页。

代，清和天皇之孙、六孙哈哈世孙为朝公，为镇西将军之日，挂千钧强弩于扶桑……后逢保元之乱，而客于豆州有年。当斯时，舟随潮流始至此，因以更流虬曰琉球也。国人从之，如草加风。于兹，为朝公通一女，生一男子名尊敦……其为人也，才德豪杰……是以国人尊之浦添安司也。此时，天孙氏世衰政废，为逆臣所弑矣。尊敦起义兵讨逆臣，代之为中山王……是为崇元庙主舜天王。"① 这种记载对后世影响很大，《中山世谱》从之，清代册封使徐葆光和周煌在有关使琉球录中，也皆予以转录。于是，有琉球国主乃日本人皇后裔之说。然而，源为朝渡琉之说，却无史实根据。

琉球身为岛国，物产匮乏，很多物品需要从日本获得，如耕作所用的铁器等。14 世纪中期，琉球中山王察度在位之时，积极从日本商船购买铁块，交予耕者制造农器。又如，中国委托琉球置办所需物资时，由于琉球物资有限，其中很多需要到日本购买。

但在 15 世纪初叶以前，由于海上航行风险及航行技术不足，琉球与日本幕府以及与萨摩藩之间的联系，从资料记载看并不多。直到明宣德元年（1426 年）以后，日琉两国的交往才逐渐增多。同年，明使到琉球收买洒金果盒、彩色屏风、五样磨刀石等。琉球资源奇缺，只好派人到日本收购。琉球从日本买入刀、扇、屏风、漆、砂金和铜等，并将之向中国和南海各国输送。此外，朝鲜、琉球船相互来往均要经过日本。日本倭寇经常掳掠朝鲜人，他们有的逃亡，或被专卖到琉球，琉球也多次委托到琉贸易的日本商人代为送还被掳或漂流的朝鲜人。同时，朝鲜送还琉球漂流移民也是通过日本的日向、大隅、萨摩三藩，请三处藩主发船送之。

明宣德十年（1435 年），日本将军足利义教致书琉球国，明正统四年（1439 年），琉球国王遣使朝贡于日本，足利义教将琉球之地赐给萨摩岛津忠国。但其后两国的朝贡关系断断续续，基本中断。

据《中山世谱》附卷记载，琉球与萨摩岛津氏的官方往来，是在尚真之子尚清在位期间（1527—1555 年）开始的。内称："嘉庆年间（1522—

---

① 伊波普猷等编：『琉球史料叢書』卷 5，名取書店，1941 年版，第 8、16 頁。转引自米庆余：《琉球历史研究》，天津人民出版社，1998 年版，第 20 页。

1556年），为纹船使事，遣天界寺月泉长老、世名城主良仲，到萨州。”但具体年月不详。其中所谓的“纹船”，实际上是船头绘有青雀黄龙的官方贸易船。当时琉球与日本的关系是对等的，这种关系一直保持到1609年的萨摩藩入侵琉球之时。

也就是，在明万历三十七年（1609年），即日本庆长十四年，日本以武力入侵琉球，国王尚宁被俘，琉球沦为日本萨摩藩的属国。萨摩岛津氏入侵琉球之后，琉球王国开始受到日本萨摩藩的制约，被割占土地，还对日纳贡，致使其形成对中、对日的“两属”状态。

1868年以后，日本实行了明治维新，明治政府采取了富国强兵的政策，国力日益强盛，从而走上了近代资本主义发展的道路，并制定了一系列旨在对外扩张的基本方针，随后开始进行占有琉球的准备和行动。

19世纪70年代，觊觎琉球已久的日本政府开始了侵占琉球的行动，最终于1879年武力攻占琉球，将其纳入日本近代国家的体制，成为日本冲绳县。

1871年，萨摩藩根据新政权的指令，向政府递交了所谓日琉关系的调查报告，报告宣称琉球“自上古以来，称作冲绳岛，在南海十二岛之内，为皇国属岛之事，古史亦有载之”。[①] 这份牵强附会、捏造事实的调查报告成为日后明治政府强行吞占琉球的依据。该年，也就是同治十年，台湾牡丹社人错杀漂至台湾的琉球人。

1872年，日本天皇始封琉球王，并力图切断中琉关系。中日双方围绕琉球的归属问题，展开了前所未有的矛盾纠纷。此年，日本通过琉球庆贺使节向琉球国王尚泰[②]下达诏书，剥夺其国王称号，将其降格为藩王，使琉球成为日本的一个藩，并派遣官员前往琉球，停止琉球藩的外交权，企图改变维持了近300年的中、琉、日三国关系，迈出了吞并琉球的第一步。与此同时，明治政府还发放给琉球可供流通的日本货币，并拨出东京府的

① 下村富士男編：『明治文化資料叢書』第4卷·外交卷，風間書房，1962年版，第7頁。

② 尚泰是琉球王国第二尚氏王朝第29位国王，也是琉球最后一位国王，是尚育王之子。1847年，年仅四岁的尚泰继承王位。1871年日本废藩置县，强行胁迫琉球国编入鹿儿岛县。琉球国多次向宗主国清王朝求援，内忧外患的清政府无暇救助，琉球国被日本吞并。身负亡国之恨的尚泰于1879年4月被掳至日本，1901年客死东京，享年59岁。

一套宅邸供琉球王尚泰使用，以强化琉球为日本所属的印象。

1874 年，日本以 1871 年琉球船民因遭飓风漂流至台湾而遭当地人杀害为借口，强行出兵台湾，迫使清政府签署《北京专约》。由于条约措辞轻率，承认台湾人错杀琉球人乃是“台湾生番曾将日本国属民等妄为加害”，日本出兵侵台“原为保民义举起见，中国不指以为不是”①，日本据此认为清政府默认琉球人是日本人，为之后侵占琉球埋下了伏笔，造成清朝在中日琉球问题交涉上处于不利地位。

1874 年，在北京签订完《中日北京专约》的大久保利通，回到日本后便向明治政府提出：“今通过与清国之谈判，彼承认我征藩地之义举，并出银两抚恤受害难民，虽似足以表明琉球属于我国版图之实迹，但仍难说两国分界业已判然”，期望明治政府借机断绝琉球“与中国之关系，在那霸设置镇台分营”②。随即，日本强行终止琉球国与清朝的外交关系。

1875 年，也就是光绪元年的 5 月，日本政府正式禁止琉球对清朝朝贡及一切来往。同年 6 月，日本政府派遣松田道之向琉球发布一些命令，内容包括强迫琉球改奉日本明治年号、废除琉球向中国朝贡和清帝继位时派遣庆贺使节的惯例、禁止琉球接受中国的册封，以及撤销作为朝贡贸易据点的福州琉球馆、遵从日本法律、派遣学生到东京就读，就连记载琉球国历史的《中山世谱》和《球阳》的编撰也被迫停止。与此同时，对琉球的统辖权也由日本外务省交给内务省。琉球国王尚泰对此表示拒绝。同年 9 月 6 日，内务省特使松田道之向琉球王发出最后通牒，强迫执行。在这种情景下，尚泰王一方面以其久隶中国藩封、世修职责、不便擅自更改为由恳求日方免办，另一方面则密遣专使向清政府求救，由此展开了涉及中琉日三方关联的“球案”事件。

1876 年，即光绪二年的 10 月，琉球密使紫金官向德宏、通事林世功、都通事蔡大鼎等 39 人，驾乘小船，避开日本人耳目，冒险出海。一行人于 1877 年（光绪三年）4 月底抵达福州，向闽浙总督何璟、福建巡抚丁日昌递交国王咨文，陈述日本阻贡详情并呼吁清廷救助。同年 11 月，中国首任

① 王铁崖：《中外旧约章汇编》第一册，三联书店，1957 年版，第 243 页。
② 刘晓峰：《日本的面孔》，中央编译局出版社，2007 年版，第 68 页。

使日大臣何如璋一行到达日本神户时，马兼才受琉球国王指派再次向中国使者诉说，恳求中国兴师问罪，使琉球早日从日本手中得以解脱。

1878 年，即光绪四年的 5 月，面对日本的强硬吞并及琉球国的不断诉说请求，基于中国历史上长期存在的对琉球的保护义务，清朝官员发表各自意见以寻求解决办法。以何如璋为首的官吏主张对日采取强硬政策，认为："日本阻贡不已，必灭琉球"，"琉球既灭，行及朝鲜……又况琉球迫近台湾，我苟弃之，日人改为郡县，练民兵，球人因我拒绝，甘心从敌，彼皆习劳苦耐风涛之人，他时日本一强，资以炮船，扰我边陲，台湾之间将求一夕之安不可得"。[①] 何如璋建议对日可采取上、中、下三种策略："一为先遣兵船责问琉球，征其入贡，示日本以必争；一为据理与言，明约琉球，令其夹攻，示日本以必败；一为反复辩论，徐以开导，若不听从，或援万国公法以相纠责，或约各国使臣与之评理"，[②] 以使得日本人就范撤出琉球。编修陆廷黻还呈上《清征日本以张国威折》。

但是，以掌握清廷通商、外交、海防等大臣的直隶总督兼北洋通商事务大臣李鸿章为代表的一派却认为："日本尽在肘腋，永为中土之患"，"笼络之或为我用，绝决之则必为我仇"[③]，而"琉球以黑子弹丸之地，孤悬海外，远于中国，而迩于日本，昔春秋时卫人灭邢，莒人灭鄫，以齐晋之强大不能过问，盖虽欲恤邻救患，而地势足以阻之"，况且"中国受琉球朝贡本无大利"，"尚属可有可无"，"即是从此不贡不封，亦无关于国家之轻重，原可以大度包之"，[④] 不过，因为考虑到 1871 年中日立约中规定两国所属邦土不可侵犯，担心日本得寸进尺，援例而及朝鲜，并且多少考虑到对琉球的义务及清廷的体面，琉球"徒以其恭顺二百余年，不忍弃诸化外，且此次委屈陈情，颇昭忠悃，若拒之过甚，恐转泰西诸国，谓我不能庇护属邦"，[⑤] 因此，李鸿章不同意何如璋的上、中之策，并认为："遣兵舶，责问，及约琉球人以必救似皆小题大做，转涉张皇"，"以威利相

---

① 《李文公全集》，译署函稿卷八，光绪乙巳刊本，第 3032 页。
② 王亮辑：《清季外交史料（光绪朝）》卷 13，北平外交史料编纂，第 30 页。
③ 《李文公全集》奏稿卷 17，1932 年影印本，第 600 页。
④ 《李文公全集》，译署函稿卷八，光绪乙巳刊本，第 3032—3033 页。
⑤ 《清光绪朝中日交涉史料》卷 1，1932 年影印本，第 21 页。

角，争小国区区之贡。务虚名而勤远虑，非惟不暇，亦且无谓”，[①] 故赞同采纳何如璋之下策，“惟言之不听时复言之，日人自知理绌，或不敢遽废藩制改郡县，俾球人得保其土，亦不籍寇以兵，此虽似下策。实为今日一定办法”，“若言之不听，再由子峨（即何如璋）援公法商会各国公使，申明大义，各使虽未必助我以抑日本，而日本人必虑各国生心，不至灭琉国而占其地”。[②] 总署根据李鸿章意见也认为：“日本自台湾事结后，尚无别项衅端，似不宜遽思用武。再四思维，自以据理诘问为正办”[③]，并函示何如璋等相继审办。何如璋从光绪四年（1878 年）9 月起，与日本外务卿寺岛宗则进行了反复的谈判。10 月，何如璋在向日本外务省提出质疑琉球案照会中严正指出：“日本堂堂大国，谅不肯背邻交欺弱国，为此不信不义无情无理之事。”[④] 希望日方能待琉球以礼，俾琉球国体、政体一切率循旧章，并不准阻碍中琉双方朝贡事宜。而日本政府认为，其“处分琉球”“乃是内政”，与中国无涉，并于该年“废琉置县”。而中国政府认为，事关琉球社稷，且与中日两国“所属邦土，各以礼相待，不得相互侵越”之《中日修好条规》不符。日方十分不满，导致谈判陷入僵局。

1879 年，即光绪五年 1 月，日本政府派遣松田道之为“处分官”，率兵前往琉球，勒令国王尚泰遵写誓词，不再向中国及其他各国乞援。同年 2 月 25 日，日军 500 人自那霸登陆占领琉球国都首里。3 月 27 日，明治政府任命的处分执行官松田道之在首里城宣布废琉球国为冲绳县，由日本人锅岛直彬为县知事，强行下达“废藩置县令”，命令琉球王府交出有关土地、人民等一切文书，命令琉球王尚泰退出首里，移居东京。为了防止琉球方面的抵抗，松田道之下令封锁首里城门，无证件者不得通行，以防止琉球人逃往中国。[⑤] 4 月 4 日，日本政府在全国范围内宣布将琉球改为冲绳县，标志着日本正式吞并琉球。

明治政府采取的一连串政治举措，将琉球完全纳入日本统治之下的过

---

① 《李文公全集》，译署函稿卷八，光绪乙巳刊本，第 3031—3033 页。

② 同上书，第 3031 页。

③ 《清光绪朝中日交涉史料》卷 1，1932 年影印本，第 12 页。

④ 東亜同文会編：『日本外交文書』第 11 巻，第 125 号文書。

⑤ 下村富士男編：『明治文化資料叢書』第 4 巻・外交巻，風間書房，1962 年版，第222 頁。

程被称为“琉球处分”。当时日本国内有一些有识之士对“琉球处分”提出了异议，认为强行对琉球进行处分的行为与西方蛮横的殖民政策无异。[①]然而，这些有志之士的义举并不能改变琉球被日本吞并的事实，琉球王国自此消失于历史舞台，成为日本管辖的冲绳县。

日本吞并琉球后，琉球国王再次派人前往中国求援。同年 7 月，向德宏抵达天津二次上书李鸿章，发誓“生不愿为日国属人，死不愿为日国属鬼，虽糜神碎骨义所不辞”，[②] 请求清廷尽快出兵，他自愿担当先锋，还表示琉球官民仰仗天朝兵威，必能协心齐力，尽逐日并出境，自无不克者。同年 10 月，琉球耳目官毛精长等亦抵北京，泣血吁请，要求迅赐救存，以复贡典。而日本愈加采取一系列的措施使琉球尽快同化为日本的“国内殖民地”。在日本当局的文化奴役政策下，冲绳日益本土化，丧失了诸多传统文化，琉球的许多中国式风俗习惯亦遭到严重破坏。其后琉球士族不断到清朝求援，这种与日本政府为敌的行为更使其遭受了文化和政治方面的压迫。

此时的清政府正受制于中俄伊犁问题，对于琉球的求救十分为难。俄国战舰 20 余艘东驰，大量陆军分布海参崴一带，虎视眈眈，香港报纸又传来日俄联合之消息，清政府可谓自顾不暇。因此，李鸿章寄希望于各国对日本交涉，提出了日本若继续肆意妄为，“即请愿驻日公使领事一概撤回……并行文各口勿与日本领事交往，届时各国或虑开兵端通商”，必会加以干涉。无奈各国驻华领事大多对琉球问题“袖手旁观”，有的还表示说，此乃“中国之事，亚洲之事，与欧洲各国无干”。[③]

正当清政府失望之际，美国总统格兰忒（U. S. Grand）[④] 1879 年 5 月

---

① 伊東昭雄編：『アジアと近代日本：反侵略の思想と運動』，社会評論社，1990 年版，第 16—19 頁。

② 西里喜行：『琉球救国請願書集成（一）』，琉球大学教育学部紀要，1987 年版。

③ 《李文公全集》，译署函稿卷八，光绪乙巳刊本，第 3034 页。

④ 尤里西斯·辛普森·格兰忒（Ulysses Simpson Grant，1822 年 4 月 27 日—1885 年 7 月 13 日），美国军事家、陆军上将和第 18 任总统。格兰忒是美国历史上第一位从西点军校毕业的总统，美国南北战争后期任联邦军总司令，屡建奇功。在总统第二次任期内，格兰忒对南方奴隶主妥协让步以及对贪污腐化的属员采取姑息纵容态度，引起了选民的普遍不满。离任后，格兰忒仍想在政治上东山再起，其历时两年半周游世界，将美国的声威播洒到了世界各处，后晚年因经商失败抑郁病逝。

来华游历，并拟东渡日本。奕䜣、李鸿章先后会晤格兰忒，请他出面调停中日琉球争端。李鸿章在谈话中特别指出，日本灭琉球，不但与中国启衅，且将搅乱美通商大局，以期引起美方之重视。实际上格兰忒当时仅仅以私人身份游历东方，并不能代表美国政府的立场，并且在其调节前，日美双方已达成协议，日本保证不损害美国在琉球所享有的权利，而美国对于中日之间的琉球问题交涉保持中立。因此，虽然格兰忒提出了“分岛方案”，即将琉球王国一分为三，日本占据北部的五岛由日本统辖，中部诸岛让琉球立国，南部的宫古岛及八重山列岛划归中国。但是，当格兰忒返回美国时，日方并没有接受“分岛方案”。

1880 年，日本人竹添进一郎受外务省派遣来华，向李鸿章提出：“愿将南岛归于中国，而欲更改约章，增内地通商各款”。[①] 即日方愿将琉球最南端两岛宫古岛与八重山岛划归中国，以划分两国疆域，但条件是修改 1871 年中日通商章程，允许日本商民如西人入中国内地经商贸易，也未提及琉球王国立国事宜。与此同时，日本正使宍户玑亦专程到北京总理衙门商议此事。

此时，中俄关系十分紧张，俄国战舰 15 艘云集长崎威逼中国沿海，日本充分利用这个时机以两个贫瘠荒凉的小岛换取清政府对其吞并琉球的承认，并要在中国取得与欧洲列强相同的地位与权益。李鸿章和总理衙门考虑到，第一，“事已至此，在日本已算退让，恐别无结局之法”；[②] 第二，“割南岛以封琉王，并附益首里王城，使得归其故宫祀其宗社”；[③] 第三，“现在事势中国若拒日本太甚，日本必结俄益”，认为“此举既以存球，并以防俄”，[④] 所以同意与日本谈判“分岛改约”。这样，8 月中旬开始分岛改约谈判，11 月，清政府草草拟定了《球案条约》，接受了日本人提出的条件。

对于分岛改约，清政府内部议论纷纷，莫衷一是。有庶子陈宝琛[⑤]上

---

① 《清光绪朝中日交涉史料》卷 2，1932 年影印本，第 20 页。

② 《李文公全集》，译署函稿卷十，光绪乙巳刊本，第 3093 页。

③ 同上书，第 3154 页。

④ 同上书，第 23 页。

⑤ 同上书，第 294 页。

书痛陈改约不宜轻许，球案不宜遽结，其认为割琉球之地分属中日及修改商约可能产生严重后果。而左庶子张之洞主张联日制俄，先应允改约，与日本立不得助俄之约，待俄事定，然后示日本以保护琉球之决心，甚至不惜与日绝交备战。醇亲王奕譞等则唯恐一旦更动已成的中日条约，反招各国非议，中方终遭屈服，并使两岛丧失。如此意见分歧，迫使清政府密谕李鸿章谨慎统筹全局，制定一个善全之策。李鸿章经过认真考虑，于10月9日奏上“琉案宜缓允褶”，提出了几点看法：第一，1871年签订的《中日通商章程》是绝对不能修改的；第二，李鸿章在征求琉方意见后，意识到分岛方案实际上是行不通的；第三，李鸿章赞同陈宝琛论日俄关系的意见，也不相信联日可以抗俄的效果，判断日本助俄之说多出于当时的《香港日报》宣传及日本人的恫吓，日本所能助俄的，不过以长崎借俄屯兵船、购给米煤而已，中俄问题才是急需解决的关键。综上，李鸿章也反对向日本让步。[①] 李鸿章的意见得到清政府许多重臣的赞许。清政府很快采纳了李鸿章的办法，决计对“球案”采取拖延政策。

1881年，也就是光绪七年2月，中俄签订《伊犁条约》，中俄关系有所缓和，李鸿章不失时机地提出了“延宕之法”[②]。李鸿章还寄希望于未来，希望数年后，清政府船械齐集，水师练成，声威即壮，则日本嚣张之气，当为之削平。

然而，客观是，政治腐败、经济衰竭、国力日益衰落的清政府在当时的情况下很难圆满解决“球案”问题，因此清政府也只能采用李鸿章的“延宕之法”，宣布拒绝批准总理衙门和日本已经议写的“球案草约”底稿。

1881年至1886年，也就是从光绪七年到光绪十二年，日方多次遣使来华重提球事，但由于日本人提出的关键点在于绝不允许琉球人复国，与中方“存琉祀”的出发点针锋相对，故中日双方始终未能达成共识。

1883年12月至1885年4月，也就是光绪九年至光绪十一年，由于中

---

① 《李文公全集》，译署函稿卷十，光绪乙巳刊本，第296页。

② 同上书，第297页。

法战争[1]延及台湾，清廷已陷入对法外交及军事纠缠之中，无力顾及琉球。近代中琉日三方的“球案”事件也就不了了之束之高阁。

时至1894年，中日矛盾开始集中在朝鲜半岛，及至日本发动“甲午战争”，翌年割占中国台湾、澎湖列岛，琉球问题便无再议。

1895年，甲午战争结束，清政府被迫签订《马关条约》，不得不割让台湾及其附属岛屿给日本，自此以后琉球问题便不再成为中日交涉的课题。在日本看来，“对于清政府来说琉球问题一直没有正式完结，直到《马关条约》将台湾及澎湖列岛割让给日本，琉球问题才自然消亡”。[2]“甲午战争解决了琉球问题，决定了琉球最后的归属，确定了琉球为日本固有之领域。”[3] 在中国看来，《马关条约》并未涉及琉球归属问题，中国政府就是在甲午战争失败后，也从未认同琉球是日本的领土。琉球国以中国为宗主国，作为中国的朝贡国超过500年的历史，但是由于明治政府推行吞并琉球的政策，十年禁止琉球向中国朝贡，琉球成为日本的一个藩。

琉球存续的命运不仅与中日两国密切关联，还与美、英、俄等西方国家的不平等压迫有直接关系。日本明治政府初期面临的最迫切的对外课题是如何修改与欧美签订的诸多不平等条约，而日本为了走向近代国家道路，决定先以修改《中日修好条规》为突破口，来换取与西方国家进行修改条约的砝码。也就是说，日本明治政府要成为近代国际一员，就必须要与欧美修改不平等条约，才能与西方国家建立起对等的关系。因此，日本把“修改条约”和“扩张领土”结合在一起，于是将“琉球事件”与

---

① 亦称“清法战争”（法文：Guerre franco-chinoise），是由于法国侵略越南并进而侵略中国而引起的一次战争。第一阶段战场在越南北部，第二阶段扩大到中国东南沿海。战争中，法海陆两军虽于多数战役占上风，但均无法取得底定全局的战略性大胜。法国远东舰队虽于海战赢得全胜，并一度攻占基隆，却因沪尾（今台北县淡水镇）一役受挫及疫病流行，无法达成拿下台湾岛的战略目的。而清军虽于初期陆海皆遭惨败，导致由恭亲王奕䜣领班的军机处被全面撤换（甲申易枢），但后期台湾及杭州湾防卫成功，且有冯子材统率各部于镇南关之役给法国陆军带来较重伤亡，导致费里政权垮台。此后，两国以此为契机重启和谈，结果订定《中法新约》。清方承认法国对法属印度支那诸殖民地的宗主权，两国重开贸易。受此战的影响，清政府于台湾设省，以刘铭传为巡抚大力推展现代化防务及新政，并积极筹建北洋水师。

② 安岡昭男：『幕末維新の領土と外交』，清文堂，2002年版，第192頁。

③ 信夫清三郎：『日本外交史：1853—1972』，每日新聞社，1974年版，第183頁。

《中日修好条规》捆绑在了一处。特别是进入 19 世纪 60 年代，江户幕府面临内忧外患，被迫打破锁国体制来打开日本的国门，导致了幕藩体制的最终瓦解。而明治维新为日本拉开了新的帷幕，日本要从幕藩体制转化为近代天皇制，特别是在走向中央集权的进程中，其把“王政复古”“废藩置县”等一些政策试用到了对琉球的政策上。

第一章
美国远征时代的琉球签约

第一节　佩里签约琉球

一、《日美和亲条约》：中国属地，皇统有限

琉球因一直作为中国大陆对外贸易的窗口，与东南亚和西南太平洋很多国家都保持着长期交流和往来。18 世纪末，琉球开始与欧美等西方国家的船舶和商队往来，并签订了通商友好之类的条约，这些条约一律采用的是琉球官方语言汉语，年号和国号都一律沿用中国朝廷的年号和国号，其文字记录了欧美国家与琉球的往来。

1797 年，英国的测量船“普罗维顿斯”号，曾在宫古多良间岛海湾搁浅，后开往那霸港停留。之后，又先后有 1803 年英国“弗雷德里”号停留那霸，1816 年英国舰艇“拉伊拉”号和“阿尔瑟斯”号在琉球停留 42 天，以及 1827 年“波咯沙姆”号、1832 年“罗德马斯特”号漂流到那霸，1843 年英国军舰“沙马蓝”号到宫古、八重山等地进行测量。

1844 年，法国“阿落克枚尔”号访问那霸，要求友好通商，获得肯定答复，留下传教士弗罗卡托后，驶往中国。两年后的 1846 年，英国“斯坦林”号访问那霸，也留下英国的传教士波特尔海姆，曾在琉球传教八年之久。而法国军舰“沙比斯”号来访那霸，传教士弗罗卡托的继任者德由尔特求随船来琉，而后又有“库勒奥巴特尔”号和“毕库特留茨”号相继来琉，集中在运天港，要求避开中国私下签订为

期 44 年的友好通商条约，也遭到琉球的拒绝。法国舰船北上驰往日本萨摩藩。[①]

1844 年，美国在与清国签订《中美望厦条约》[②] 后，不断向西推行领土扩大政策。美国力图将领土扩大到太平洋海岸，在南桑维奇群岛（夏威夷群岛）与香港、上海之间，如何确保补充食品、水和煤炭的港口愈显至关重要。由于日本长崎只允许荷兰及中国的船只进港，如何打破日本这种锁国政策，以确保美国在琉球及太平洋沿岸开埠成为当务之急。

1852 年，肩负这一任务的美国远东印度·中国·日本海域合众国海军司令马修·佩里，从美国东海岸诺福克军港乘“密西西比”号出发，途经开普敦、毛里求斯、锡兰、新加坡、香港，最后于 1853 年 5 月 4 日抵达上海。

在上海，佩里装载了为在琉球使用的多达 5 吨的中国铜钱[③]，又于 5 月 17 日起航，5 月 26 日停泊在琉球的冲绳海域，访问了那霸的首里王宫，调查了琉球本岛后，获得了琉球方面的补给物资，并进行了支付。

佩里比较了解中国与琉球之间存在的“册封纳贡”体制，因为佩里从美国出发之前，阅读了大量介绍东亚社会的史料文献，其中包括周煌的《琉球国志略》[④]，这也解释了其在上海为前往琉球所做的准备。

1854 年，佩里在得到俄国普佳京舰队及法国提督的情报后，加强了对日本活动的认知，认为有必要先于他们到达日本，遂于 1 月 4 日再次从香港向琉球出发，于 1 月 20 日到达那霸，2 月 7 日从那霸驶向江户，2 月 11 日到达江户外湾。虽然日本将会见场所指定为浦贺，但佩里直接将舰队推进到江户湾深处，停泊在神奈川海域，日方妥协，双方在横滨村举行会见。

---

① 萨摩藩避开日本政府私下与法国进行了走私贸易。

② 《中美望厦条约》又称《中美五口通商章程》，是清朝与美国于 1844 年（道光二十四年）7 月 3 日在澳门的望厦村所签订，也是清政府与美国签订的第一个不平等条约，内容主要为美国在通商、外交等方面享有与英国同等的权利。

③ 『ペリー遠征記』上卷，第 334 頁。

④ 同上书，第 489—491 页。

1854 年 3 月 31 日，日美正式签约《神奈川条约》（日本称《日美和亲条约》）[①]，共 12 条，其中第二条承认伊豆国的下田港与松前领的箱馆港可供美国使用，美国舰船可在此接受柴水、食物、煤炭以及其他必要物资的供给，相应物品按照日本方面提示的价格支付金币或银币。

其中，美国方面当初提出的那霸港一事，则以“遥远属地，日本皇帝统治有限，不具有发言权”[②] 为由，将其列在条约对象之外。关于通商协议，也仅仅只有开放两座港口与约定保护美国国民等内容。佩里误以为琉球是日本的领土，所以要求日本开放包括琉球那霸在内的五个港口。日本的谈判代表向佩里表示，琉球是一个遥远的国家，日本的天皇和政府无权决定其港口的开放权。[③] 然而第九条有着重要意义，其规定：“今后，日本

---

① 1854 年 3 月 31 日（日本嘉永七年三月三日）江户幕府与美国所缔结的条约。当时日本方面全权代表为林复斋（大学校长），而美国方面全权代表为东印度舰队司令马休・佩里。该条约主要规定日本必须开放下田与箱馆（今函馆）两港口与美国通商，并保证遇难的美国士兵得到安全保障。从幕末的混乱期到明治初期，《神奈川条约》不过是日本不可避免地与列强所订立的不平等条约中的一部。据此条约，日本开放了下田及箱馆两港口，日本锁国体制就此崩解。该条约的日本语批准书原本，在幕末江户城火灾中被烧毁。其中，一份批准书原本内文以荷兰语书写，由美国方面持回国内，现保管在美国国家档案管理局。2004 年（日本平成十六年）日美交流 150 周年记念之际，美国以复印本条约批准书致赠日本。原条约正式日本汉字全名为“日本國米利堅合衆國和親條約”，现日文通称为“日米和親条約”。1853 年（嘉永六年），在马休・佩里到访前一年，美国第十三任总统菲尔莫尔就亲笔写信给日本幕府要求开国并通商。江户幕府方面在被要求后犹豫了一年，美方面也因此一度打消主意。不过，翌年 2 月 13 日（嘉永七年一月十六日），美国船只由江户湾（东京湾）入港，再“访”日本。江户幕府在武藏国久良岐郡横滨村字驹形（神奈川县横滨市中区神奈川县厅附近、现在位于横滨开港资料馆所在地）设置招待所，该协议从开始到终了大约花费一个月之久，最后缔结了《神奈川条约》，其内文全部共计 12 条。之后，交涉场所又移到伊豆国下田（现静冈县下田市）了仙寺，于同年 5 月 25 日厘定了《神奈川条约》细则，据此缔结《下田条约》（内文全部有 13 条）。佩里舰队也于同年 6 月 1 日从下田归国。佩里舰队归国途中停留在琉球，并与琉球国缔结通商条约。其主要是因为当时美国在太平洋上进行捕鲸活动以取得价格昂贵的鲸油作为灯油和其他用途，为此需要在日本进行燃料补给，故为了控制燃料价格稳定而签订该条约。另一个原因是为了保障食物和淡水的补给。除此之外，建立美国与大清国之间贸易航线的补给港，也是一个重要的原因。《神奈川条约》内容如下：美国船只需要的物资补给（付款购买）是在开港后的下田、函馆二地（通商口岸的设定）；漂流民的救助、引渡美国人的居留地设定在下田；片面的最惠国待遇等。除此之外，《下田条约》还订立了如下的细则条款：美国人活动的可能范围是以下田为中心七里内、及以函馆为中心五里内之范围为限，禁止进入武家・町家之范围。至于美国人暂时的休息所设置在了仙寺・玉泉寺，美国人的坟墓设置在玉泉寺内。美国人禁止从事猎取鸟兽等狩猎活动。

② 『ペリー遠征記』下巻，第 191 頁。

③ 唐淳风编著：《悲愤琉球》，东方出版社，2014 年版，第 18 页。

政府若将此条约中未赋予美国及其国民的特权及便利，提供给其他一国国民或数国国民，则无须如何协议，应立即承认给予美国及其国民系统特权及便利。”①

美国曾将1844年与中国签订的《中美望厦条约》作为样本拿给日本，但日本给予的答复是：“贵国所希望的开启似贵国与中国般之通商一事，我们现在还无法做到。我国民情风俗与各国明显不同，即便阁下希望，突然改订旧法学习他国的习惯也是非常困难的。”②

为此，佩里认为，“从整个条约来看，日本人的目的是在实施我国与中国之间同样广泛及密切的往来之前，先尝试与我国进行往来试验。这便是当时日本人的所有企图，而他们做出这种让步，对于我方谈判负责人来说则是获得了巨大成功。”③ 日本承认了美国为最惠国待遇的第九条的存在，这在佩里看来，“获得了巨大成功”。

而日本拒绝与美国缔结如中国那样的条款的理由，是日本一旦被西方国家打开国门，即西方文明国家一旦进入这个国家，历史的潮流将不会倒退，西方国家经过长达数个世纪的不懈努力才获得的成功，当然也不会让其轻易失去。还有一个更大的理由，即《中美望厦条约》是美国将英国战胜后签订的《南京条约》进一步扩充后的不平等条约，日本之所以不接受，是看穿了条约中许多侵犯日本主权的不平等、不公平的内容。

二、《琉美修好条约》：标记历法，不负中国

1854年7月11日（清咸丰四年六月十七日），美国准将马休·佩里率舰队再度到达琉球，代表美利坚合众国政府与琉球王国政府在首里城签订了琉球国第一个不平等条约——《琉美修好条约》，其正式名称为《亚米利加合众国琉球王国政府议定约》。琉球方面签署代表为尚宏勋、马良才，美国方面签署代表为马休·佩里。

---

① 『ペリー遠征記』下卷，第218頁。

② 同上书，第226页。

③ 同上书，第235页。

1853 年 5 月 26 日（清咸丰三年四月十九日），马休·佩里初次率“萨斯凯哈那”号巡洋舰等四只美国军舰进入那霸港，5 月 28 日会见琉球国总理官摩文仁按司尚大模。6 月 6 日访问首里城，要求会见尚泰王，遭摄政尚惇拒绝，但尚惇仍派总理官在首里城北殿会见了他。6 月 8 日，尚泰王遣使向马休·佩里赠送礼物，次日，佩里留下“密西西比”号巡洋舰，率舰队前往小笠原群岛。6 月 18 日归港。7 月 2 日，因舰队供给不足，将“萨斯凯哈那”号巡洋舰留在那霸港，持美国总统亲笔书信，率四只军舰往日本浦贺，与江户幕府谈判。7 月 25 日回到那霸港，得到琉球国方面的供给。在与琉球方面达成四项协议后，佩里于 8 月 1 日率舰队离开琉球前往香港。

1854 年 1 月 21 日，佩里又率舰队来到那霸港，并再度访问首里城。2 月 7 日，在得到琉球方面的供给后驶往日本江户。7 月 1 日，佩里与日本江户幕府签订《神奈川条约》后返回琉球。7 月 7 日与琉球交涉，要求签订条约。8 日开始谈判，美国就 1853 年双方达成的四项协议加以修正，要求琉球方面最迟于 7 月 10 日做出答复。

7 月 10 日，双方再度会谈，琉方承认美国提出的修正案有效。次日，美方代表马休·佩里与琉方代表尚宏勋、马良才正式签订条约并互换文件。

> 一、此后合众国人民到琉球，须要以礼厚待，和睦相交。其国人要求买物，虽官虽民，亦能以所有之物而卖之。官员无得设例阻禁百姓。凡一支一收，须要两边公平相换。
>
> 其内容涉及（第一条）自由贸易、（第二条）提供美国船舶薪水、（第三条）对美国船漂流民的救助、（第四条）承认美国领事裁判权、（第五条）设置美国人墓地并提供保护、（第六条）琉球国水先案内相关规定、（第七条）提供美国船舶薪水相关费用等内容。

1854 年 10 月 29 日（清咸丰四年九月八日），日本萨摩藩后命令将其第一条修正如下：

一、此后合众国人民到琉球，须要以礼厚待，和睦相交，其国人欲买物，则虽市店之品物达官所买货者名记于品之若卖货者以其物送官所以价钱与官吏而后品物交易专可司令官吏预闻虽阻禁私议而已凡一支一收，须要两公边公平相换。

也就是，1854 年 7 月 11 日，美国与琉球王国签署了协议，却不包含与原文相当的内容。但签署日期仍为“1854 年 7 月 11 日，即清咸丰四年六月十七日（旧历）”，签署日期是依据中国历法的标记，为册封体制下琉球的正式文书记载方式。

之后，佩里舰队又经过下田和箱馆于 7 月 8 日（即日本嘉永六年六月三日）到达琉球的那霸。该日，副官携带协议书提交给琉球王国摄政王并进行了交谈。

在与日本谈判时，佩里早先已经得到“琉球乃遥远属地，日本皇帝统治有限，不具有发言权”的回答，向琉球方面提出的协议为：

其原文承认琉球为独立国。对此摄政王表示反对，并解释由于琉球负有服从中国的义务，倘若做出如此不逊之事，难免会与中国之间发生纠纷。但关于条约诸条款则欣然同意，并忠实履行，毫不犹豫地可签署此协议书，却考虑到应该避免露骨地谋求完全独立之主张及举动。①

佩里还准备，如果日本政府拒绝与美国谈判，则将其“属国大琉球岛置于美国国旗监视之下，从舰队之中派遣 2 名准士官、约 15 名水兵，但后来无武力解决的必要便达成了预想的目的”。② 此后，因为美国发生南北战争（1861—1865 年）等国内问题，暂时从亚洲撤退，而英国、法国、俄国却表现积极。

---

① 『ペリー遠征記』下卷，第 465 頁。

② 同上书，第 107 页。

第二节 万国签约琉球

一、《亲善条约》：强压中国，威逼日本

（一）强压中国

英国以1856年的“亚罗号事件”① 为借口对清国发动了第二次鸦片战争，随后法国也加入进来，两国在北京烧杀抢夺。1858年签订《天津条约》②，又

---

① 1853年英美等国掀起“修约”交涉未能得逞。1856年10月初，一艘100吨的中国商船“亚罗”号，自厦门开往广州，停泊黄浦。船上水手全是中国人，船主苏亚成也是中国人。该船曾被海盗夺去。为了方便走私，该船曾在香港英国政府领过登记证。10月8日，广东水师船捕走窝藏在船上的两名中国海盗和十名有嫌疑的中国水手。不料英国驻广州领事巴夏礼却借口该船曾在香港注册，领有执照，硬说是英国船，甚至捏造说中国水师曾扯下船上英国旗，侮辱了英国，无理要求两广总督叶名琛立即释放被捕人犯，向英道歉。10月22日，叶名琛将12人全部送还时，巴夏礼仍然拒收，连叶名琛送去的信件也拒绝拆阅。同月23日英驻华海军悍然向广州发动进攻。第二次鸦片战争爆发。这样“亚罗号事件”成了英国政府蓄意挑起侵华战争的借口，并成为第二次鸦片战争的导火索。

② 《天津条约》是清咸丰八年（1858年）第二次鸦片战争中英国、法国、俄国、美国强迫清政府在天津分别签订的不平等条约。清咸丰八年四月初八（1958年5月20日），英法联军攻陷大沽炮台，溯白河而上，进逼天津。直隶总督谭廷襄吓得魂飞魄散，主张彻底投降。十二日，他向咸丰帝奏称：“统观事势，细察夷情”，“不能战，不易守，而不得不抚”。十四日，英法联军驶抵天津城下，英、法公使通知清政府另派头品大臣二员速来津共议，否则先取天津，再攻北京，两日以内，听候回音。十六日，清政府急忙派大学士桂良（1785—1862年）、吏部尚书花沙纳（1806—1859年）为全权大臣，驰往天津向英、法求和。十八日，额尔金、葛罗乘炮艇抵天津，普提雅廷和列卫廉乘俄船“亚美利加”号同至。当即照会清政府，钦差大臣必须有“全权便宜行事”衔名，否则仍需进京。二十日，清政府命桂良、花沙纳便宜行事，从权办理。二十三日，此前两天赶到天津的桂良、花沙纳和额尔金在城南海光寺初次会见。此后在谈判过程中，额尔金和葛罗分别委派随员威妥玛（1818—1895年）、李泰国（1832—1898年）和马吉士办理实际交涉，以李泰国为主。他是上海海关的英籍职员，同中国官员曾有频繁接触，此次充当英法联军的中文翻译与谋士。在谈判过程中，他以战胜国发言人自居，恃强要挟，态度蛮横，对桂良、花沙纳耍尽了威吓流氓手段。在谈判中最使清朝最高统治者头痛的是外国公使驻京、增开通商口岸、外国人得入内地游历传教等条款。因为这些将会影响到清朝君主专制制度。所以，咸丰帝一再讨价还价，不肯让步。有时甚至想到在不得已的情况下，“势须与之用武”。桂良、花沙纳对咸丰帝的苦衷虽然十分了解，但他们畏敌如虎，向咸丰帝奏称：“战之不可”，“战则必败”。由于此时清朝政府一心忧虑太平天国起义，已无暇顾及英法入侵，所调动的兵力，并非主力，而都是边远的军队。

在1860年签订《北京条约》[①]，这一系列的条约加快了清国走向亡国之路。

（二）威逼日本

日本虽然未承认清国的宗主国地位，实行单独的锁国海禁政策，但在条约缔结时，也要遵循“万国公法”的原则，不得不被迫对外开放。

佩里1853年率舰来日后，发现想要幕府迅速答复是很困难的，遂声言第二年春天来听取答复，又于1854年2月13日再次到日本。这次较之上次的力量更强大。双方谈判几经折冲，最终在1854年3月31日签订《日美亲善条约》，这是日本同外国签订的第一个近代的国际条约。

在此之后，1854年10月14日，英国东印度舰队总司令史蒂林率军舰四艘赴长崎，要求参照美国缔约签订《日英亲善条约》。1854年11月，俄国海军中将普提雅廷再度率舰来日，两国于翌年2月7日签订《日俄亲善

① 《北京条约》是1860年英法联军攻进北京后，清政府在英、法武力威胁和沙俄诱逼下，签订的关于结束第二次鸦片战争的不平等条约。19世纪中叶，西方资本主义国家的工业有了长足的发展，为了适应经济的发展对世界市场的需求，它们把侵略的矛头转向了中国。1856年，以英国为首的西方资本主义国家对中国发动了第二次鸦片战争，迫使清政府于1858年签订了不平等的《天津条约》，进一步攫取了大量的特权。1859年，英、法、美三国分别派遣驻华公使，率领舰队来华换约。清政府加强了天津、大沽的防务，准备在上海与英、法公使换约，以阻止公使入京，而英、法拒绝在上海换约，于1859年6月北上天津大沽口外，不走清方指定的入京换约路线，强行突入大沽，结果被清军打得大败。其后，英、法决定再次组织联军发动大规模的侵华战争。1860年，奕䜣在英、法武力威胁和沙俄诱逼下，签订了《北京条约》。九月十一日（10月24日），清钦差大臣奕䜣与英国全权代表额尔金在北京礼部大堂，交换了中英《天津条约》，签订了中英《北京条约》。九月十二日（10月25日），清钦差大臣奕䜣与法国全权代表葛罗在北京礼部大堂，交换了中法《天津条约》，并签订了中法《北京条约》。英、法逼签《北京条约》后，即表示扶助清政府镇压太平天国起义，并支持洋务派奕䜣当政。英法联军由于其侵略要求基本上得到暂时满足，因而在九月十九日、十月初二先后撤出北京。继而，在咸丰十年十月初二（1860年11月14日），清钦差大臣奕䜣与俄国驻华公使伊格那提也夫在北京签订了中俄《北京条约》，承认了一直拒绝批准的中俄《瑷珲条约》。因美国国内爆发南北战争，当英法联军在北塘登陆时，美国公使应召回国，虽未得及趁火打劫，事后却借口“利益均沾”条款，掠取了许多新的殖民特权。《北京条约》原称《续增条约》，条约共九款，除确认《天津条约》仍属有效外，又增加了扩大侵略的条款：（1）开天津为商埠；（2）准许英国招募华工出国；（3）割让九龙司地方一区给英国；（4）中英《天津条约》中规定的赔款增加为800万两。

条约》[①]。此外，荷兰也于1854年10月提出缔约要求。幕府开始口头应允，后来拗不过荷兰的再三催促，逐与荷兰在1856年1月30日签订《日荷亲善条约》。

通过这些条约，日本的大门被打开，结束了闭关自守的时代。从此，揭开了西方资本主义国家侵入日本的序幕。由于《日美亲善条约》中没有自由贸易的通商条约，所以美国对此很不满意，新上任的公使T. 哈里斯软硬兼施，武力威胁，经多次谈判，于1857年6月17日迫使日本在下田签订了《日本美利坚合众国条约》，美国取得了领事裁判权等其他权利。

然而，T. 哈里斯仍不满足，下定决心要缔结通商条约，他以舰队的武力为后盾，一面与幕府争论，一面进行威吓，经过13次谈判，于1858年7月29日在神奈川海面的美国“波瓦坦”号军舰上签订了《日美友好通商条约》。

继之，根据最惠国待遇的规定，荷兰、俄国、英国、法国等国也迫使日本签订了与此类似的条约，因为当时日本的年号是“安政”，称此为

---

① 《日俄亲善条约》又称《下田条约》，是日本和俄国于1855年2月7日在下田签署的不平等条约。由日方代表筒井政宪与川路圣谟和俄方代表普提雅廷在日本下田长乐寺签署。条约规定北方四岛归日本所有，“今后日本国和俄罗斯国的疆界应在择捉岛和得抚岛之间。择捉全岛属于日本，得抚全岛及其以北的千岛群岛属于俄罗斯。至于桦太岛，日本国和俄罗斯国之间不分界，维持以往之惯例”。桦太（库页岛）为两国共管。《日俄修好通商条约》是日本幕末时期，江户幕府与俄罗斯帝国签订的条约。1858年8月19日签订，1859年8月批准生效。此条约的签订使两国互派外交官和领事。而且，通过此条约，俄国获得了诸多权利：俄国公民在日本国内自由旅行；增开神奈川、兵库作为通商口岸；允许俄国公民在日本居住、逗留，购买、租赁、建造房屋，并享有信仰自由；自由贸易不受官吏干涉，关税依照最惠国条款制定；领事裁判权；俄国享有片面最惠国待遇。一般认为《日俄修好通商条约》是俄国对日本的不平等条约，俄国通过此条约大大增长了在日本的势力。

"安政五国条约"[①]。从此，日本不仅在政治上，而且在经济上也向欧美资本主义国家敞开了大门。一系列不平等条约的签订，进一步损害了日本的独立主权，使日本陷入了半殖民地的危机。

1958 年 10 月 29 日，日本与美国签署了《日美修好通商条约》及《贸易章程》，同年 8 月与荷兰、俄国、英国，1860 年 8 月与葡萄牙，1861 年 1 月与普鲁士（德国）分别签订了《修好通商条约》。

二、《修好条约》：万国公法，迫胁琉球

佩里与日本签订《日美亲善条约》后，在回国途中于 1854 年 7 月到达那霸，迫使琉球与美国签订了《美琉修好条约》[②]。此后，琉球 1855 年 11 月与法国签订《琉法修好条约》[③]，1859 年 7 月与荷兰签订《琉兰修好条约》[④]。

（一）美国胁迫琉球签订《修好条约》

该《修好条约》正式名称为《亚米利加合众国琉球王国政府议定约》。琉球方面代表为尚宏勋、马良才，美国方面的代表为马休·佩里。1853 年

① "安政五国条约"是 1858 年（日本安政五年）日本分别与美国、荷兰、俄国、英国、法国签订的不平等条约的总称，又称《五国通商条约》。1854 年签订《日美亲善条约》后，西方资本主义国家进一步扩大对日本的侵略。1856 年 8 月，美国派遣 T. 哈里斯抵日本下田，逼迫江户幕府同意开设由其担任总领事的美国驻日总领事馆。1857 年 10 月，幕府又被迫同意哈里斯前往江户晋见将军。哈里斯用武力恫吓迫使日本于 1858 年 7 月 29 日签订了《日本国美利坚合众国修好通商条约》和《贸易章程》。同年 8—10 月日本又先后与荷、俄、英、法签订了内容类似的条约和章程。此五个条约，均签订于安政五年，故又称《安政条约》。《安政条约》主要内容包括了：除已开放的下田、箱馆（今函馆）两港外，增开神奈川（今横滨）、长崎、新潟、兵库（今神户）四港及江户（今东京）、大坂（今大阪）两市（神奈川开港六个月后，关闭下田港）；相互在首都派驻外交代表，在开放港口派驻领事；外国人可以和日本人在上述地区不受限制地自由贸易；内外货币同种等量交换；外国人有在开放港口城市设租界一类居留地的特权；外国人享有领事裁判权；缔约的外国享有片面的最惠国待遇；实行议定关税税率等。该条约完全剥夺了日本关税自主权，使日本的民族主权受到严重损害，半殖民地化危机加深。

② 《琉美修好条约》为琉球王国政府和美利坚合众国政府代表于 1854 年 7 月 11 日（咸丰四年六月十七日）在首里城签订。

③ 《琉法修好条约》为琉球国与法兰西帝国于 1855 年 11 月 24 日（咸丰五年九月二十七日）签订。

④ 《琉兰修好条约》为琉球国与荷兰王国于 1859 年 7 月 6 日（咸丰九年六月七日）签订。

5月26日（清咸丰三年四月十九日），马休·佩里初次率“萨斯凯哈那”号巡洋舰等四艘美国军舰进入那霸港，5月28日会见琉球国总理官摩文仁按司尚大模。6月6日访问首里城，要求会见尚泰王，遭摄政尚惇拒绝，但尚惇仍派总理官在首里城北殿会见了他。6月8日，尚泰王遣使向马休·佩里赠送礼物，次日，佩里留下“密西西比”号巡洋舰，率舰队前往小笠原群岛。6月18日归港。7月2日，因舰队供给不足，将“萨斯凯哈那”号巡洋舰留在那霸港，持美国总统亲笔书信，率四艘军舰往日本浦贺，与江户幕府谈判。7月25日回到那霸港，得到琉球国方面的供给。在与琉球方面达成四项协议后，佩里于8月1日率舰队离开琉球前往香港。1854年1月21日，佩里又率舰队来那霸港，并再度访问首里城。2月7日，在得到琉球方面的供给后驶往日本江户。7月1日，佩里与日本江户幕府签订《神奈川条约》后返回琉球。7月7日与琉球交涉，要求签订条约。8日开始谈判，美国就1853年达成的四项协议加以修正，要求琉球方面最迟于7月10日做出答复。7月10日，双方再度会谈，琉方承认美国提出的修正案有效。次日，美方代表马休·佩里与琉方代表尚宏勋正式签订条约并互换文件。

（二）法兰威胁琉球签订《修好条约》

1855年11月6日（清咸丰五年九月二十七日），法国尼古拉斯·弗朗西斯·格冉（Nicolas François Guerlain）率三艘法国军舰至那霸港，要求与琉球国签订《琉法修好条约》。翌日双方达成协议。11月16日，琉方要求修正条约案，被法方拒绝。11月22日，琉球再次要求修正条约案，格冉所率士兵约40人用武力威胁琉方代表尚景保，强迫他同意接受原案。两天以后，格冉与尚景保正式签订条约并互换文件。琉球王国承认法国拥有自由贸易、提供法国船舶薪水、对法国船漂流民提供救助并引渡、承认法国领事裁判权、设置法国人居住地等相关规定。

琉球王国在向清朝请援不成的时候，又于清咸丰九年（1859年）不得不再与荷兰王国签订《琉兰修好条约》。1859年，荷兰全权公使大臣加白良驾船到琉球做贸易，并签订荷兰与琉球通商友好条约，共计七条。其主要内容涉及自由贸易（琉球国丧失关税自主权）、荷兰船只薪水供给、漂流民救助、承认荷兰拥有领事裁判权、设置荷兰人坟地并保护、琉球国水先案内相关规定、对荷兰人提供薪水的相关费用等相关内容。条约本文除了使用英文外，全部使用汉文及大清国年号。

1854 年，美国马休·佩里率舰队来到琉球，胁迫琉球方面签订《琉美修好条约》，次年又签订《琉法修好条约》，琉球得以与西方各国自由贸易。此时，琉球官员分为两派：一派以尚惇、毛恒德为代表，希望借助西方国家的力量摆脱萨摩藩统治，被称为“黑党”；另一派以马克承、向永功为代表，支持萨摩藩统治，被称为“白党”。与此同时，萨摩藩藩主岛津齐彬，希望以琉球国为媒介，从西方国家购入军舰、武器，以增强藩的实力。1857 年（清咸丰七年，日本安政四年），岛津齐彬秘密派遣市来四郎至琉球，会见以向永功为首的白党官员 15 人，要求他们协助萨摩藩购入军舰、大炮等武器。

自 1858 年（清咸丰八年，日本安政五年）2 月起，异国通事向永功（牧志亲云上朝忠）、物奉行向汝霖（恩河亲方朝恒）等人，开始秘密与法国传教士交涉购买军舰一事。其间，三司官毛恒德（座喜味亲方盛普）反对为萨摩藩购买军舰，遭到弹劾，被解职。7 月，琉法双方达成协议，法国同意提供军舰和大炮，萨、琉方面共应支付代金 18.5 万两，其中第一年支付 6 万两，其余分六年付完，8 月 2 日正式签订契约。同月 24 日，萨摩藩藩主岛津齐彬病逝。岛津忠义继任藩主，由忠义之父岛津久光（齐彬同父异母弟）执掌政权，齐彬一派在萨摩藩的势力下降。久光对购买军舰之事不甚积极。反萨派的毛恒德（座喜味亲方盛普）趁机奏闻尚泰王，弹劾马克承（小禄亲方良忠）为当选三司官而行贿。随后向永功、向汝霖、马克承三人为萨摩藩购买军舰一事被揭发，国人呼之为“国贼”。接着又有流言称，马克承等人阴谋废黜尚泰王，欲拥立玉川王子尚慎。尚泰王大惊，以尚健为纠明总奉行，负责调查此事。黑党与白党互相争权，在尚泰王面前互相弹劾。年幼的尚泰王最初听从摄政尚惇（大里王子朝教）的意见，支持黑党，反对萨摩藩的统治。后来王太妃向元贞直诉白党无罪，转而支持白党，但三天之后，尚泰王又改变了意见。最终，于 1859 年（清咸丰九年，日本安政六年）2 月 23 日，白党的异国通事向永功、物奉行向汝霖被解职。向汝霖于 3 月 28 日被捕入狱，次年在狱中受酷刑而死。三司官马克承于5月9日被免职，囚于伊江岛的照泰寺。9月25日，向永功被投入监狱，处以十年的流刑。玉川王子尚慎（朝达）以谋废国王篡位之罪，被免官蛰居家中。拥萨派官员多被免职、下狱或流放。这就是19世纪末期琉球国内支持萨摩派和反萨摩派争权所引发的疑狱事件——“牧志恩河事件”，亦被称作琉球历史上的“安正大狱”。此后，萨摩藩岛津氏在琉球国统治地位开始下降。

由此可见，中国、日本等东亚各国难以抵挡欧美列强的“门户开放”要求，在条约缔结，即“万国公法”的原则下，被迫与列强建立起国家之间的所谓关系。

19世纪50年代，美国海军准将佩里率舰队“叩门”，日本江户幕府被迫放弃了锁国政策，与美、英、法、荷等国签订了一系列不平等的条约，导致所谓幕藩体制的崩溃。而在中国，清政府仍以册封朝贡关系为体制维护与周边诸国的关系，但由于清政府与英国爆发两次鸦片战争，被迫签订了一系列不平等条约，而这些不平等条约迫使中国丧失了许多主权，走向了一条半殖民地半封建的道路。新的国际秩序使旧有东亚秩序受到了严重冲击，中国的宗藩体制面临崩溃的境地。

1866年（清同治五年），清朝派遣正使右春坊右赞善赵新、内阁中书舍人于光甲为正副使至琉球，册封尚泰为王。这也是清朝政府最后一次册封琉球王。而此时的日本，在经过德川幕藩体制崩溃，在“大政奉还”“废藩置县”和“明治维新”后，开始走向天皇制中央集权国家的道路。虽然其与中国相比仍处于一定的劣势，但它以“脱亚入欧”为目标，向欧美国家看齐，积极发展近代资本，采用了“富国强兵”“殖产兴业”等近代化政策，最终一跃成为争夺东亚霸权的国家之一。

第二章
日本明治初期的琉球吞并

第一节　谋取琉球策略

一、外忧内患倒幕复古：尊王攘夷，大正奉还

19 世纪中叶，在中国遭受西方列强侵略的同时，日本也遭受了相同的蹂躏。西方资本主义国家用舰炮打开了日本的国门，日本德川幕府统治可谓外忧内患，特别是日本先后与美国、荷兰、俄国、英国、法国等国签订的不平等最惠国待遇条约，涉及了协定关税、领事裁判权、最惠国待遇的诸多领域，甚至准许欧美国家在日本设置“特别居留地”，彻底激化了日本国内的社会矛盾。1854 年 3 月，美国迫使日本签订了屈辱的《日美亲善条约》，日本被迫向美国开放下田、函馆作为美国舰只的停泊地，美国可以在两地派驻领事，同时美国取得了片面最惠国的待遇。随后英国、法国、俄国、荷兰等国也都强迫日本缔结了不平等条约，使得日本丧失了许多国家主权。自 1860 年到 1867 年，输入增加了 13 倍，输出增加了 2.5 倍，也就是进出口贸易激增，输入大于输出，日本同西方各国的贸易出现了巨大的逆差。大量物资的输入破坏了日本自给自足的自然经济，生丝、茶叶以及棉花等原料的大量进口，使日本传统的棉纺织业和制茶业遭到了毁灭性的打击，市场出现了恶性的通货膨胀；西方商人利用日本黄金价格较低的机会，用白银套购黄金，攫取暴利，结果日本黄金大量外流，造成库存空虚，引起物价暴涨，农民和城市贫民由于生活困苦，起义更加频繁，日本被纳入世界资本主义经济体系，面临沦为半殖民地的厄运。对

此，吉田松阴曾言称：德川幕府的缔结条约，乃是“不思国患，不顾国耻，不奉天敕”，是“将军之罪，天地不容，神人皆怒。须据大义讨灭之”。[①]“今之幕府诸侯，早已成为醉人，扶之无术，而能够挽救国家之危，辅助天朝中兴者，唯有草莽崛起之人。”[②]

日本社会充满“尊王倒幕”之声，各地的农民起义和市民暴动连年不止。据相关统计数字，1844—1851 年间，农民起义次数为 37 次；而 1860—1867 年间，已增至 93 次[③]，约合为每年 13 次余。而此时，欧美资本主义国家趁日本人民起义所造成的危机，愈加对日本进行侵略。1862 年，英、法两国以保护侨民为借口，驻兵横滨。1864 年，英、法、美、荷四国组成联合舰队占领下关炮台，向幕府勒索 300 万美元的赔偿。1866 年，这四国又强迫幕府修改税率，将主要商品的进口税一律降为值百抽五。西方国家的侵略加剧，使日本民族陷于空前的危机之中。

1866 年 5 月，发于兵库的暴动市民迅速向大阪、江户蔓延，暴动队伍直言不讳地宣称：“这次暴动的罪魁祸首就是将军。”[④] 日本社会的矛盾已到了无从回避的状态。6 月，幕府发动了第二次对长州战争。但许多大名看到幕府大势已去，都按兵不动。这时幕府直辖地和兵库、大阪等重要城市的农民和市民，再次举行暴动，使幕府处于腹背受敌的地位，只得退兵。在这种形势下，萨摩藩与长州藩率先筹划兴兵倒幕，并与被排斥在政权之外的日本宫廷倒幕势力相联合，加之 1867 年安艺藩和土佐藩加入讨幕联盟，反幕势力更加壮大，以期推翻德川幕府。由此，以天皇为首的宫廷势力于 1867 年 11 月 9 日（日本庆应三年十月十四日）向萨摩藩与长州藩下达了《讨幕秘敕》指令，内称：

> 源氏庆喜（1837—1913 年，幕府将军），藉累世之威，阖族之强，妄自贼害忠良，数次弃绝王命，以致矫先帝之诏而不惧，挤万民于沟

---

① 吉田松蔭：『日本名著』第 31 巻，中央公論社，1972 年版，第 339 頁。

② 大久保利谦：『近代史史料』，吉川弘文館，1973 年版，第 28 頁。

③ 黒正岩：『百姓一揆概観及び年表』，京都大学農学部農林経済学科農史研究会，1959 年版。山口和雄：『日本経済史講義』，筑摩書房，1968 年版，第 96 頁。

④ 米庆余：《琉球历史研究》，人民出版社，1998 年版，第 101 页。

> 蹙而不顾，罪恶所至，神州即将倾覆焉。朕今为民父母，是贼而不讨，何以上对先帝之灵，下报万民之深雠哉。此朕之忧愤之所在，谅闇而不顾者，万不可已也。汝宜体朕之意，殄戮贼臣庆喜，以速奏回天之伟勋，而措生灵于山岳之安，此朕之所愿，无敢或懈。①

鉴于日本国内忧外患的局势，第十五代将军德川庆喜不得不于同日，1967 年 11 月 9 日向京都的天皇朝廷请表了《大政奉还》文书。《大政奉还》言称：

> 臣庆喜谨虑皇国时运之沿革，昔为解朝纲之乱，藤原氏掌权；保元、平治之乱后，政权归于武门，至鄙先祖一向多蒙宠信，200 余年子孙袭其职至今。臣虽则继承将军之位，然政刑多有失当。至今日之境地，皆属为臣之无德无望使然，对此不胜惭愧。况如今外交日繁，如非政出一门纲纪难保。倘一改旧习还政于朝廷，天下广泛公议后仰承圣断，齐心协力，共保皇国，则必能跻身于海外列强之林。臣庆喜为国尽力之举莫过于此。再者，当前臣何为为宜，乞望教示，以通达诸大名。谨此。

从奏章文字可以看出，“天下广泛公议后”一句泄露了内幕。虽然言语毕恭毕敬，但字里行间却透露出朝廷无力担当政治，自己还要以 400 万石的大名头目身份，来掌管内政外交军事。本来德川庆喜是要接受法国的政治军事财政援助来决一死战的，只是因为藩主们对其晓以利害，这才不得不放弃这个打算。

1867 年 11 月 9 日（日本庆应三年十月十四日）奉还大政后，1868 年 1 月 2 日（日本庆应三年十二月八日），当天夜里倒幕派召开小御所会议，以萨摩藩与长州藩为主的倒幕派公卿和下级武士岩仓具视、西乡隆盛、大久保利通、木户孝允等倒幕派，为压倒公议政体派，抑制土佐藩山内丰

---

① 指原安山编：『明治政史』一，応慶書房，1943 年版，第 5 頁。转引自米庆余：《琉球历史研究》，人民出版社，1998 年版，第 102 页。

信、松平庆永等“公议政体论”，做出了要德川庆喜辞去内大臣职务和没收其领地的决定。

倒幕派为了找到讨幕的借口，萨摩藩的大久保利通、西乡隆盛与朝廷公卿岩仓具视，决定于次日即 1868 年 1 月 3 日（日本庆应三年十二月九日）发动政变，由明治天皇宣布“王政复古”，废除幕府，并命令德川庆喜辞官纳地。

倒幕派清楚德川庆喜绝不会交出首长之职位，更不会把德川家所属的领地纳给天皇，于是便可以以德川庆喜违抗圣旨为理由，名正言顺地发动讨幕之战。于是，1 月 2 日 9 时左右，萨摩、尾张、越前及安艺的藩兵浩浩荡荡地前往各处宫门，要求接受警卫工作，原先驻守在宫门的会津及桑名藩兵见对方来势汹汹，只好撤离宫门。到了下午所有接到天皇召令的公卿、藩主、志士都齐集在宫廷后，明治天皇宣读由大久保利通、岩仓具视等人联合草拟的“王政复古”文案。晚上，第一次三职会议正式召开，经过长时间的辩论，终于达成了命令德川庆喜辞官纳地的决议，并由松平庆永及德川庆胜二人到二条城说服德川庆喜主动辞官纳地（交出 400 万石）。德川庆喜见自己在京都兵力不足，只好假装同意会议的决定，但表示须与老中们①商量过后才可答复朝廷，另一方面，为了避免与倒幕派在京都发生武力冲突，德川庆喜只得暂时率兵前往大阪②。

1868 年 1 月 3 日（日本庆应三年十二月九日）倒幕派毅然实行政变，废除摄政、关白、幕府；设总裁、议定和参与三职；进而发布《王政复古大号令》③ 作为施政方针，要将一切恢复到神武创业之初，宣示日本近代天皇制政权改元明治，江户改称东京，于 1868 年 1 月 3 日宣告成立。《王

---

① 老中是江户幕府的职名。职位大致和镰仓幕府的连署、室町幕府的管领相当。是征夷大将军直属的官员，负责统领全国政务，在大老未设置的场合上，是幕府的最高官职。定员四至五名，采取月番制轮番管理不同事务，原则上在二万五千石领地以上的谱代大名之中选任。

② 1868 年 1 月 6 日夜间，德川庆喜逃往大阪后，集中兵力反扑，爆发鸟羽、伏见之战。1 月底，倒幕军在京都附近击败幕府军队，德川庆喜逃往江户。2 月，天皇组织了讨幕军，由于广大农民和城市贫民积极配合，倒幕军终于打败了比自己数量大三倍的幕府军，德川庆喜被迫投降，倒幕派取得了胜利，建立起以明治天皇为首的日本新政府。

③ 王政复古是 1868 年 1 月 3 日（日本庆应三年十二月九日），在朝廷发起的宣告将政权交归日本天皇的政变。是日本江户时代后期，废除江户幕府、政权移交朝廷的一次政变，是明治维新的一个高潮。

政复古大号令》内称：

德川内府奉还从前委任之大政，并辞退将军之职，今断然准允。自癸丑以来，未曾有之国难，先帝频年烦恼，宸襟之情，群庶所知。故而，睿虑决定王政复古，以挽回国威之甚。自今而后，废绝摄政、幕府等等，暂先设置总裁、议定、参与三职，以行万机。诸事源于神武创业之始，无缙绅、武辩、堂上地下之别，以竭至当之公议，与天下共休戚。各当勤勉，一洗旧有骄情之污习，以尽忠报国之诚奉公。①

新政权是以天皇为首的皇族、公卿和倒幕派武士为主体的联合政权。19 世纪中叶，一向奉行锁国政策的日本，遭到了美、英、法、俄等国的侵略，面临严重的民族危机，农民和市民纷纷暴动，包括中下层武士、商人、资本家和新兴地主中的改革势力在内都投入了这场“倒幕”斗争，日本新政府是日本在内外矛盾交织的状况下出现的。所以，日本明治初期这一体制②，可谓是带有公卿藩主位居显要、倒幕派实力掌权的特点，同时具有浓厚的封建法制与形式上资产阶级法治相混杂③的色彩。

1868 年（清同治七年，日本明治元年），琉球王派遣尚健、向有恒前往祝贺，同时向日本要求归还奄美之地，但遭到日本的拒绝。

二、充实兵备国威海外：皇国藩屏，垂手而得

日本明治政府成立后，首先确立了“大力充实兵备，使国威光耀海外”的基本方针，随后则对亚洲邻国采取了一系列的行动。1869 年 2 月 8 日（日本庆应四年一月十五日），明治天皇便在《外交布告》中宣称：

① 日本外務省編：『日本外交文書』第 1 卷 1 册，1936 年版，第 2 頁。

② 明治天皇颁布的“五政复古”诏书，该体制消灭了日本国内的封建割据势力，建立起一个统一的中央集权国家，并为发展资本主义扫除了障碍，标志着日本明治维新运动的开始。“废藩置县”是将日本全国划为 3 府 72 县。

③ 吕万和：《简明日本近代史》，天津人民出版社，1984 年版，第 40 页。

外国之事，先帝多年寰忧。但因幕府以往之失措，以致因循至今。然而，事态大变，诚不得已。此次朝议之上，断然同意缔结和亲条约。对此，当上下一致，不生疑惑，大力充实军备，使国威光耀海外万国，以对答祖宗先帝之神灵。天下列藩以致士民，皆当奉戴斯旨，竭尽心力而勤勉之。……以往幕府缔结之条约中，弊害有之，挡在公议种种利害之上加以改革，但外国交际之事，当以宇内公法待之，此应须知。①

此文，乃日本近代天皇制政权制定的第一个对外文件。3 月 10 日（日本庆应四年二月十七日），明治新政权又发布《对外和亲谕告》宣称：

值此王政一新，万机仰出朝廷，各国交际直接由朝廷处理……普天之下，率土之滨，当齐心协力，共勤王事，自王国交际以至万机，不论继往开来，皆可无所畏惧，详加论谏。唯今日之急务，在于应呼时势，开启锐眼，脱从前之弊习，使圣德光耀万国，置天下于富岳之安，奉慰列圣在天之神灵。举国上下，当承奉斯旨。②

如果按照吉田松阴的说法："今也，德川氏已同两虏（俄美）和亲，不能由我绝之，我若绝之，乃是自失自信。为今之计，莫如慎守疆域，严行条约，以羁縻两虏，乘间开垦虾夷，收琉球，取朝鲜，拉满洲，压支那，君临印度，以张进取之势，以固退守之基，使神功未遂者遂③，丰国未国者④得国。"⑤ 这也就是吉田松阴所说的"在交易上失之于俄美，在土地上取尝与满、鲜"的"善保国之策"。⑥

---

① 日本外務省編：『日本外交文書』第 1 卷 1 册，1936 年版，第 227—228 頁。关捷："甲午战争前日本的战备及其战略计划"，《山东社会科学》，2014 年第 6 期。

② 日本外務省編：『日本外交文書』第 1 卷 1 册，1936 年版，第 391—393 頁。

③ "神功未遂者"，是指古代神功天皇"征讨三韩"。

④ "丰国未国者"，是指丰臣秀吉两次入侵朝鲜（1592 年、1597 年）

⑤ 渡辺幾治郎：『日本戦時外交史話』，千倉書房，1937 年版，第 8 頁。

⑥ 日本第一届总理大臣伊藤博文，对吉田松阴的"善保国之策"曾题词赞言："道德文章叙彝伦，精忠大节感神明。如今廊庙栋梁器，多是门松受教人。"参见菊田真雄：『征韓論及び其の影響』，日日新聞社，1941 年版，第 17 頁。

3月21日，明治天皇又以天皇的名义对在京都诸侯（藩主）下达敕谕：

> 朕虽不肖，然欲继述列圣之余业、先帝之遗意，内以安抚列藩万姓，外使国威光耀海外。……朕欲凌驾万里波涛，身当苦难，誓振国威于海外，以对祖宗先帝之神灵。①

诸上“大力充实兵备”“凌驾万里波涛”“誓振国威于海外”之言，成为日本政府对外侵略扩张的“大陆政策”构想。据《田中首相致宫内大臣一木喜德请代奏明积极政策函》披露：

> 欲征服支那（即中国），必先征服满蒙，如欲征服世界，必先征服支那，倘支那完全可被我国征服，其他如小中亚细亚及印度南洋等异服之民族，必畏我敬我而降于我，使世界知东亚为我国之东亚，永不敢向我侵犯，此乃明治大帝之遗策。

其具体侵略步骤及目的为：

> 第一期：征服台湾；
> 第二期：征服朝鲜；
> 第三期：征服满蒙（即中国东北和内蒙古）；
> 第四期：征服中国内地；
> 第五期：征服世界。
> 以达“开拓万里波涛”“布国威于四方”之目的。②

随后，日本明治天皇又于4月6日（日本庆应四年三月十四日）发布施政纲领，以率领公卿、诸侯在紫宸殿以祭祀天神地祇的形式，宣布了新

---

① 日本外務省編：『日本外交文書』第1卷1册，1936年版，第465頁。

② “天皇御笔信”（1867年）、“亿兆安抚之宸翰”（1868年），歷史学研究会編：『日本史史料』，岩波書店，1977年版，第83頁。

政权《五条誓文》，其称：

> 第一条：广兴会议，决万机于公议；
> 第二条：上下一心，以盛行经论；
> 第三条：文武一途，下及庶民，使各遂其志，勿使人心倦怠；
> 第四条：破除旧来之陋习，秉持天地之公道；
> 第五条：求知识于世界，以振皇基。

明治天皇还向群臣敕语道：这是日本“未曾有之变革，朕当身先率众，誓于天地神明，以大定国是，立保万民之道。尔等亦须本此旨，同心努力”。

《五条誓文》的第一条是为稳定大名、公卿，便于建立以天皇为首的中央集权国家；第二条是强调上下一心，发展资本主义经济政治；第三条是废除等级制度，使公卿和武家同心，庶民（以豪商豪民为主的地主资产阶级和百姓）也“各遂其志”，各安其业；第四条是暗示放弃攘夷口号，要与外国交往；第五条是要学习西方的科技文化，以振兴国基。

《五条誓文》表现出了近代日本皇权主义以及国家政治的特殊性，日本战略意图已完全凌驾于周边邻国的权益之上。也就是说，日本近代天皇制政权建立后，一要全面继承德川幕府与欧美国家缔结的不平等条约，二要实现“大力充实兵备，使国威光耀海外万国”的战略目标。日本统治者对外扩张思想实际上是前近代日本神国观念及对外扩张思想的后延。而此后的日本对东亚国家所实施的“大陆政策”也是由此演变而来，并成为近代日本对外关系的一条主线。这意味着在东亚的国际关系中，除了西方国家的侵略政策和殖民政策之外，又形成了一种国际矛盾，乃至战争的政策根源。这恰如1870年（日本明治三年），日本外务省官员佐田白茅在其《征韩论》中所言：

> 若以日本为一大城池，那么，虾夷、吕宋、琉球、“满清”、朝鲜，“皆可为皇国之藩屏也”，“满清可交，朝鲜可伐，吕宋、琉球可

唾手而取也”。①

可谓如实地道出了近代日本对外方针的内涵，进一步证实日本明治初期企图对琉球进行占领，也由此证实了当时的琉球并不属于日本。

第二节 占有琉球准备

一、《调查报告》：萨摩统治，纳入版图

明治初年，日本在向朝鲜扩张的同时，还把目标投向了位于其西南海上的琉球王国。1871年7月12日（日本明治四年七月），日本新政权命令萨摩藩递呈了一份有关日琉关系的《鹿儿岛藩琉球国调查处理意见书》（以下简称为《调查报告》）②，内称：

> 琉球国从上古时代就被称为冲绳岛，属南海十二岛屿之内，古史就记载属于日本皇国。文治二年（1186年），岛津家祖丰后守忠久，受封萨摩、大隅、日向之际，补任南海十二岛之地头以来，世袭旧封，置为附庸。但因兵乱，治理难及海外之地。明洪武五年，我应安五年（1372年），该国服从于彼，接受王号，衣冠等等变为明制，且改国号为琉球，但亦并未与我中断。应永年间（1394—1428年）足利将军时代，有遣送使节、书翰往复等事。
>
> 嘉吉元年（1441年），九代陆奥守忠国，领受将军恩赏，再加封琉球国。其后，该国遣送使节贡船，至永正、天正年间（1504—1521年、1573—1592年），无复中断来聘。但因征伐朝鲜之役，虽就贡纳

① 日本外務省編：『日本外交文書』第1卷1册，1936年版，第139—140頁。转引自赖正维：“清末琉球王国在华的复国运动”，《中国边疆史地研究》，2015年第1期。

② 藏于日本国立公文书馆所收的《处藩始末·辛未壬申》第一册中，能看到的资料为《辛未七月》（第1页）、《鹿儿岛藩琉球国事调查报告》（第4页）这两部分，尽管《鹿儿岛藩琉球国事调查报告》标注画像数为4页，但不知道是由于馆内工作人员操作失误，还是有意将其中部分内容隐匿，在“JCAHR”上只能看到第1页内容，其与《辛未七月》内容完全一致。

> 缓急之事，通聘相劝，但该国不从。庆长十四年（1609 年），十八代中纳言家久，遣兵征讨，遂谢罪降服。继之，国内诸岛悉行检地，计入藩内领有数额，相传领有。至嘉永年间（1848—1853 年），无复中绝。该国对旧幕入贡，虽是成规，但因其为贫弱小国，既使名义不当，若不谓皇国中国为父母之国，成为两属，则难以存立。因其不得已之国情，故而依照旧例处置。然而，正保年间（1644—1648 年），改朝为清国之际，或将传令剃发、更换衣冠，届时如何处理，是亦难测。明历元年（1655 年），十九代大隅守光久，就此向幕府咨询，老中传令曰：若遣送使节，应彼之意，虽非难事，但内国事务，大隅守可据谋处置。庆长降服以来，以至于今，鹿儿岛公开派遣士官从事政务，琉球也在鹿儿岛建有馆舍，派遣官员，交替滞留，且每年送纳租税，对中国则是来年派出派遣贡船。特此呈报。①

《鹿儿岛藩琉球国调查处理意见书》是“鹿儿岛藩”向明治新政府阐述琉球从文治二年归属岛津家族，一直到永正、天正年间纳贡日本的历史，以萨摩藩对琉球国的控制管理情况，强调萨摩藩对琉球具有实效统治，希望明治新政府能在一新之时，将琉球正式纳入版图，成为即将成立的“鹿儿岛县”的一部分。

此份调查报告是日本明治新政权对日琉关系的首次陈述，但内容存在着诸多疑点。诸如所谓的日本文治二年岛津忠久受封萨摩、大隅、日向等，没有任何历史根据。② 据《大日本古文书 · 家别第十六 · 岛津家文书之一》中记载，日本文治二年的岛津忠久，只是被当时尚未建立镰仓幕府的豪族源赖朝任命为“从行庄务”，成为信浓国（今长野县）盐田庄的小头目，并无其他任命。③ 而岛津家被任命为越前国（今福岛县东部）守护、岛津庄内萨摩方地头守护兼十二岛地头职，乃是日本镰仓幕府第四代将军在任期间，时为嘉禄三年（1227 年），受命者也不是所谓“岛津家祖”忠

① 下村富士男編：『明治文化資料叢書』第 4 卷 · 外交卷，風間書房，1962 年版，第 7 頁。『鹿児島藩琉球國事由取調書』，JCAHR：A03030094900。

② 米庆余：《琉球历史研究》，人民出版社，1998 年版，第 108 页。

③ 『大日本古文書 · 家别第十六 · 岛津家文書之一』，東京大学出版会，2011 年版，第 3 頁。

久，而是第二代岛津忠时（忠义）。[①] 此外，从任命书的内容上看，内中所谓十二岛，并无具体名称，也难以说明琉球也在其中。故而，也无从谈起琉球自古便被日本“置为附庸”。

至于报告中所谓“嘉吉元年（1441 年）[②]，九代陆奥守忠国，领受将军恩赏，再加封琉球国”以及所谓“庆长降服以来……鹿儿岛公开派遣士官从事政务等，并无事实根据”[③]，但日本企图捏造其所谓的历史证据，这种意识可谓强烈。

另外，“调查报告”虽然在历史史实上存在大量牵强附会之处，但“若不谓皇国中国为父母之国，成为两属，则难以存立”，仍承认了琉球对中国的宗属关系，这说明萨摩藩承认琉球视中国为“父母之国”，离开中国“难以存立”。但日本却将此视为是不得已的国情，其以琉球每年给萨摩藩送纳租税，对中国则是来年派遣贡船之由，强调萨摩藩对琉球“实效统治”的重要性，要求明治新政府考虑解决琉球的归属问题。

二、《改元诏书》：遣使朝贺，废藩置县

1868 年 9 月 8 日，日本维新政府改元明治。日本新政权相继公布了一系列旨在对外扩张的基本方针，宣称：

> 国威之立与不立，苍生之安与不安，皆在朕之尽与不尽天职。日夜不安，寝食甚劳心思。朕虽不肖，然欲继承列圣之余业、先帝之遗志，内以安抚列藩百姓，外使国威耀于海外……外国交际，有如布告，将来处置，尤为重大。为天下万姓，朕欲凌驾万里波涛……誓将国威振张海外，以对祖宗先帝之神灵。汝等列藩，当佐朕之不逮，同

① 『大日本古文書・家別第十六・岛津家文書之一』，東京大学出版会，2011 年版，第 18—19 頁。

② 1441 年，日本幕府将军足利义教曾作为奖赏，将琉球国赠给了萨摩藩主岛津忠国。但其只是日本单方面的行为。后来丰臣秀吉出兵朝鲜时，岛津家族曾以征伐和修筑城墙为名要求琉球提供粮食和钱财，遭到琉球的拒绝。

③ 日本学者大城立裕表示怀疑。大城立裕：『冲绳歷史散歩』，創元社，1991 年版，第 65—66 頁。小叶田淳持“不能否定”态度，认为这“是把（对琉）通交通商垄断权给予萨摩”。

心协力，各尽其分，奋为国家。[①]

明治五年（1872 年）五月三十日，在日本政府通过鹿儿岛县向琉球国不断加压迫使其实行所谓“施以适应因革厘正之政”的同时，时任大藏大辅的井上馨也向明治政府建议，要求采取措施变琉球王国为日本所属，“速收其版籍，明确归我所辖，扶正制度，使之国郡制度、租税调贡等，悉如内地一轨，一视同仁，以治浃皇化”[②]。日本开始了吞并琉球的一系列准备活动。与此同时，在日本政府指示下，鹿儿岛县参事大山纲良派遣县吏，携带其信件劝琉球王国尚泰遣使到东京庆贺明治新政权。1868 年 11 月 21 日（明治元年的十一月二十一日），明治天皇将改元诏书连同明治政府太政官令一起传达到了琉球。[③]《改元诏书》宣称：

> 诏：体太乙登位，膺景命以改元，洵圣代之典型，而万世之标准也。朕虽否德，幸赖祖宗之灵祗承鸿绪，躬亲万机之政，乃改元，欲与海内亿兆更始一新，其改庆应四年为明治元年。自今以后，革易旧制，一世一元，以为永式。主者施行。(明治元年九月八日)[④]

从诏书的时间看，琉球方面是在明治登基的三个月后才知道日本改元之事。诏书表面上没有其他的内容，只是通知日本天皇亲政及年号更改之事宜，但其行文格式已不再使用国与国之间的外交行文格式，而采用了上对下的行文格式，这表明日本政府已将作为独立国的琉球置于萨摩管辖之下，并将其改为政府直辖地。但萨摩藩对琉球的这一企图，并未引起琉球国的特别重视。

转年正月，鹿儿岛县派出县吏奈良原幸五郎和伊地知贞馨前往琉球“示谕本朝（日本）沿革及宇内形势”，并要求琉球王国“施以适应因革厘正时世之政”。但是，历经三月有余，尽管“且顽固之风，凝结于人人

---

① 下村富士男编：『明治文化資料叢書』第 4 卷・外交卷，風間書房，1962 年版，第 8 頁。
② 赖正维：“清末琉球王国在华的复国运动”，《中国边疆史地研究》，2015 年第 1 期。
③ 何慈毅：《明清时期琉球日本关系史》，江苏古籍出版社，2002 年版，第 141 页。
④ 日本内閣官報局：『法令全書』第 1 卷，原書房，1974 年版，第 289 頁。

心肝，一时难于使之释然”[1]。于是，同年七月，鹿儿岛县又派遣参事（当时主管县政）大山纲良携带信件前往琉球。此信内容如下：

鹿儿岛县参事大山纲良谨致书于琉球国中山王座下：

琉球自先王以来，世服属于我，想当年德川氏之宰天下，先王每遣王子从藩候如江户，朝见于政府，略如藩臣之礼。前年德川氏谋不道，自取祸败，于是王室始中兴，天子躬总揽干纲，振举百度，以欲与宇内强国对立。乃更察时变，惩积弊，遂废藩置县，四海同轨，政令划一，国势浸浸日进于文明之域，海内翕然靡不向化矣。夫琉球在幕府僭窃之时，犹且行朝见，而况当今王室中兴之时，阙焉不修朝贺之礼？甚非所宜，在我亦无辞于朝廷。琉球素贵礼教，自先王事我，具尽恭顺，我之待琉球亦不为不厚。今当此国势一变之时，欲使王更能缵前绪，以不失我之欢心，保境安发以传福祚于无穷，此其事莫急于入朝者矣。故今特命权典事右松佑永，权大属今藤宏为使夹书以往布以腹心。然是非专出于纲良私意，其实有所受朝旨，义不容暂缓，王亦焉能得晏然而自之呼哉？书至之日王其亟命王子与两使俱共来。抑昔时王子之来，其仪仗甚盛，贡献极丰，其费用盖不赀。今也朝廷庶事皆从简省，四方从者不得过一人。凡此皆非自轻其位，乃所以宽民力，养国本也。故今王子之来亦宜悉改前规，扈从重臣限以三四名，其他从者止足给事。几百事简之又简，不至耗财用，烦民力，此亦王所以示承朝廷之化也。俟王子到此，即命有司护送至东京，往回俱中此。愿王察纲良之诚，速发遣王子，勿迟疑以自贻悔焉。[2]

大山纲良的信中充满了威逼的味道，并以“简省”为借口，要求琉球使节人数从简，以便实施其吞并计划。显然，表面上为促使琉球王国遣使

---

① 下村富士男編：『明治文化資料叢書』第4卷・外交卷，風間書房，1962年版，第6頁。

② 那霸市総務部市史編集室編：『那霸市史』資料編第2卷中4，「史料本稿」，1969年版，第370頁。喜舎場朝賢：『琉球見聞録』，三秀舍，1914年版，第2頁。何慈毅：“吞并琉球王国：明治日本蚕食亚洲的第一步”，《解放军外国语学院学报》，2007年第6期。转引自李理：“日本‘吞并琉球’计划出台始末”，《清华大学学报（哲学社会科学版）》，2013年第6期。

朝贺，而实际则内含他意。同年七月，琉球王尚泰派遣琉球伊江王子尚健、宜野湾亲方向有恒，随同右松永等乘船抵达鹿儿岛，且致书大山纲良。内称：

琉球国中山王尚泰，为咨谢事，窃照本年七月十二日，正使右松权典……来到敝国，本爵恭接贵县大参事咨文，捧读之下，不堪忭欢之至，伏念王室中兴，总揽干纲，振举百度，四海同轨，政令划一，即应趋凤阙，肃修朝贺，以伸向化之忱。无奈职守藩封，地逾渤解，由未枭趋，逐缺燕贺之礼。今贵参事特遣正副两员，赍捧简书，惠示遣使朝觐之意。此恩此德曷胜愧感，特遣伊江王子……虔捧国翰，备菲物进屋黻座，恭行庆贺之礼。①

也就是，当时的琉球并没有把日本新政府的成立以及“废藩置县”等，作为关系自身国家命运的相关大事，更无意改变以往的日琉关系，充其量是一如既往，表示“向化之忱”“恭行庆贺”而已。

第三节　吞并琉球方针

一、井上馨与左院：否定册封，实效统治

明治五年（1872 年）五月三十日，日本政府新政权通过鹿儿岛县，向琉球王国施加压力，迫使其实行所谓“施以适应因革厘正时世之政”。其间，时任大藏大辅井上馨（1835—1915 年），向政府提出了采取措施、变琉球王国为日本所属的建议书。该建议书内容列下：

庆长年间，岛津义久征讨琉球，擒获中山王尚宁，使之服从皇国

① 喜舍場朝賢：『琉球見聞録』，三秀舍，1914 年版，第 56 頁。转引自米庆余：《琉球历史研究》，人民出版社，1998 年版，第 110 页。

以来，该国被视为萨摩附庸，诸事委与萨摩，延至今日。查其版图离合之概略，姑且不论其中兴始祖舜天，乃源为朝后裔之说。就其服从以来，参见修礼，献纳币帛，恭顺表诚而言，历世代不懈。且语言、风俗、官制、地名之相类，概为披中我光，不泄一证。察其地理形势，与我萨摩之南岬，相距仅数十里，与无人之伊豆八太岛、北海之萨哈林等接近内地之比较，基本相当也。故而，彼国为我国山之余脉，起伏于南海之中，乃一方要冲，皇国之翰屏，犹如手足之于头目，尽运作之职，可供捍护之用，此事无需喋喋赘论。然彼从前奉中国正朔，接受册封，我未匡其携贰之罪，上下暧昧相蒙，以致数百年，甚为不妥。就君臣大体而言，我虽涵容，但彼则应恪守人臣之节，不能稍有悖戾之行。况且，现今百度维新，终究不可置之不理，宜肃清从前暧昧之陋辙，采取措施，扩张皇国规模。但不可挟持威力，行侵夺之举，当接近彼之酋长，招至阙下，谴责其不臣之罪，且列举前述庆长大捷后之情况，详述顺逆之大义，土地之形势，以及其他传记、典章、待遇、交涉上之证据，使彼悔过谢罪，知晓茅土不可私有，然后速收其入版籍，明确归我所辖，扶正制度，使之国郡制置、租税调贡等，悉如内地一轨，一视同仁，以洽浃皇化，是之所望，尚乞庙议，特此具陈。①

明治五年八月二日，正院综合井上馨的意见，向左院提出审议吞并琉球的建议："琉球从来附属于萨摩藩，谨修觐礼，恭献币帛，但其又奉支那为正朔，受其封册，其循数百年之久，故我方未问携贰之罪，今方之时，明确其归属，弛张我纲纪，使其结束此种暧昧关系，如何运作处理，请求审议。"②

从井上馨建议书的内容分析来看，其认为琉球"自古为皇国属岛"，并将庆长十四年（1609 年）以后萨摩对琉球王国的控制作为日本已经拥有琉球的前提与基础，以"问携贰之罪"，无视琉球国的政治主权独立性，

① 『井上大蔵大辅琉球国版籍収入建議併左院　問答議』，JCAHR：A03030095100。
② 同上。

更无视中琉的臣属关系，也不顾琉球国王的意愿，企图单方面采取措施，将琉球据为己有。该月，左院就此事进行翔实细致的讨论，议定内容共分九个部分，具体结论如下：

第一，琉球国两属于我国与中国，乃是从前由形势使然，无需再论。

第二，琉球国从明朝开始，直至清朝，一直接受中国的册封，奉其为正朔，但实质上是被岛津氏世代支配，不仅派遣士官镇抚其国，而且使之率使臣来朝，是为旧幕府之制。因此观之，琉球依赖于我方更胜于清国。是故服从清国只是名义上的，实际上是归从于我国。

第三，琉球的两属，乃名义之不正，但现在如若匡正使其归属于我一方，则将与清朝发生冲突，即使不发生争端，其手续也将复杂，而归于无益，因名乃为虚文，而实为要务，接受清之册封、奉中国正朔，乃虚文之名义，而岛津氏派遣士官，镇抚其国，乃要务之实。我得其要务之实，而予清以虚文名义，故可不必纠正之。

第四，如大藏省别纸所述，接待琉球使者的礼仪，不再使用如西洋各国的使节方式，这无需再论，但也不可与国内地方官之朝集相同。维新之后，这次使者初次来朝，其事件远比国内地方官朝集重大，故由熟悉各国接待且官员齐备之外务省处理此事，较大藏省更为方便。

第五，外务省仅限于接待琉球使者时，应使用国内事务的处理方式，与接待欧美各国使节加以区别，不用对等之国礼，当按属国待之。

第六，外务省提出的处理琉球三条中，停止其与外国的私交，较为可行，但将其列入华族及册封为琉球藩王，则存在着异议。列入华族，与国内人类族群沿革不符。人有种族之别，确定皇族、华族与士族之称，乃是基于国内之人种，不得不自然设立之。如果将其列入华族，就必须将琉球人看为国内的同种人种，实不相宜，故可以琉球王或中山王册封之。而在国内废藩置县的情况下，以琉球藩王之藩号授予，就名义而言，与前令不符。且琉球兵力单薄，不堪为皇国之藩屏，世所知之。故以实际而论，也有不授藩号之理，故可删去藩号，宣布为琉球王。

第七，皇国作为东西方尽知的帝国，其下有王国、属国乃正常之事。册封琉球，将其作为下属国王或属国，尽在我之所欲。所以，不妨废除其藩号，册封为琉球王，使其归属于我帝国。

第八，如上，我方册封之为琉球王，也可准其接受中国之册封，可视之为两属。

第九，援引历来由岛津氏派遣士官镇抚之例，由九州岛镇台派出番兵驻守。与我同盟的东西方各国，依我信义与其交往，如果毁其信义，就属犯我之土地。番兵不为抵御外寇，而在镇抚琉球国内，故无需大量驻军。①

左院的议事资料证明，日本政府非常清楚中琉间长期的宗藩关系，但由于萨摩藩对其国进行实际的统治，便主观地认为琉球更依赖于日本，是故琉球的两属关系乃属名义上的不正，但如明目张胆地将其纳入日本领土，恐与清朝发生正面的冲突，故采取了“实为要务”的吞并策略，先将琉球事务由国外事务转向国内事务，再册封其为王，使琉球正式成为其属国，派驻军队驻守，进行实效统治，从而否定琉球与清朝的册封关系，事实上占领琉球。日本对琉球的领土图谋，是学习帝国主义扩张理论后的第一次实践，故其不能在人种上接纳琉球人，这主要是受长期以来形成的社会等级观念及华族优秀论的影响。另外还议定册封琉球王，由九州岛镇台派出番兵驻守，并不因其接受中国册封而视其为两属关系。②

二、明治要旨方针：藩王尚泰，列入华裔

明治五年（1872 年）九月十四日，日本政府借不明真相的琉球正使伊江王子尚健、副使宜野湾亲方向有恒等人抵达东京拜见天皇之际，突然宣布

---

① 『井上大蔵大辅琉球国版籍収入建議併左院　問答議』，JCAHR：A03030095100。

② 李理：“日本‘吞并琉球’计划出台始末”，《清华大学学报（哲学社会科学版）》，2013 年第 6 期。

改变以往的日琉关系，册封琉球国王为藩王，并列入华族。天皇颁诏称：

> 朕膺上天景命，克绍万世一系之帝祚，奄有四海，君临八荒。今琉球近在南服，气类相同，文言无殊，世世为萨藩之附庸。而尔尚泰，能致勤诚，宜与显爵，着升为琉球藩王，叙列华族。咨尔尚泰，其任藩王之重，立于众庶之上，切体朕意，永辅王室。钦哉。
>
> 明治五年壬申九月十四日①

此道诏旨，可清楚表明，日本政府抹杀了千年古国琉球的社稷，还自称是“升为琉球藩王”，可谓是日本强行改变日琉关系并为吞并琉球迈出的第一步。次年，日本又下诏书琉球受内务管辖，租税上缴大藏省，将其纳入日本内政的轨道。

与此同时，时任日本外务卿的副岛种臣还企图强行把持琉球的外交权，提出了“该藩历来与清国有关系，现今福州府仍有商民往来，其他以往应接外国人之航渡也依如旧辙，边陲要地，本省官员应予在勤”的意见。②

上述所谓琉球如日本“气类相同，文言无殊，世世为萨藩之附庸”乃是一面之词，而所谓“膺上天景命，克绍万世一系之帝祚，奄有四海，君临八荒”则是明治初年日本国策的另外一种说法。

另外，左院在审议如何处理琉球归属问题时，还明确指出了诏书中所谓“气类相同，文言无殊”内含矛盾，表示“不可宣布琉球王为藩王，也不能将其列入华族”。因为“人有族类之别，琉球国主乃琉球之人类，不可与国内之人类相混淆”，而且认为琉球也无称“藩”的理由。日本内务大丞松田道之在其起草的处理琉球问题的方案（1878 年 11 月）中也完全认为：“近时，（琉球）虽受政府直接管辖，但……土人知有藩王，而不知有天皇陛下。至其语言，虽是本邦古语、彼之方方言和中国语之混淆，但总而言之，是一种方言，是与本邦人毫不相通。”③

---

① 指原安山編：『明治政史』一，応慶書房，1943 年版，第 367 頁。

② 下村富士男編：『明治文化資料叢書』第 4 卷・外交卷，風間書房，1962 年版，第 13 頁。

③ 芝原拓自等編：『日本近代思想大系・12・对外観』，岩波書房，1988 年版，第 87 頁。

日本政府对琉球的企图，一开始就受到了琉球王国的抵制。明治五年九月二十八日（1872 年 10 月 30 日），琉球使节在东京会见外务卿副岛种臣时称："琉球被萨人领管，不堪其赋税重敛，国民疲势敝。今由天朝直辖，且望下垂特恩，减省贡物。"又称，"大岛、德之岛、喜界岛、与论岛、永良部岛，原为我琉球隶属，昔为萨人于庆长年间押领，此五岛请归还于我。"①

也就是说，当时的琉球尽管不得不派使朝贺，乃至听从日本天皇的册封，但其依然认为自是一国，并坚持讨还被萨摩藩强行占有的北方五岛。这更证明，日本有目的地利用琉球使者上京的机会，将琉球事务由外国事务转并到日本国内事务，开始强行改变日琉关系。根据外务省的记录，正院于 8 月 13 日就下令给外务省："这次琉球人上京之时，其旅舍及待遇，与国内人相等同。"15 日，外务省回复正院曰："就近日琉球人上京一事的接待之仪已知，不再将其作为外国人，而使用国内人士的客礼。"外务省还将此通报给了与琉球人一同前来的鹿儿岛县官员。鹿儿岛县在 18 日给外务省回复说："当县管辖之琉球国摄政三司官三人及其它随员二十七八人已经从县府出发，近日到达。"19 日告之，"琉球人的接待方式通知书已经收悉。"②

1872 年 9 月 14 日，日本政府下诏将尚泰封为"琉球王"，列为"华族"。③ 在同年 6 月，左院对外务省提出的"琉球处分"三条中，曾经认为将琉球列入华族与日本国内族群沿革不符，如果将其列入"华族"，就必须将琉球人看为国内的同种人种。④ 但到此时，日本已经不顾这些，将"琉球王"直接列入了"华族"，将琉球人种纳入日本的人种之中。对日本历史稍有了解的人都知道，这是 1869 年"版籍奉还"、1871 年"废藩置县"政策实施以来的唯一例外。这不仅将琉球人种纳入日本民族，更是将琉球国变成日本属地的重要步骤。日本擅自宣布废除琉球国，置琉球藩，

---

① 喜舎場朝賢：『琉球見聞録』，東京至言社，1977 年版，第 11 頁。

② 『琉球国使来朝接待ノ儀』，JCAHR：A03030095400。

③ 『琉球国使参朝上表貢献ニ付島主ヲ藩主ニ付シ華族ニ列スルノ勅旨並貨物下賜ノ儀』，JCAHR：A03030095600。转引自李理："日本'吞并琉球'计划出台始末"，《清华大学学报（哲学社会科学版）》，2013 年第 6 期。

④ 『井上大蔵大辅琉球国版籍収入建議併左院　問答議』，JCAHR：A03030095100。

封琉球国王尚泰为琉球藩王，列为“华族”，宣布琉球是日本的领属，不承认中国对琉球的宗主国地位，这是试图正式侵占琉球的表现。1906 年琉球国尚宁被岛津氏所败，日益沦落为萨摩藩的附庸，日本政府表面上看似尊重，实则用心险恶，进一步图谋兼并琉球。

由于日本政府代琉球国王领受了 1872 年 9 月 14 日日本政府的诏书，琉球国王被动地从一国之君变成了日本政府的一等官。9 月 15 日，副岛又拟定了《琉球国藩属体制建议》，提出了吞并琉球的具体计划。在这份建议书中，“此次代琉球使臣尚泰谨领册封诏书”的说法，暴露出日本单方面决定了琉球的归属。“建议书”所提出的吞并琉球具体建议有五个方面：

第一，琉球藩从来就与清国有着关系，现在也与福州府商民来往，另外也曾接待外国人的来航，属边陲要地，故本省官员必须驻勤；

第二，我政治制度渐次宣布，合适与否根据将来的目的而定，为体察该藩租税、民族及一般风俗，财务省官员要与本省官员一同前往驻在；

第三，赐琉球王一等官衔；

第四，将尚泰列为“华族”，其待遇要丰厚，但其归向之志坚定，重要的是，在东京府下，赐给豪宅庭院；

第五，赐给琉球藩王相应衣冠装束及用品。①

从建议书的内容分析，日本明确要厘清琉球与中国的藩属关系，将其列为自己的边陲要地，同时将琉球的外交权移交至日本外务省，由外务省派遣官员在勤，同时大藏省也派遣驻琉官员，将日本的政治制度渐次颁布于琉球，使之租税民政与日本一体化，并将尚泰任命为日本政府官员。

9 月 27 日，日本政府的外务及大藏两省向琉球派出了政府官员。② 9 月 28 日，太政官向外务省及琉球藩同时提出：“将以前琉球与其他国家缔结的临时条约及以后的交涉事务，交由外务省掌理。”③ 其后，太政官又向正院、外务卿副岛种臣及琉球藩提出相同的通达。这些通达没有标日期，

---

① 『副島外務卿琉球國藩屬體制建議』，JCAHR：A03030095800。

② 『外務大蔵而省官員琉球派出達』，JCAHR：A03030096100。

③ 『琉球藩於テ各國取結條約自今外務省管轄並小笠原島同藩所轄達付副島外務卿米國公使往復書』，JCAHR：A03030096000。

但其内容明确将琉球的外交事务归并日本外务省。这意味着具有琉球国家主权象征的对外独立权已被硬性剥夺。

另外值得注意的是，在同份资料中，还附有美国公使德朗写给外务卿副岛种臣的信件及副岛种臣给德朗的回复书信。而所谓琉球与其他国家缔结的条约，主要是指1854年7月11日美国与琉球于那霸所签订的条约，涉及自由通商、船舶补给、人员安全等事项。德朗在信中写到知悉日本合并了琉球使其成为日本一部分，并提醒其注意美琉间在1854年7月11日签订的“规约”。副岛种臣在回信中，明确表示日本政府将继续维持遵行此“规约”。①

从此份历史记录来看，当时美国已经明确知道日本欲吞并琉球，但没有提出异议，并提醒日本维持其与琉球的条约，这不能不说美国在日本吞并琉球事件上持一种认可或默许的态度。这也就能理解为什么美国驻日公使德朗明确知悉日本政府有意利用“山原号难船事件”出兵台湾，还积极帮助介绍美籍顾问台湾通的李仙得这一事件。

1872年9月29日，太政官发布第294号令，任命琉球王尚泰为一等官，并赐予东京府饭田町楠木坂宅第一处。②

这样，由日本政府单方面决定琉球国王尚泰从具有独立王权及领土疆域的国家之王，变成日本政府内部仅具有一定权力的一等官员，其国家主权象征中的“对内最高权”也被日本政府剥夺。1872年10月（明治五年正月），日本政府又派伊地知贞馨前往琉球，向琉球王传达“以往与各国缔结子条约，以及今后交际之事务，盖由内务省管辖”的决定③，以期把持琉球的外交主权。1872年10月10日，大藏省向正院提出申请，免除了琉球债务20万日元。④ 10月12日，日本以琉球内部流通货币为“宽永能宝”为由，下赐三万日元大小货币，以在琉球流通。⑤ 10月15日，琉球伊

---

①『琉球藩於テ各國取結條約自今外務省管轄並小笠原島同藩所轄達付副島外務卿米國公使往復書』，JCAHR：A03030096000。

②『琉球藩王一等官取扱并邸宅下賜ノ儀』，JCAHR：A03030096200。

③ 日本外務省編：『日本外交文書』第5卷，第182号付属文書一。

④『琉球藩負債消却ノ儀』，JCAHR：A03030096500。

⑤『琉球へ新貨幣及紙幣下賜アラセラレ度旨上申ノ件及ニ之ニ對スル太政官決裁』，日本外務省編『日本外交文書』第五卷、第377—378頁。

江王子尚健率领王室成员，赴东京祝贺明治天皇亲政。明治天皇给予特别的礼遇，册封尚泰琉球王，列位与日本旧藩主相等的“华族”地位。[①]

此类行径，日本多对中国隐瞒，暗中进行。为了避免灾难降临，琉球也是忍辱负重，两面应付，并未对外声张。然而，日本此后更是不断施加政治、军事压力，迫胁琉球断绝与中国的宗藩关系，但遭到琉球的拒绝。1875 年 8 月 5 日，琉球王尚泰答复日方的信函中称道：“忘却中国累世之厚恩，失却信义。”其还提到所谓“两属”之事，“以往对中国隐匿，恳请对中国说明，采取明确处置”，并表示“愿对两国奉公，永久勤勉”。

然而，日本政府终究不肯罢休。其认为，欲据琉球为己有，就必须先断绝其与中国的关系。加之在此期间，清朝外交当局一次重大的外交失策，更助长了日本侵略琉球的气焰，为琉球被吞并起到了作用。1874 年 5 月，日本政府以“牡丹社事件”为由，出兵中国台湾，以断绝琉球两属国之渊源。但是琉球王国并未因此断绝与中国的传统关系。为此日本加快了吞并琉球的步骤。

---

① 戴宝村：《帝国的入侵：牡丹社事件》，自立晚报社文化出版社，1993 年版，第 16 页。

第三章
日本侵台前后的琉球立约

第一节　蓄谋问罪琉案

一、“牡丹琉案”处理：兴师台罪，副岛蓄谋

清同治十年十一月初八（1871 年 11 月 30 日），琉球宫古岛民的两艘进贡船（实际上为以进贡为名的商船），离开那霸港驰往中国，不幸中途遇台风，漂流海上，一艘船还，另一艘漂至台湾西南海岸高山族牡丹亭的八遥湾。该船共有船员 69 人，其中 3 名淹死，66 名登陆。登陆的船员中，54 名被台湾高山族杀死，12 名逃出，在凤山县受到清政府保护。1871 年 12 月 11 日，又有琉球八重山岛民的两艘进贡船离开那霸港开往中国，中途遇到狂风，漂流海上。一艘下落不明，另一艘于 12 月 28 日漂到台湾，45 名船员同样受到凤山县政府的保护。1872 年 2 月，前后两批琉球难民 57 人，均由当局送往福州琉球馆，7 月平安返回那霸。1873 年 4 月，日本小田县（今冈山县）的船头佐藤利八等四人，乘小船贩盐，遇风船沉，佐藤等浮水在台湾凤山后山上岸，被当地居民营救，并由地方官员安排送回日本，当即收到日本外交官谢函。

此后一年多，到日本鹿儿岛做生意的琉球商人，闲聊到琉球人在台湾被杀之事，使得日本的好战分子如获至宝——终于找到侵略台湾的借口。但是，为了激起民族仇恨、制造开战理由，最好还要有日本人被杀的消息，才能受到朝野的重视。于是这些好战分子便拿出小田县佐藤利八等四人的事情造谣，在报纸上发布新闻，绘声绘色地描绘小田县四个日本船民

遭遇台风漂流至台湾，被台湾“生番”抓后吃掉。

明治维新后，日本对内提出“殖产兴业”“富国强兵”的口号，向西方列强学习；而对外则积极推行扩张政策。特别是日本并不满足于琉球为所谓中日“两属”的现状，欲将琉球独占为己有，但一时难觅时机。琉球船民遇到海难被杀，一下子被日本所捕获，成为日本来入侵台湾和部署吞并琉球的第一步。

海途凶险，遇事漂流至荒岛也是常有之事。清代的中琉航运交往，在牡丹社事件之前，亦是颇为频繁，以当时的航海技术穿航于台风频发的太平洋上，海难事故委实不少。据中国第一历史档案馆收藏的琉球史料中有关琉球遭风漂到中国沿海的记载，这类事件足有342件。中国台湾故宫博物院也多有这类事件的奏折，琉球的《历代宝案》抄录的海难事故（咨文）更是累牍连篇。①

清同治十一年二月二十五日（1872年4月2日），福州将军兼闽浙总督文煜等人查问之后，将此消息向北京禀报，内称：

为琉球国夷人遭风到闽，循例译讯抚恤，夷伴有被台湾生番杀害，现饬认真查办，恭折驰奏，仰祈圣鉴事。窃据署福防同知张梦元详报，同治十一年正月十七日，准台湾县护送琉球国两起难夷松大着、岛袋等五十七名到省，当即安插馆驿，妥为抚恤；一面饬传该国留闽通事谢维垣译讯。据难民松大着供：伊是头目官，马依德是夷官，连同跟丁、舵水，一共四十六人，俱系琉球国八重三岛人，坐驾小船一只，装载方物，往中山府交纳；事竣，于同治十年十月二十九日由中山开行，是夜陡遇飓风，漂出大洋，折断船桅，船只任风漂流，十一月十二日漂至台湾洋面，幸遇船救护，伊等四十四人登岸，原船冲礁击碎。该处民人将伊等带回，赴凤山县衙门，转送台湾县安顿公所。尚有同伴二人，并蒙凤山县续送至台湾县衙门，蒙给衣食、钱文。讵跟伴永森宣一名患痘身故，给棺收殓。一面派委员弁，将伊

① 陈龙贵、周维强编：《顺风相送——院藏清代海洋史料特展》，台湾故宫博物馆，2013年版，第164、165、152页。

等配船护送来省。又据难夷岛袋供：同船上下六十九人，伊是船主，琉球国太平山岛人。伊等坐驾小海船一只，装载方物往中山府交纳，事竣，于十月二十九日由该处开行，是夜陡遇飓风，漂出大洋，船只倾覆，淹毙同伴三人。

伊等六十六人，凫水登山。十一月初七日，误入牡丹社生番乡间内。初八日，生番将伊等身上衣物剥去，伊等惊避保力庄地方。生番探知，率众围住上下，被杀五十四人，只剩伊等十二人，因躲在土民杨友旺家，始得保全。二十一日，将伊等送到凤山县衙门，转送台湾安顿，均蒙给有衣食，由台护送来省，现在馆驿等供。由布政使潘霨造册详请具奏，声明牡丹社生番围杀球夷，应由台湾文武前往查办等情前来。

臣等查琉球国世守外藩，甚为恭顺。该夷人等在洋遭风，并有同伴被生番杀害多人，情殊可悯，应自安插馆驿之日起，每人日给米一升、盐菜银六厘，回国之日另给行粮一个月，照例加赏物件，折价给领，于存公银内动支，一并造册报销。该难夷等船只倾覆击碎无存，俟有琉球便船，即令附搭回国。至牡丹社生番见人嗜杀，殊形化外，现饬台湾镇、道、府认真查办，以儆强暴而示怀柔。除咨部，臣等谨合词恭折驰奏，伏乞皇太后、皇上圣鉴，谨奏。

同治十一年二月二十五日①

从上述奏折内容中“初八日，生番将伊等身上衣物剥去，伊等惊避保力庄地方”可知，琉球国漂流民被害事件，是指太平山（宫古岛）的船民在台湾地区遭到杀害。四月初五，《京城》报端做了转载：

同治十一年（1872 年）二月二十五日，福州将军兼署闽浙总督文煜等人向北京奏报同治十年（1871 年）十一月八日琉球国漂流船民在台湾被杀一事：“据难夷岛袋供：同船上下六十九人，伊是船主，琉

① 《甲戌公牍钞存》是省立台北图书馆所藏的一部抄本。其中钞存的公牍，全是关于清同治十三年（1874 年）日本出兵台湾的各种文件。“福州将军兼署闽浙总督文煜、福建巡抚王凯泰奏”，《甲戌公牍钞存》，http：//www. guoxue123. com/tw/01/039/003. htm。

球国太平山岛人，伊等坐驾小海船一只，装载方物，往中山府交纳，事竣，于十年十月二十九日由该处开行。是夜陡遇飓风，漂出大洋，船只倾覆，淹毙同伴三人。伊等六十六人凫水登山，十一月初七日，误入牡丹社生番乡内。初八日，生番将伊等身上衣物剥去，伊等惊避保力庄地方，生番探知，率众围住，上下被杀五十四人，只剩伊等十一人，因躲在土民杨友旺家，始得保全。二十一日，将伊等送至凤山县衙门，转送台湾县安顿，均蒙给有衣食，由台护送来省，现在馆驿等供，由布政使潘蔚造册，详情具奏，声明：牡丹社生番，围杀球夷，应由台湾文武前往查办等情前来。"①

而上海的《申报》也迅速于四月二十四日（1882 年 5 月 30 日）做了转载，内称：

（将军文（煜）奏为琉球国夷人遭风到闽，循例译讯抚恤、该夷伴有被台湾生番杀害，现饬认真查办折）：

……又据难夷岛袋供：同船上下六十九人，伊是船主，琉球国太平山岛人，伊等坐驾小海船一只，装载方物，往中山府交纳，事竣，于十年十月二十九日由该处开行。是夜陡遇飓风，漂出大洋，船只倾覆，淹毙同伴三人。伊等六十六人，凫水登山。十一月初七日，误入牡丹社生番乡间内。初八日，生番将伊等身上衣物剥去，伊等惊避保力庄地方。生番探知，率众围住上下，被杀五十四人，只剩伊等十二人，因躲在土民杨友旺家，始得保全。二十一日，将伊等送到凤山县衙门，转送台湾安顿，均蒙给有衣食，由台护送来省，先在馆驿等供。由布政使潘霨造册详请具奏，声明牡丹社生番围杀琉球夷，应由台湾文武前往查办等情前来。

臣等查琉球国世守外藩，甚为恭顺。该夷人等在洋遭风，并有同伴被生番杀害多人，情殊可悯，应自安插馆驿之日起，每人日给米一

① 第一历史档案馆编：《清代中琉关系档案选编》第 1 卷，中华书局，1993 年版，第 1079—1080 页。转引自米庆余："琉球漂民事件与日军人侵台湾（1871—1874）"，《历史研究》，1999 年第 1 期。

升、盐菜银六厘，回国之日另给行粮一个月，照例加赏物件，折价给领，于存公银内动支，一并造册报销。该难夷等船只倾覆击碎无存，俟有琉球便船，即令附搭回国。至牡丹社生番见人嗜杀，殊形化外，现饬台湾镇、道、府认真查办，以儆强暴而示怀柔。除咨部，臣等谨合词恭折驰奏，伏乞皇太后、皇上圣鉴，谨奏。①

《甲戌公牍钞存》中“牡丹社生番，围杀球夷，应由台湾文武前往查办等情前来”之句，可以看出，清政府只是把这件事当成一件很普通的“意外事件”进行处理。类似事件发生后，清政府通常是按照以前的惯例，出钱抚恤遇难者家属，琉球国亦上表谢恩，由于是“化外之番”所为，本着息事宁人的态度，清政府并未给予台湾族人以任何惩罚。

《京城》刊载琉球漂民受害事件后，时在北京的日本外务少丞柳原前光（因要修改始订不久的《中日修好条规》而来），立即将这一消息报告本国外务省。日本外务省对台湾事件认定为：

此番机会乃日本张威与亚细亚之良机。其原因乃台湾可谓亚细亚咽喉之地，土地肥沃，物产丰富。欧洲垂涎与此岛之国不少。若我不得此地而为彼所得，其利害之分，自不待言——且与台湾交战乃为实地锻炼我国卒兵，即此一端，亦应云可。

熊本镇台鹿儿岛分营长官桦山资纪更是赶到熊本，劝说熊本镇台司令官桐野利秋说：“我国民和琉球国民无故遭台湾山民惨杀，此仇不可不报，否则日本在世界上还有什么颜面。”当官桐野利秋回答“此事，政府一定会有相应措施，我定将你的意见反映到陆军省”之时，桦山资纪则摇头称言：“不行，那要等到什么时候？我的心激动得快要跳出来了，等不及那么久。”出使琉球的鹿儿岛县吏奈良新五郎、伊地知真馨，也将此事报告给鹿儿岛县厅。1872 年 8 月 31 日（清同治十一年七月二十八日），鹿尔岛

① 第一历史档案馆编：《清代中琉关系档案选编》第 1 卷，中华书局，1993 年版，第 1079—1080 页。转引自米庆余：“琉球漂民事件与日军入侵台湾（1871—1874）”，《历史研究》，1999 年第 1 期。

县参事大山纲良获悉这一消息后，认为有机可乘，赶紧奏本，请求政府“兴师问罪”。故其上呈的报告中言称：

> 琉球国自古服属本邦，甚为恭顺。然其国远在南海之中，其俗不免固陋，以致皇国一新之时，难以风化。是以今春命县下士族伊地知壮之丞等二人，传谕朝廷之意，使之变革陋习。其国王亦能奉体此意，日趋开化。然琉球属岛宫古岛人，去年冬季漂至台湾，舟中六十人中，有如另纸报告，惨遭杀害。其残暴之罪，刻不容缓。故而，今命伊地知壮之丞入朝，详细呈报此事。纲良伏请仰黄威，欲兴问罪之师，征伐于彼。谨请借给军舰，直指彼之巢穴，歼灭其巨魁，以上扬国威与海外，下慰岛民之冤魂，伏愿乞准。①

不难看出，大山纲良的报告已把“琉球漂民事件”与企图吞并琉球的动机过早地连在了一起，在明治政府里掌握内政实权的大藏大辅井上馨，则向正院提出了应该谴责琉球向中国朝贡，且应立即合并琉球使之成为日本版图的建议。“大山虽提出请求，但朝议未臻成熟，议论纷纷，以为确定生番是否属于清国版图，实为先决问题，所以没有准奏。”②

1873 年 3 月 9 日，日本政府派遣外务卿副岛种臣前往中国交换《中日修好条规》批准书，明治天皇特别授意副岛种臣，其曰：“朕闻台湾岛生番，数次屠杀我国人民，若弃之不问，后患何极。今委尔种臣全权，尔种臣当前往伸理，以副朕之保民之意。”③

1871 年琉球漂流民被台湾土著杀害事件，实属中琉间的刑事案件，原本与日本无关，却成为日本政府出兵台湾、变琉球为日本所属的借口。是日，日本天皇再下“委任要旨”，宣布：

---

① 下村富士男編：『明治文化資料叢書』第 4 巻・外交巻，風間書房，1962 年版，第 9—10 頁。转引自米庆余：《琉球历史研究》，人民出版社，1998 年版，第 122 页。

② 东亚同文会编，胡锡年译：《对华回忆录》中译本，商务印书馆，1959 年版，第 38 页。那时候明治维新也才不过五年光景，在当时世界的强弱格局上，中国和日本都属于后者。

③ 下村富士男編：『明治文化資料叢書』第 4 巻・外交巻，風間書房，1962 年版，第 24 頁。转引自米庆余：《琉球历史研究》，人民出版社，1998 年版，第 122 页。

清国政府若以台湾全岛为其所属之地，接受这一谈判，并采取处置，则应责其为遭到残杀者采取充分伸冤处置。但上述处置应给犯人以相当处置，对遭到残死者的遗族，应付予若干扶助金，且应予以管束，坚决保证尔后不再发生此类暴逆事件。清国政府若以政权之不及，不以其为所属之地，不接受这一谈判时，则当任从朕作处置。清国政府若以台湾全岛为其属地，左右推托其事，不接受有关谈判时，应辩明清政府失政情况，且论责生番无道暴逆之罪，如其不服，此后处置则当依任朕意。①

之后，副岛种臣于1873年4月20日抵达天津。其随行人员中，有美籍顾问李仙得、外务少丞平井希昌、翻译郑永宁，以及“龙骧”“筑波”舰水兵600余人。此行，如果按照郑永宁的说法则是：“我国派遣大使，驾本国军舰出海，以今为始，本国军舰航行海外，也以今为始。更何况，各国众人所闻者，大使已奉伐番之旨，将有事于台湾”②。

副岛种臣本人在其航海途中也为之作诗：

风声鼓涛涛声奔，火轮一帮舰旗翻。圣言切至在臣耳，保护海南新建藩。③

可见，副岛种臣率领军兵来华，名为换约，而实为图谋军事，其与大山纲良请兵征伐台湾以及占有琉球的企图可谓同出一辙。随之，1873年5月木户孝允、大久保利通等政府决策人物跟随岩仓使节团从欧洲回到日本后，立即着手策划正式吞并琉球和台湾的相关阴谋举动，更可见日本政府在侵台前后所谋划的一系列外交步骤，实则是为了侵台制造借口，其主要

① 王玺：《李鸿章与中日订约（一八七一）》，台北中央研究院近代研究所，2006年版，第177—188页。东亚同文会编，胡锡年译：《对华回忆录》中译本，商务印书馆，1959年版，第24—25页。

② 金井之恭：「副島大使適清概略」，『明治文化全集』第11巻·外交篇，日本評論新社，1956年版，第66頁。

③ 同上。

目标是：

第一，强迫琉球国改为日本的藩属，切断与中国的关系，以便借“为琉球难民复仇”的理由对台用兵；

第二，施展外交伎俩，争取国际“认可”，外务卿副岛种臣专门会见英国公使；

第三，鉴于琉球此前已经与美国签有《琉美协定》，于是，日本以承认《琉美协定》为条件，换取美国对日本占有琉球、进而侵略台湾的默认；

第四，日本派使者到中国，试探清政府对台湾和琉球的态度，意图从外交交涉上寻找突破口。

5月5日，副岛种臣一行（李仙得、柳原前光、平井希昌、林有造和郑永宁）进入北京城，呈递国书和觐见同治皇帝，并在北京展开了频繁的外交活动。副岛派柳原前光和担任翻译的郑永宁往访总理各国事务衙门不断询问三事：

其一，澳门是否中国管辖，亦由葡萄牙主持？

其二，朝鲜诸凡政令，是否由该国自主，中国向不过问？

其三，台湾生番杀害琉球人民之事，日本拟派人赴该生番处交涉。①

副岛种臣极力否定中国对台湾的领土主权，以为正在筹划的侵台行径合法化制造舆论。6月8日，副岛在京会见英国驻华公使曾言称：“清国未向生番之地派过官吏，地图上也未点载生番地名，前年美国人与生番交战，也未曾告诸清国，清国不知生番与美国人缔结条约之事，清国何能谓之为属地耶？”② 而6月21日，副岛再派柳原前光、郑永宁前往总理衙门，为的是贯彻日本政府的所谓对台阴谋。

当时接待柳原前光的是毛昶熙和董恂两位大臣。柳原前光首先就澳门发问，其表面上是说日本将来会到澳门通商，故而咨询，而实际上则是想参考葡萄牙人是何以在中国享有其通商居住与驻兵权的。

---

① 王玺：《李鸿章与中日订约（一八七一）》，台北中央研究院近代研究所，2006年版，第187页。

② 金井之恭：「副島大使適清概略」，『明治文化全集』第11巻・外交篇，日本評論新社，1956年版，第69頁。

据日方记载，据郑永宁后来回忆，柳原等人言称："台湾之地，昔被我国及荷兰人占据，继而被郑成功占据，今归贵朝版图，而贵国仅治半边，其东部土番之地，全未施及政权，番人自张独立之势。前年冬，我国人民漂泊彼地，被掠夺杀害。故而，我政府将出使而问其罪，惟是番域与贵国府治，犬牙接壤。我大臣以为，尚未告诸贵国而兴此役，万一稍有波及贵国所辖，无端受到猜疑，将由此而伤两国之和。是有忧虑，故而预先说明。"①

而总署大臣对此言称："本大臣等只闻生番掠杀琉球国民，未知与贵国人有何干系。不过，琉球国乃是我之藩属，琉民从生番逃出者，当时悉由我国官吏救恤，并送还本国。"而柳原等人则称："我朝抚慰琉球尤久，中叶以后，附庸萨摩。何况，现今大政日新，一民莫非其臣，是以务当抚恤。见一野番害我王臣，不得不以我君保民之权，专伸其冤。而谓琉人为我国人，又有何妨？且问，贵国既云官吏救恤琉民，不知将如何处置实行暴杀之生番？"②

而据中方记载，毛、董等人对此言称："二岛俱我属土，属土之人相杀，裁决之权固在于我。我抚恤琉人，自有措施，事与贵国无关，何需烦为过问。"③ 但在郑永宁的记述中，却只有毛、董曰："此岛之番民，有生熟两种。从前服我王化者为熟番，设府县而治之，其不服者为生番，置之化外，未甚治理。"④ 此外，中文记载，当时毛、董二人还曾答以"杀人者皆属生番，姑且置之化外，未便穷治。日本之虾夷、美国之红番，皆不服王化，此亦万国之所时有"。⑤

据日方记载，柳原等人又称："贵朝之初，彼番数次掠杀他国漂流之民，但贵国未曾处置，番人益加横暴，故而今若被他国征伐，则岂只番地，当是府县或也不为贵国所有。今后若因杀人之故，而由外国占据此岛，有如安南、广东及黑龙江和我国之北虾夷，则将在我国南海之中滋一

---

① 下村富士男編：『明治文化資料叢書』第4卷·外交卷，風間書房，1962年版，第40頁。
② 同上。
③ 王芸生：《六十年来中国与日本》第1卷，大公报社，1932年版，第59页。
④ 下村富士男編：『明治文化資料叢書』第4卷·外交卷，風間書房，1962年版，第40—41頁。
⑤ 王芸生：《六十年来中国与日本》第1卷，大公报社，1932年版，第59页。

祸患，以致危及诸岛。故而，我政府谋划前往征讨之。然我大臣为保重两国友谊，姑且压制众人诤言，就此奉使之便，明告贵国政府，以避免猜疑。尔后治理化外之地，全与贵国无涉，当无侵越之忧。此事我政府本来不欲相告，唯我大臣肩负外务重任，若因惩办此一小丑，而失邻国之和，何以对天下焉。而且，我国胆略勇敢之士，闻琉民遭害之事者，皆为之切齿，愤懑添胸。策动政府问罪，若不消散此气，势必激乱而不能防，越境为寇而不待日。是亦两国无端伤和之源，万一至斯，则我皇帝今日遣我大臣，前来聘问贵国皇帝，并换约缔好，终有何用？是我大臣出以公心，一团好意也。敬乞谅察。"①

据中方记载，后来总署恭亲王在奏折中言称：

> 副岛在京之时，从未议及有派兵赴台湾生番地方之举。究系因何兴兵，未据来文知照。

从上述记载来看，总署大臣可谓言出语实，承认台湾土著有所谓生熟之别，且谓如同日本的虾夷、美国的红番，并表明了琉球、台湾皆为"属土"之意。而柳原则称台湾生番非为中国所属，且谓琉民即是日本臣民。此外，柳原还曾谈到："贵大臣虽将琉球称作属国，而我只是将之视为我国属地，现今不是对贵国理论两属之归着也。"② 显而易见，日本政府所采取的外交策略为否定台湾番地为中国所属，而回避了日军侵台问题；且不顾当时的中琉关系，而公然声称琉球为"日本属地"。中国总署大臣虽然提出了琉球乃是属国问题，但柳原前光拒绝理论，以至于后来中日交涉日军侵台事件之时，日方仍只是谈台湾生番，而避而不谈琉球归属问题。再者，副岛一行在离京经天津回国再晤李鸿章之时，也从未谈及台湾之事。由此可知，副岛此次来华换约以及参加清朝皇帝亲政大典，实为心怀叵测，避番社杀琉球船难民一事，是因为其知道李鸿章谈判经验比清朝其他官员更为丰富，是难从其口中得到任何好处之故。对此，郑永宁也完全承

---

① 下村富士男編：『明治文化資料叢書』第4卷·外交卷，風間書房，1962年版，第41頁。
② 同上书，第28页。

认："副岛大使之适清，换约为名，谒帝也为名也。惟因筹划征伐生番而有此行。"①

另外，日本是从毛向熙的"杀人者皆属生番，故且置之化外，未便穷治"中，断章取义、诡辩硬说清国承认琉球和台湾不属于清国，并进一步编造说，琉球自从1620年开始已经是日本萨摩藩的领地。后来，副岛回国，李鸿章获悉柳原曾提询台湾之事，于6月15日即上呈《论日本与台湾、朝鲜、秘鲁交涉》②，进一步说明此事与日本无关，况且琉球为中国属国，可自行申诉：

> 台湾生番戕害琉球难民一案，原与日本无干，即谓其萨峒马民人与琉球有旧，代抱不平，而琉球系我属国。尽可自行申诉，诚如尊论，无须该国代询。

另据日本记载：1873年2月23日，同治皇帝大婚亲政，日本派遣外务卿副岛种臣及外务权大臣柳原前光前往祝贺，并互换《中日修好条规》。到达北京后，副岛种臣到礼部商讨觐见同治皇帝的礼节，而副使柳原前光则前往总理衙门，拜见了办事大臣毛永熙和董恂，就"牡丹社事件"提出质疑。总署大臣毛永熙和董恂则答曰："'番民'杀琉球民之事已经闻得，但害贵国人则未闻。台、琉两岛均是我属土，属土之人相杀，裁决在我。我恤琉人自有措施，与贵国无涉，不烦过问。"柳原前光争辩说："琉球向来是日本的藩国，其国王尚泰为日本的藩王，列入华族，怎能说与我无关？再者，贵国既知抚恤琉人，为何不惩台'番人'？"毛、董答曰："杀人者皆'生番'，姑且置之化外，未便穷治。日本之虾夷，美国之红番，皆不服王化，此亦万国之所时有。"柳原前光说："'生番'害人，贵国放弃不管，而我国却要向岛人问罪，因两国盟好，故事先告知。"毛、董说："'生番'既然是我国化外之民，伐与不伐，贵国自裁。"柳原前光闻之不禁大喜，连忙告辞回国。

---

① 下村富士男編：『明治文化資料叢書』第4卷·外交卷，風間書房，1962年版，第44—45頁。

② 《李文忠公选集》，转引自李鸿章：《李鸿章全集》第六册（译署函稿），海南出版社，1979年版。

二、日本舰发台湾：问罪生番，征台并琉

副岛种臣回国后，因内部矛盾而辞职，但并没有影响日本政府推行既定的对外政策。日本政府因为一心要征台并琉，首先就是忙于用自己的汉字来解读高山土著是“化外”之民，而且认定“化外之民，未便穷治”就是说“清政府主权所不及”，亦即不属于中国，也可以出兵，“根绝生番杀人的暴行”。①

然而，“化外”一词，虽然通常视为政令和教化（文明教养）所难于到之地，但其并不等同于就是失去领土权。如果硬要说“化外”是等同于没有领导权，那么何必要说是“化外之民”，倒不如直为“外国”或“异国”之谓。

1874 年 1 月，太政大臣三条实美、右大臣岩仓具视，鉴于国内形势和所谓要在“海外发扬国威的意义”，均认为“对生番兴问罪之师，实为必要”。② 于是，责成政府参议、内务卿大久保利通和政府参议、大藏卿大隈重信负责此事的调查研究。同年 2 月 6 日，大久保利通等人提交一份《台湾生番处分要略》③，其主要内容是：

> 第一，台湾土番部落，乃是清国政府不逮之地。故将之视为无主之地，道理具备。因此，报复我藩属琉球人民被杀，乃日本帝国政府之义务，而征番之公理，亦于兹获得主要依据。
>
> 第二，清国官吏若问及琉球之所属与否，当准照去年出使之辞，言明琉球自古为我帝国所属，且言明现今累沐皇恩之实。
>
> 第三，清国官吏若以琉球向本国遣使纳贡为由，主张两属之说，当不予理睬，以不应其议论为佳。无论如何，由我帝国完全控制琉球之实权，且使之中止遣使纳贡之非礼，乃是台湾处分后之目的，不可与清国政府空为辩论。

---

① 李鸿章：《李鸿章全集》第六册（译署函稿），海南出版社，1997 年版，第 2934 页。

② 东亚同文会编，胡锡年译：《对华回忆录》中译本，商务印书馆，1959 年版，第 38 页。

③ 同上书，第 38—40 页；東亜同文会編：『日本外交文書』第 7 巻，第 1 号文書。

第四，清国政府若论及台湾处分，当确守去年之议，收集其政权判然不逮番地之证据，不为所动。

日本政府认为上述要略“极其得当”，并确定了逐条实施的大体步骤。① 于是，根据《台湾生番处分要略》，日本内阁会议提出不但要尽快派兵攻占台湾，还要将琉球的实权控制在日本手里，政府要采取行动，阻止琉球王国派遣使者向中国继续朝贡。可见，日本已完全把台湾当做藩属来对待了。

1874 年 4 月 4 日，陆军少将西乡从道升任为陆军中将，出任台湾番地事务都督，领军征台；翌日又设置台湾番地事务局，由参议及大藏卿大限重信出掌，并任命陆军少将谷干城、海军少将赤松则良为参军。

由于此乃日本明治维新以后首次对外用兵，所以朝廷高度重视，太政大臣三条实美奉天皇之命，于四月六日，将全权委任状特颁发给西乡从道。其主要内容有：

一，声讨生番残害我国人民之罪行，并相应惩罚之；

二，如生番拒绝谢罪，可根据具体情况以武力讨之；

三，采取防范之措施，以使我国人民再至彼地之时，免遭土人之暴害。②

至此，日本政府已经将“牡丹社事件”遇害的“琉球难民”变说为“我国人民”，而且多次重复，按照《台湾生番处分要略》步骤，开始了出兵侵台。

1874 年 4 月 9 日，西乡从道率领两艘军舰开赴长崎。4 月 15 日，日本政府任命柳原前光为驻华公使，福岛九成为驻厦门领事，大限重信同助手李仙得同赴长崎就任事务局长。

---

① 东亚同文会编，胡锡年译：《对华回忆录》中译本，商务印书馆，1959 年版，第 40 页。

② 安冈昭男著，胡连成译：《明治前期日中关系史研究》，福建人民出版社，2007 年版，第 93 页。

然而，时值日本产业技术尚未发达，加之军费颇为拮据，需租借欧美的商船来完成此次“根绝生番杀人的暴行”的出兵，进而招致欧美诸国在一旁观望且怀疑日本能否东拼西凑成这所谓的军队，乃至因日本出征而开始担心起自身的利益会不会受损。英国驻日公使巴库斯在听闻日本将要出兵台湾后，曾于4月9日致函日本新任外务卿寺岛宗则探询：“在台湾之通商港口，我国人民持有不少货物利益，贵国政府将军队开赴台湾岛，拟作何事？又，运送军队军粮之外国船只，将开赴何港或开赴何地？拟向阁下探询，请予急切注意。”① 而美、意、俄、西等国的公使或代理公使更是先后质询日本外务省。

事态突变，日本政府担心会惹来英美列强的不满，英、美等国公使的态度使日本“朝野为之动摇，决定暂且停止出师台湾，先与中国政府交涉”。于是，急电大限重信，着令西乡都督暂缓出发，以待后命。又急令三条实美派出权少内史金井之恭于4月25日赶赴长崎，命令大限重信回京。但此时，西乡已率兵集结长崎且强硬表态：“出征事乃圣断，今日征旗已离帝都，中途停兵，所为何求？将来问罪，就说西乡是违令出国之徒!”②

4月26日，西乡传令各舰积储煤炭用水。翌日，又命270名军兵搭乘急租的“有功”号小汽船先行出发，厦门领事福岛九成也随船前往厦门。而在西乡得悉三条实美又加派大久保利通来长崎后，急忙于5月2日任命赤松则良、谷干城两小将为先锋，率领以熊本镇台兵为主力，加之鹿儿岛的特募兵约300人，共合成3600多人的出征军，分别乘坐四艘由长崎出发的军舰，直奔台湾枋寮。

翌日，即5月3日，大久保利通抵达长崎，在与西乡、大限商议之后，反而赞同西乡的主见，西乡从道此举有造成既定事实的姿态，却表示：“督促柳原前光急速赴任，西乡雇佣或购买船只向台湾进发，如若酿出难

① 東亜同文会編：『日本外交文書』第7卷，第16号文書。

② “西乡从道抗令”，史称为“西乡暴走”，其不仅造成了恶劣影响，更开创了日本军人不听号令的先例，从而导致军人骄横跋扈，走向军国主义执政之路。

题，则由大久保利通首当其责。”[①] 大隈重信也电告朝廷“都督奉钤盖玉玺之诏书，势不可摇，恳请朝廷洞察形势”。[②]

于是，在5月3日这一天，福岛在厦门会见知府李钟霖，递交西乡致闽浙总督李鹤年的照会，内称：

> 本中将谨遵钦旨，即率亲兵，将由水路直进番地，至若船通贵境，固无他意，应毋阻拒。恐闾巷之说或有触动贵国诧异，特兹备文报明。为此照会贵大臣，希即察照，转饬各地方官，咸使知之可也。[③]

与此同时，福岛还递交了一份附件，言称：

> 兹我政府独怪土番幸人之灾，肆行劫杀，若置之不问，安所底止。是以遣使往攻其心，庶使感发天良，知有人道而已……但所虑者，有各国及外国商民在台湾所开口岸运货出入者，或见我国此间行事，伊等便思从中窃与土番互通交易，资助敌人军需，则我国不得不备兵捕之。务望贵大臣遍行晓谕台湾府县、沿道口岸各地所在中外商民，勿得毫犯。又所恳者，倘有生番偶被我兵追赶，逃入台湾府县境内潜匿者，烦该地方随即捕交我兵屯营是望。[④]

西乡的照会与福岛的附件，可谓首开近代中日关系史的恶例。明是非法侵入中国领土，却称“固无他意”；明是企图报复，却称“知有人道”。尤为甚者，竟传谕中国地方官员，有被迫逃难者，也要“捕之”交于日本兵营等等，已经目中全无中国之主权。

5月6日晚，“有功”号抵琅峤湾。翌日凌晨，先遣华籍翻译詹汉生登崖岸，找来李仙得的旧友登船磋商，表明此行只是针对牡丹社族人，与其

① 安冈昭男著，胡连成译：《明治前期日中关系史研究》，福建人民出版社，2007年版，第150—151页。

② 同上书，第95页。

③ 同上书，第148页。

④ 同上书，第149页。

他社族无关，公平交易。登岸后，扎营赁屋，如诺付钱。福岛九成和美国军官登上车城新街，经探寻选定可容3000人驻扎的清港浦八仙湾为营地。后因大雨，又于21日改驻扎琅峤湾。面对洋人（东洋人）登岸驻扎，庸碌无能的清朝官员只是呆呆地做了旁观者。

即由千总郭占鳌飞禀：三月二十二日（五月七日），有日本国火轮船一号到廊桥社寮港口停泊。二十三日，又续到一号，人数约八、九百名。先遣洋人二十余名至柴城一带踩看扎营地势。①

清政府不但对日本侵台消息得的晚，而且知道情况后反应迟钝，措施不力。中国开始对日本的侵略行动一无所知，最先告诉中国消息的还是英国驻华公使威妥玛，是清政府从英国驻华公使的信函中获悉日本将要出兵台湾。后北洋大臣李鸿章、南洋大臣李宗羲均咨报日本兴兵赴台湾各节。

该年5月14日（旧历三月二十九日），总署恭亲王等在奏折中言称：

窃查本年三月初五日，臣衙门接据英国使臣威妥玛函称，现准驻日本国之英国使臣电报，知日本运兵赴台湾沿海迤东地方，有事生番，并询及生番居住之地，是否隶入中国版图，东洋兴师，曾向中国商议准行与否，宜如何斟酌之处，迅为见复，以便用电线移复等语。当经臣衙门函复该使，答以上年日本使臣住京时，从未议及有派兵赴台湾生番地方之举。究系因何兴师，未据来文知照。

进而又称：

此时，该国动兵与否，尚未明言，固未便操之过急，而事必期于有备，患当杜于方萌。应如何按约据理相机辩阻，及如何先事筹备……拟请钦派闻望素着、熟悉洋情之大员，带领轮船，前往台湾生

① 台湾银行经济研究室：《甲戌公牍钞存》，台湾银行，1959年版，第25页。

番一带，察看情况，妥筹办理。①

这一奏折说明清政府对日军入侵台湾所知甚少、甚迟，而且并无奋起对抗之意。尔后的事实进一步证明，中日之间有关日军入侵台湾问题的交涉，多是在日军依恃武力，而清政府却想“按约据理”的情况下进行。

该年5月8日，李鹤年收到福岛转递的西乡照会，于11日致函西乡，内称：

> 本部堂查台湾全地久隶我国版图，虽其土著有生熟番之别，然同为食毛践土，已二百余年，犹之粤楚云贵边界瑶、僮、苗、黎之属，皆古所谓我中国荒服羁靡之地也。查万国公法云，凡疆内植物动物居民，无论生斯土者，自外来者，按理皆当归地方律法管辖。又载发得耳云……各国自主其事，自任其责。据此各条，则台湾为中国疆土，生番定归中国隶属，当以中国律法管辖，不得任听别国越俎代谋……贵国政府并未与总理衙门商允作何办理，径行命将统兵前往，既与万国公法违背，亦与同治十年所换和约内第一第三两条不和”。

李鹤年明确指出：“琉球岛，即我属国中山国疆土，该国世守外藩，甚为恭顺，本部堂一视同仁，已严檄该地方官，责成生番头人，赶紧勒限交出首凶议抵。总之，台湾在中国，应由中国自办，毋庸贵国代谋……应请贵中将撤兵回国，以符条约而固邦交可也。”②

从中看出，李鹤年的上述复函，要求日本撤兵也有理有据，充分体现了清政府“按约据理”的方针，同时也表明了清政府对于“琉球漂民被害事件”并非不做处理的态度。西乡接到这一复函后，不仅没有撤兵之意，反而加紧了剿杀台湾土著的行径。

5月17日，西乡都督亲率主力军，分乘四艘兵船，由长崎前往台南。5月22日，西乡率舰抵达社寮港，随即开始进攻牡丹社人，包括牡丹社头

① 《同治朝筹办夷务始末》卷九三，第26—28页。

② 東亜同文会編：『日本外交文書』第7卷，第56号文書。

人父子在内的20余人被杀死，但番人仍不屈从。6月1日，谷干城率日军五个小队，从风港进攻；6月2日，日军又兵分三路，攻击牡丹社，以致“生番皆弃家逃奔山谷”①。西乡遂遣谷干城、桦山资纪回东京报告，又派将赤松则良、福岛九成前往北京，辅佐公使柳原前光对华交涉，而其本人则率部进行所谓“拓殖事业”②，以期久留。

自1870年，李鸿章与日本来使商谈修好条约伊始，清廷就一直一厢情愿与日本真诚友好合作，以共同联手抵御西方列强，维护东亚国家的自主。而日本并无此想，仅与委蛇，其只是从中套取清朝的对日策略而伺机密谋从而秘密行事。然而当5月初，3000余日军开始侵台，从台湾南部登陆入侵，使得清政府闻讯大为震惊，急忙向日本提出强烈抗议，同时要福建船政大臣沈葆桢“带领轮船兵器，以巡阅为名，前往台湾生番一带查看，不动声色，相机筹办”，稍后又任命他为“钦差办理台湾等处海防兼理各国事务大臣”，给他以处理日本侵台事件的军事、外交大权。日本在中日换约后一年就出兵台湾，使得亲自与日本打交道多年的李鸿章大为震惊，在其给沈葆桢的信中不难看到其愤怒之笔：

> 日本自九年（即同治九年，公元1870年）遣使来津求约，厥后岁辄一至，弟与周旋最久。其人外貌呴呴恭谨，性情狙诈深险，变幻百端，与西人迥异。

李鸿章以异常气愤口气续写道：

> 如事不可已，应求良将劲兵以为助。日本人多用后门枪，华兵尚不知有此物，敝处虽有之，亦尚未及多操，良以为憾。再，台地民气可用，康乾中历经助义杀贼，今岂无人大纛一呼万应。略除重敛暴征，鼓舞以作其气，彼见不得逞志，或渐思撤退耳。

---

① 岩倉公旧跡保存会：『岩倉公実記』下卷，1906年発行，1927年再版，第154頁。
② 同上。

李鸿章对外向来不信“民气”，总是倾向于以妥协息事，但此时竟反常态大谈“民气可用”，足见其对日本背信之愤然，亦可从中察觉其对日本实力的了解仍然有限所致的一种态度使然。李鸿章在其《论日本派兵赴台湾》曾写道：

> 日本未经还约，请见和好如常。台湾生番一节，并未先行商办，岂得遽尔称兵，既冒然兴兵，岂可无一语知照。日本内乱甫平，其力似尚不足以图远……即欲藉生番以图台湾，若中国以全力争之，未必遂操全胜，徒自悖义失和。①

文中可见，李鸿章谈到，如若中国全力抗日，日本未必握有胜券。不难看出，李鸿章这一观点是基于当时日本军力攻打台湾尚需借助美国人的兵船来加以判断的。李鸿章曾复致总署：“此事如果属实，不独日本悖义失好，即美人帮助带兵，雇商船装载弁兵军械，均属违背万国公法，且与美约相助调处之意不符。应请美使遵照公法，撤回李让礼等，严禁商船应雇装载弁兵。日本既无文函知会，仅将电信抄送上海道。”由中可判断其是正确的，但也不难看出，李鸿章仍对日本存有希翼之念，未免失策。即类似“日本既无文函知会，仅将电信抄送上海道”，“既冒然兴兵，岂可无一语知照”诸言。特别是李鸿章曾道：“唯彼既兴师登岸，其办法亦不外喻以情理，示以兵威二语。”② 其还向总理衙门建议说，由于日本已经侵入台湾，所以中国不必“查办”杀害琉球难民的“番”民，即：

> 以查办番社而论，日兵未来之先，自应认真查办。今彼既深入，杀掠多端，番已仇日，复令仇我，何异助日为虐，转虑激成铤险。③

---

① 李鸿章：“论日本派兵赴台湾”，《李文忠公全集·译署函稿》卷2，第20页。

② 李鸿章：“复沈幼丹节帅”，《李文忠公全集·朋僚函稿》卷14，第4—5页。

③ 李鸿章：“谈台湾兵事”，《李文忠公全集·朋僚函稿》卷2，第33页。

由于日本声称台湾岛并非全归中国所有，东部所谓“蕃地”乃是“无主地”，因此李鸿章提出包括所谓“生番”住地在内的台湾全境均属中国领土，主张通过“喻以情理”和“示以兵威”这两手策略逼迫日本撤军。同时他主动调拨6500名淮军精兵乘轮船赶赴台湾以壮声势，并从天津、上海各机器局紧急派调军火枪炮增援。

总之，李鸿章认为日本不会侵台的根据主要有两点①：第一点是从国际惯例和道德准则出发，认为日本将遵守这些惯例和准则。其所认为：“惟各国兴兵之举，必先有文函知会因何起衅，或不准理诉而后兴师。日本甫经换约，请觐和好如常，台湾生番一节，并未先行商办，岂得遽尔称兵？即冒然兴兵，岂可无一语知照？”而大难来临，其仍坚持认为如果日本动武应该且会按国际惯例先发通知或声明，坚信“日本甫经换约，请觐和好如常”，故不会“冒然兴兵”。李鸿章曾以他多年丰富的政坛经历，尤其是以其深知“洋务”而著称，而在此问题上竟如此简单甚至“天真”，足见其对日本了解确实肤浅。第二点则是从“形”与“势”出发，认为退一步说，即便日本不讲信义，想出兵台湾，现在也无此实力。因为日本前参议江藤新平因为主张“征韩”被逐出政府、发动叛乱，刚被日本政府平定。据此，李鸿章认为“日本内乱甫平，其力似尚不足以图远”。再退一步说，即便日本果真出兵，也会首先发兵朝鲜：“江藤新平请伐高丽尚因不许而作乱，岂竟舍积仇弱小之高丽而先谋强梁梗化之生番？即欲藉生番以图台湾，若中国以全力争之，未必遂操全胜，徒自悖义失和。”然而，李鸿章对日本侵台局势的判断显然完全陷入错误之念。

当然，清朝亦是查知日军蠢蠢欲动，也开始对台做出防务的准备，曾建议说：

> 闽省自制兵轮船及水师船只不少，似应先派往台湾各港口盘查瞭望。如遇日本兵船入境，问其因为何事而来？如船中载有陆兵多名，应即拦阻，勿令进口上岸。俟将公事议明，再听进止。

---

① 雷颐：“从‘联为外援’到‘永久大患’——李鸿章对日观演变浅论”，《抗日战争研究》，2006年第3期。

前福建水师提督李成谋寄送台湾全图，查琅峤系南路生番后山海口，大可泊船。该处拟造炮墩并未及造，又未设有文武汛署，如该船进口，一无防备，殊为可虑。闻台地海防陆汛，无甚足恃，似宜另调得力陆军数千，即用轮船载往凤山琅峤附近一带，择要屯扎，为先发制人之计。设日本兵擅自登岸，一面理谕情遣，一面整队以待，庶隐然劲敌无隙可乘，此为第二要义。尊示已飞布福州将军、南洋大臣、闽浙总督预筹妥办。窃思南洋大臣向难遥制闽事，惟船政大臣管辖新造兵轮船，又系闽人，情形熟悉，似应由钧处知照沈幼丹中丞，会商将军、督抚密速筹办。日本既有此议，早迟必将举行，若不慎谋于始，坐待兴师，将来无论彼此胜败，恐兵连祸结，竟无已时；于沿海大局关系非浅。管见所及，未知当否。覼缕密陈，用备采择。承致陈主事函，业交沪局转寄矣。

《论日本图攻台湾》同治十三年三月二十五日①

同年的四月二日（5月17日），李鸿章在《论布置台湾》中也准备十足地表示：

论布置台湾（四月初二日）

公函钞给日本照会一件，荩筹伟略，远伐敌谋，倾佩莫名。同日钦奉密谕，派沈幼丹中丞带领轮船兵弁，以巡阅为名，预筹布置，并议及生番，如可开禁，即设法抚绥驾驭，俾为我用，藉卫地方，以免外国侵越。大哉皇言，实操长治久安之胜算，不作敷衍苟且之近图。幼丹忠清弼亮，乡望允孚。当能相机擘画，上副委任。

窃闻台湾民俗强悍可用，其彰化、艋舺、噶玛兰等处，皆雍、干以后逐渐开辟，自噶玛兰属苏澳以南至于卑南，旷土数百里，平衍膏腴，多系生番地界。山产煤矿、石脑油、樟脑、藤木、金矿、玉穴，百物殷富。各国通商以来，觊觎已久。日本相距尤近，欲为洋人先

---

① 《李文忠公选集》（志存记录），转引自李鸿章：《李鸿章全集》第六册（译署函稿），海南出版社，1979年版，第19页。

导，早迟必图侵占。若不趁此时抚绥招徕，俾为我用，后患曷可胜言？

顷据上海委员陈福勋探称：日本发兵尚在未定，前租美商纽约轮船，已于三月二十一日来沪贸易等语。已据禀咨呈冰案。又据天津美副领事毕德格云：接东洋信，纽约船先雇装兵，驻日本之美公使名平安，以违悖公法不准，是美国或无再雇船接济之举。日本正游移莫决，又得钧处备文诘问，谅不遽违约失和；而台湾海防番务，又已得人料理，内外兼筹，幸均不落后着，沿海人心稍定，即浮言亦稍息耳。沪局刘道翰清钞寄陈主事正月十六、七、九等日来函，谨即钞呈电阅，据称吴税司意存掣肘，古巴谣说甚多，未知入境后有无阻碍，殊为悬虑。①

如按照李鸿章的论议，即派福建水师船至台湾各海口守候，严拒日本兵船靠近，又掉“得力陆军数千”“择要屯扎”，日军也就难以登陆。然而，当时清军只会纸上谈兵论道，却眼睁睁看着日军在完全不设防的情况下登岸扎营，烧杀番社，不免令人慨叹。

第二节　中日台湾战事

一、清军兵发台湾：军民抗倭，日寇辞穷

日军进攻行动分为两个阶段，第一阶段是 5 月 17 日到 5 月 22 日，因为日军立足未稳，情况不明，并未摆出进攻的架势，企图装出和平善意麻痹台湾山民。但是，这期间日军因四处侦察而遭到原住民的突袭。

5 月 6 日晚，“有功”号抵达琅峤湾。翌日凌晨，先派遣华籍翻译詹汉生登崖岸，找来李仙得的旧友登船磋商。双方谈妥，福岛九成和美国军官

① 《李文忠公选集》（志存记录），转引自李鸿章：《李鸿章全集》第六册（译署函稿），海南出版社，1979 年版，第 293—294 页。

登上车城新街，经探勘，选定可以容纳 3000 人驻扎的清港浦八仙湾营地。但数天后，因大雨水侵，于 21 日改为驻扎琅峤湾南端的小海口。而前一天，海军少将赤松则良和谷干城相继率领逾千援兵抵岸。他们扎营后，找来射麻里社头人一色商谈，让各社族明白日军此行只会向牡丹社和高士佛社开战，故可安心云。①

日本来犯，台湾的地方守备也有探报飞禀。

再正缮禀间，接据枋寮巡检王懋功、千总郭占鳌飞禀：三月二十二日，有日本国火轮船一号到琅〈王乔〉社寮港口停泊。二十三日，又续到一号，人数约有八、九百名。先遣洋人二十余名至柴城一带踩看扎营地势。现闽粤各庄人民，均已联团等情。②

面对洋人（东洋人）登岸扎营，庸碌无能的官员只是做了旁观者，即：

敬禀者：窃卑职等顷据琅〈王乔〉差兵报称：本月二十二日辰刻，有日本国火轮船一只到琅〈王乔〉社寮港口停泊，船中装大英、日本、琉球三国共计四、五百名，各整器械，声称明、后日尚有轮船到来，以俟人数齐集，即欲开往牡丹社等处攻剿生番。未刻，先遣洋人二十余名上岸，至清港浦地方，相离柴城二里观看营地，欲作营盘各等情。据此，卑职等自闻之后，当即漏夜会商，即由千总郭占鳌立刻前赴该处，观该洋人如何行止，是否进剿之处，再行飞禀。一面谕饬闽粤头人各自联庄固守。③

---

① 爱德华·豪士著，陈政三译：《征台记事：牡丹事件始末》，台湾书房，2011 年版，第 109 页。爱德华·豪士（Edward H. House. 1830—1901），随军记者，跟随日本出征台湾，撰成通讯连续发表于《纽约前锋报》，1976 年将通讯辑录成书，名为“The Japanese Expedition to Formaso”，即《征台记事》。豪士早先曾经担任李仙得的秘书，其一生写过很多报道日本的通信，被日本赞誉为“日本对外发言的传声者”，在其去世的前一天，明治天皇特授予其二等勋章，以表彰其对日本的贡献。

② 王元稚：《甲戌公牍钞存》（台湾道禀总督、将军）。

③ 王元稚：《甲戌公牍钞存》（枋寮巡检王懋功、千总郭占鳌禀台湾）。

而此时，反而是台湾道夏献纶敢于提出驱逐剿办。他在向闽浙总督李鹤年的禀报中申斥日本：

> 管见日本甫经换约，并无衅端，违理妄动，自应咨请总署照会该国公使，按约责问。倘彼知错，将兵船撤回则已；如再文过饰非，强辞狡饰，则系该国无故背约，并非衅由我开，似应奏明请旨办理。若该国公使诿为不知，或系该国乱民妄行举动，我中国地方，岂能容其混行滋扰？应调集各处轮船，将其驱逐。亦复不受驱逐，惟有将其妄动之咎，照知各国，一面动兵剿办，以存国体而杜异族窥伺也。愚昧之见，未知当否？伏乞宪台察核转咨办理。幸甚！祷甚！①

可叹清廷懦弱，只做观望，没有采纳夏献纶的建议，在日军还未扎营、西乡从道的主力还未开抵之前及早驱逐，甚至可以对其攻击，结果是错失良机。

而此时，西乡从道乘坐高砂舰增援，日军已经增兵至3600人，分道出击而来，杀高山族30余人。日军在西乡从道的指挥下分为三路进攻，尽烧村落，越过四溪，深入牡丹社。战斗一直持续到6月5日，日军攻破牡丹社，山民死伤甚多，南部一带所有番社投降，剩下的山民只得逃奔丛林。日军正欲攻击，有“熟番”劝告说“不可追，有埋伏”。日军接受劝告，未追击，在龟山安营扎寨。此后，高山族山民伏于丛林，进行游击战。日军疲于奔命，无计可施，反被高山族偷袭，被打死两人，轻重伤者成百上千。日军进攻不利，后援难继，士气低落，又因水土不服，发生瘟疫，士兵大批死亡。西乡从道虽然仍不示弱，一再宣称日本政府会派大部队援助，但其内心惶恐不安，拼命向日本国内求援。

据史料记载，日军侵台前，清朝大军已经在澎湖列岛建造炮台，并向德国购置毛瑟枪3万只，向丹麦订购铁甲舰，准备应战。但对于日军一系列的具体侵略行动，开始时清政府全无所知，直到李鸿章相继得到英、德、美三国的通知，才确信日本已经侵犯台湾。

---

① 台湾银行经济研究室：《甲戌公牍钞存》，台湾银行，1959年版，第9页。

1874 年 5 月 14 日，清廷任命沈葆桢[1]为钦差办理台湾等处海防兼理各国事务大臣，授权节制福建省镇台以下各官，江苏、广东沿海各口岸准其调遣。经过紧张筹备，6 月 14 日，沈葆桢同福建布政司潘尉、台湾道夏献纶等人从马尾分乘军舰前往台湾。沈葆桢布置“杨威”“飞云”“安澜”“靖远”“振伟”“付波”等各舰常驻澎湖，“福星”舰驻扎台北，“万年清”舰驻扎厦门，“济安”舰驻扎福州，“永保”“琛航”“大雅”三艘运输舰运送军队，转载军火，“测海”号快艇则在闽沪之间递送消息。李鸿章此时还紧急调遣驻扎徐州的淮军武毅铭子军唐定奎部 13 个营 6500 人入台，运洋炮 20 门。沈、潘二人到达台湾后，一面调配兵舰修筑炮台，调拨枪械弹药，组织台湾民众抗击日军，一面调动兵力增援，先调派福建水师 5000 名洋枪队渡台，连同淮军 6500 人，使得在台清军兵力达 11500 余人，又命令福建巡抚王凯带兵 25000 人渡台。

虽然日军随后增援 2400 多名精锐力量，但是赶到台湾的清朝大军的总兵力接近日军 10 倍，最终迫使日军进退维谷陷入两难，不得不退守龟山，一方面修筑工事准备顽抗，搭建医院防治瘟疫，另一方面通过外交渠道寻求体面撤军。

二、沈葆桢公文西乡：质问日军，不容干涉

此时机为通过谈判解决事端提供了良好的条件，沈葆桢遂派人与日军谈判。沈葆桢首派潘尉与台湾道夏献纶、洋人日意格和斯恭塞格一行四人，首先向西乡从道对日军侵略台湾提出质问，并递交了由其自主撰稿的公文，内称：

> 台湾高山族人杀害琉球人一事，纯属中国内政，不容他国干涉；日本侵台不得人心，受到中外舆论一致谴责；中国有能力，有决心维护领土和主权完整。

① 林则徐的女婿。

清政府谈判代表与日本反复辩论，逐条穷诘，直至日军理屈词穷，无言以对。

由此，日本明治政府为之愕然，遂开始担心清朝会反击日本。但又侥幸清朝并未真正加以干预。明治政府也曾设想，万一遭到清廷强烈干预的话，则会以牺牲西乡从道及部队为替代，却没想到清朝的干预程度远远超出了歼灭侵台部队的程度。

明治政府即刻向诸道征兵，购买兵舰，以准备应对清朝的反攻。与此同时，到处散播谣言要与清朝决战，给清政府制造战争压力，以图谈判主动。

三、柳原前光策谋：断绝两属，切断中琉

闽浙总督李鹤年（日方称福建总督）得悉日军侵台，上奏朝廷，清政府为之震惊之余，即刻调兵台湾抵御。同时照会日本，声明“生番之地”乃系中国版图，指责日本出兵台湾乃为违背中日条约。

而此时的日本政府虽已知悉前述闽浙总督李鹤年 5 月 11 日对西乡的复照，以及潘蔚 7 月 1 日致柳原的信件内容，不仅没有产生就此罢兵之念，反而动了出师之议。同日，日本政府还向陆海军两省下达备战训令，并于 16 日派遣外务省四等出仕田边太一来华，向柳原传达政府的上述决议，以及对华谈判要领、须知。其谈判要领如下：

> 台番凶暴残虐，绝无人理，不独我民罹致其毒，万国同为所见，天人俱怒也。清国既已共接其壤，何以久而傍观不问耶？岂非恐其强悍，而肆其恣乎？尤有甚者，竟至托言不易俗之古语。是乃我皇帝陛下遂派都督亲临其地，而问其罪之所以也。也即，以保我民为义务，为匹夫匹妇而报其仇，进而为东洋航海者，长远除去此害，以惠万国人民。故而不厌费财，竟从其事。今已剿抚得所，全番悉向我化。该地清国既视之化外而不理，则不得言其所属无疑。而今占领此地，教化此人之权，果当属谁耶？我日本政府不得不任之也。也即，建官、置兵、布政、设刑，皆乃不得已之义务。是决乃利其地而非贪其人

也。再者，立使番民不再恣其猖狂之法，乃日本政府之志。故而，清国政府为固其疆场，因我在此地而有危惧不安之情。若举其地而予之，固不足惜，但唯是尔后如何处置？即如潘蔚照会中所云，设营、派遣兵船，以望楼灯塔等戒备不虞，充实便利通航之备，乃是以期代我日本政府之义务。又，时至今日，清国政府在其接壤之地，依然怠于教化其人，因而我日本政府不得不行剿抚怀柔。我日本政府所糜资材，所耗人命，也当由清国政府支付相当补偿。①

此外，日本政府在给柳原的谈判须知中，还对一些具体问题做了明确规定，其主要内容有：

第一，与清国委员谈判番地处分，概当准照别纸要领（即如前述），不得丝毫屈挠，且应致力议决，无故不得拖延立约盖章。第二，谈判之要领，在于获得偿金及让与攻取之地，但不可始有欲求偿金之色，是欲无取议论把柄于我。第三，谈判逐渐涉及偿金数额时，虽在要求所费之外，但不能由我提出，宜将彼之所云报告政府，以伺机决定若干。第四，谈判若达到要领之所欲，当从速立约。第五，前文条约成立，当公然通知政府，政府乃命都督撤退台地之兵……但不可预定兵员退了期限，当伺政府旨意。第六，当以此次机会，断绝琉球两属之渊源，开启朝鲜自新之门户。此乃朝廷之微衷，当职者之秘计。第七，据命达意，虽因谈判而失两国和好，除尽力注意外，责任不归公使，政府自当其责，可相机处理，无需顾虑。②

这七点须知，进一步证实了日本借故侵台的种种蓄谋，不仅企图借机切断中琉关系，以达到占有琉球的目的，而且还要打开朝鲜门户，向大陆扩张，并对中国索取偿金乃至占有台湾。

柳原前光在未得到前方消息之前，可谓态度骄横跋扈，一开始就以日

① 岩倉公旧跡保存会：『岩倉公実記』下巻，1906 年発行，1927 年再版，第 179—180 頁。
② 同上书，第 180—182 页。

本政府的全权大臣是在台湾的西乡从道为由拒绝与清政府交涉，除了不断重复所谓侵台“原由”外，还指责潘蔚“胸中含蓄战心，斗胆包藏骄气，故而显形于外”，并声称“世界舆论认为，新发现的土地可以用实力占有，并进行统治”。他认定：“事理形势迫至于斯，不以兵权壅制于彼，何以破彼之骄气，又焉能确立帝国所以为帝国之体耶。”① 这说明，此时的日本政府正准备与清朝进行一场战争。

与此同时，沈葆桢再派福建藩司潘尉、台湾道夏献纶，要求西乡从道早做决断。但双方反复辩论，僵持六天仍相持不下。7 月 20 日，中日双方从早上到晚上一直争论，毫无结果，潘尉按捺不住欲要拂袖起身回府，西乡从道忙说：“我国暴师海外，糜财劳师，为贵国开荒灭蛮，费用耗损，岂可胜计?”最终议定三则：一是中国赔偿军费；二是中国严格管束高山族，不使日本漂流民众受到伤害；三是立约后日军全部退出台湾。潘、夏将日方这一条件带回朝廷汇报。

1874 年 7 月 30 日，柳原进京开设日本驻华公使馆，尔后始与总署交涉。8 月 7 日，柳原照会总署恭亲王，称：

> “上年我副岛大臣在京议论觐见事宜，初因礼节不合通例，克欲束装谢辞回国，特派本大臣至贵衙门，代陈台湾生番之事，是与副岛大臣亲口相告原无差别。是时，本大臣云：我国属民既受生番枉害，必须派差查办，以尽政府义务。此举意在除凶安良。唯是番地不奉贵国政教，划地自居。鉴于我国此行恐触贵国嫌疑，故特相告而去。”“我国以为，伐一野番，本不欲告诸他人之国，然我副岛大臣笃念两国和谊，乃尔相告。至带兵与不带，唯我所欲，且贵王大臣当时并无细论，又无异议，于我何所再言？况且特为防范嫌疑而相告，本无请允查办之意，又何烦文书往来？……有如来文所称：贵大臣此次来华，如谓修好，则现在用兵焚掠中国土地，又将何说等。本大臣查，贵国从前弃番地于化外，是属无主野番，故而戕害我琉球民五十余名，强夺备中难民衣物，惘〔罔〕不知罪。为一国者，杀人偿命，捉

① 『大久保利通文書』卷 6，日本史籍協会，1928 年版，第 30—35 頁。

贼见赃……何乃置之度外，从未惩治，是无政纪又无法典焉……故而，我国视为野番，振旅而伐之也。”①

从上述可看到，柳原的照会仍可谓振振有词，实则毫无自省之心，反倒有强人之意。8 月 15 日，柳原与中国大臣会晤后，再次向总署递交照会，其称：

“本大臣前次所称既无政教，又无法典一语，正指生番而言。总之，以我堂堂独立之国，伐一无主野蛮，何用邻国允许？唯以其地连结，恐生嫌疑，故特相告而已。其地果真属于贵国，何不当时闻告、立即坚行辞却？迨我国命将惩办，将次慑服，纷纷异议、言其不可，抑已无及。”“本国政府既视台湾生番为野蛮无主之地，现已奉诏惩办，今日贵国虽引经据典加以拒绝，我军也决不废止此事。俯冀贵国政府因此定欲如何，即为裁示。”②

8 月 20 日，柳原又照会恭亲王等，督促清政府尽快做出“定欲如何”的答复，并限定三日“即给明确决定之回文，如过三日不见裁复”，则“断为贵国朝廷并无异议”③。8 月 22 日，恭亲王等答复：

“现在下场办法，自应还问贵国，缘兵事之端，非中国发之，而由贵国发之也。若欲中国决定裁复，则曰台湾生番确为中国地方，若问后局方法，则曰唯有贵国退兵后，由中国妥为查办，查办既妥，各国皆有利益。况中国既不深求，而贵国所云恤民之心已白，并不徒劳，足可下场。至来函……期以三日即给明确决定之回文，如过三日不见裁复，即断为贵国朝廷并无异议等语……揆之情理，岂可谓平乎？仍请贵大臣酌之。”④

---

① 東亜同文会編：『日本外交文書』第 7 巻，第 109 号文書。

② 同上书，第 119 号文书。

③ 同上书，第 123 号文书。

④ 同上书，第 125 号文书。

恭亲王等人的上述答复，可谓据理力争。此后，8 月 24 日，柳原在复文中依然言称，“兹特所以明告者：我国既已依仗自主之权，伐一无主野蛮，奚容他国物议？”① 可见，在中日有关日军侵台事件的交涉中，日本政府自始便是恣意诡辩，旨在压迫。

柳原前光和西乡从道谈判双双不利，日本政府内部出现较大分歧，力主“征台”的大久保利通等人被推向风口浪尖一下成为被攻击的对象，无计可施的日本政府只好派大久保利通亲自前往中国收拾残局。1874 年 8 月 1 日，日本政府任命要员内务大臣大久保利通为全权办理大臣。8 月 5 日，向其发布任命敕语、委任状及委任权限。其中明确规定：

> 一、对全权公使柳原前光之密敕及田边太一所传递之件，乃是纲领不动之要旨，但据实际不得已之情况，有相机取舍谈判之权（另件记载为议决之权——本文注）。
>
> 二、谈判虽以保全两国亲近为主，但不得已时，有决定和战之权。
>
> 三、根据时机事宜，有指挥在华官员人等进退之权。
>
> 四、事实不得已时，虽是武官也有指挥其进退之权。
>
> 五、李仙得虽有委任，但相机也有使之进退之权。②

这说明，日本政府派遣实力人物大久保利通来华，实际是赋之以更大的权限来推行既定的对华政策。

三、大久保利通谏：借英威压，北京立约

而在台湾遭受日军入侵之际，清政府内部也掀起了一场波澜。同治皇帝自 1873 年亲政，垂帘 12 年的两宫太后撤帘归政。1874 年 8 月，皇帝发

---

① 東亜同文会編：『日本外交文書』第 7 巻，第 127 号文書。

② 金井之恭：『明治文化全集』第 11 巻・外交篇，日本評論新社，1956 年版，第 82 頁。

布上谕，宣布修园开工。而此时，由于太平天国和捻军的战事平息不久，西北回民起义和新疆阿古伯叛乱尚未平复，日本在台湾又挑起战事，朝廷收入十分拮据。特别是复修圆明园需耗巨大费用，遭到了以恭亲王、惇亲王、醇亲王等众大臣的联名反对，使得刚愎自用的同治皇帝革去了恭亲王的一切差事，后因福建奏报台湾军务，乃复恭亲王军机大臣职务。9 月 10 日，同治又欲以"朋比为奸，图谋不轨"的罪名革去十重臣的职务，几近引发清朝前所未闻的动摇。同日，日本全权大臣大久保利通到达京城，与总理衙门谈判解决台湾问题，迫于谈判所需，不得不再请恭亲王主理中日交涉。恭亲王深知慈禧太后"万寿庆典"在即，不易大动干戈，自然也会急于罢兵息战，以报太后的器重之恩。加之总署诸大臣求功心切，图谋私利，导致清政府竟然无视前方的有利形势和爱国将领的苦谏。

大久保利通对清朝的局势十分明朗。其认为，一是日本想占据台湾已不可能，不撤兵就只能是被歼灭。反之，退而求其次，通过强调"征台"的所谓正当性，则可为日后日本吞并琉球埋下伏笔。其不但能够以退为进，又能够为日本保住面子。二是中国兴师动众、大兵压境之下，现日本朝野只呈现求"和"之势，并不真为干戈，在稳定大局的情况下，增兵备战，反可为日本争取权利。三是清朝总理衙门的谈判官员，多急于"议和成功"，以图邀功请赏，必经不起时日拖延，时间一长，即便日方要求甚高，亦会被中方接受。故此，大久保利通是想借助不惜开战之强硬态度，利用清朝只想"求和"这一弱点，迫使清朝早日妥协，以确保日本的所谓"国家利益"。

大久保利通 9 月 10 日抵达北京，与中方先后进行了七次交涉。从 9 月 14 日开始至 10 月 23 日结束，总共历时有一个月之久。在第一次交涉中，大久保利通便采取反客为主、先发制人的策略，不再妄谈日本出兵侵台的"理由"，而是率先提问"贵国政府实地于生番有几许处分"，从而把谈判的话题完全转向中国内政；而总署大臣文祥答称"若问实地处分，一时难以俱悉"[①]，又恰好被大久保利通的谈判策略所左右。自此，中日关于台事

① 金井之恭：「使清弁理始末」，『明治文化全集』第 11 卷・外交篇，日本評論新社，1956 年版，第 85 頁。

条约的交涉，一开始便使得日本居于主动，造成了清政府始终处于被动之下。大久保利通在首次交涉中便提出如下问题：

> 一、“贵国既以生番之地谓为版图之内，何以迄今未曾开化番民?”（夫谓一国版图之地，不得不由其主设官化导，不识贵国于生番果真实施几许政教乎?）
>
> 二、“万国已开交友，人人互相往来，即于各国，无不保护航海者安宁。何况贵国素以仁义道德闻于全球，怜悯援救外国漂民，固所深求，而见生番屡害漂民，置之度外，不曾惩办，乃是不悯他国之民，唯养生番残暴之心，有是理乎?”①

然而，在大久保利通有备而来的情况下，总署未能探寻日本政府的动机和目的，以致陷于被动。之后，大久保利通在第三次、第四次交涉中，一面把交涉难以进展的责任推卸给中国，一面又想达到本国的目的。

这期间，大久保利通于10月14日分别拜访英、法驻华公使，以期英、法公使出面，迫使中国总署就范。大久保利通向两国公使言称：

> 此次日本出兵花费莫大经费，非有可使我国政府满足之处，非有对人民可以辩解之理，尚难退兵”，以及所谓“此举原为我国之义举……若能保全我国此种名誉，则可退兵”。②

也正是在这种情况下，英国公使威妥玛开始介入中日台事交涉。10月16日总署答复大久保利通的第三次交涉，文祥致书大久保利通，内称：

> “贵大臣果真欲求两便办法，彼此自可详细熟商，或由贵大臣函

---

① 金井之恭：「使清弁理始末」，『明治文化全集』第11卷·外交篇，日本評論新社，1956年版，第87頁。

② 同上书，第116页。

定一日，本衙门大臣等，尚可赴贵馆面谈，如果定议，则从前往返辩论之词，彼此挚回，免存痕迹，亦无不可。不然，亦望即行告知，并不勉强。”当日，大久保复函：“贵衙门如果另有两便办法，本大臣岂不乐闻？即择17、18两日内，于一点钟祇候惠临聆教。”①

中日双方又于18日进行了第五次交涉。据载，当时双方都想首先听取对方的“两便办法”，临近会晤结束时，大久保利通提出赔偿问题，而总署大臣认为不经查办，难以详答。10月20日，双方在总理衙门举行第六次交涉。据日方记载，席间，总署大臣出示四条方案：

（一）贵国从前兵到台湾番境，既系认为台番为无主野蛮，并非明知是中国地方而加兵。不知是中国地方而加兵，与明知是中国地方而加兵不同。此一节可不算日本之不是。

（二）今既说明地属中国，将来贵国退兵之后，中国断然不再提起从前加兵之事。贵国亦不可谓此系情让中国之事。

（三）此事由台番伤害漂民而起，贵国退兵之后，中国仍为查办。

（四）贵国从前被害之人，将来查明，中国大皇帝恩典酌量抚恤。②

这固然是为了解决台事纠纷，但对日态度过分迁就，以致次日大久保派遣郑永宁到总理衙门，开口便索要300万洋元。③

军机大臣文祥、巡视台湾大臣沈葆桢对日本的这一无理要求坚决反对。于是，沈葆桢上奏朝廷：

倭备虽增，倭情渐怯，彼非不知难退，而谣言四布，冀我受其恫

---

① 金井之恭：「使清弁理始末」，『明治文化全集』第11卷·外交篇，日本評論新社，1956年版，第117頁。

② 同上书，第129页。

③ 同上书，第129—130页。中文资料记载200万。

吓，迁就求和。但我厚集兵力，使其无隙可乘，自必贴耳而去。而沈葆桢亦书信李鸿章建言：大久保之举，其中情窘可想。今欲速之意在彼，不在我。我既以逸待劳，以主待客，自会不战而胜。

23 日，双方举行第七次交涉。总署大臣答应设法“抚恤”，但不同意支付兵费赔偿。大久保利通言称，“如此实出意外”，并称有关“办法之议，当只限于今日。我为番地处分贯彻始终，将益加扩充当初之目的，特此预先禀告”①。至此，双方交涉几近决裂，而大久保利通的态度反而愈加强硬。究其原因，显与英国威妥玛公使有关。

10 月 24 日，大久保利通前往英国公使馆，名为告别，实为向威妥玛讲述对华交涉情况。大久保利通对威妥玛称：

日本对华“请求”（即要求赔偿）之宗旨，“在于此举我国也耗费莫大费用，而且惩戒番人、修建道路、构筑营地等事颇多，中国领有，即皆为彼之利益……彼等在 18 日会晤时，虽不说此种请求为不是，但云非经查办，不能应之。而随后之交涉，则首先希望撤兵，又以关系中国脸面为由，可称皇帝恩典，实出本大臣意外，且关系我国内人心，故而（本大臣）云：专重和好，敝人以一已之独断而任其责，若能给予可资证明彼等所望之书面文字，并非不予撤兵，但终究未能结局，终使昨日之商议，成为以前对话之结束。拒绝赠给作为证明将来之紧要文字，则敝人复命无道……”②

这显然是暗示英国公使给予帮助，以求转圜交涉僵局。据恭亲王等人10 月 31 日的奏折记载：

英国使臣威妥玛，尤于此事始终关说，意欲居间。臣等亦曾将与日本往来文信通行抄录，照会各国使臣，与之委迤虚与，在若即若离

---

① 金井之恭：「使清弁理始末」，『明治文化全集』第 11 卷 · 外交篇，日本評論新社，1956 年版，第 13 頁。

② 同上书，第 135 页。

之间。既使各使臣欲为调停，亦系彼国所求，而非出自中国之意。十六、十七等日（即10月25、26日），日本两使臣已悻悻然作登车之计。威妥玛来衙门，初示关切，续为恫喝之词，并谓日本所欲二百万两，数并不多，非此不能了局。臣等一以镇静处之，直至威妥玛辞去时，坚欲问中国允给之数，臣等权衡利害轻重，揣其情势迫切，若不稍予转机，不独日本挺而走险，事在意中，在我武备未有把握，随在堪虞，且令威妥玛无颜而去，转足坚彼之援，益我之敌。遂告以中国既允抚恤，只能实办抚恤，即使加优，数不能逾十万两。该国于此事轻举妄动，现时无以回国，自亦实在苦情。中国不乘人之急，再允将该国在番社所有修道建房等件，留为中国之用，给银四十万两，总共不得逾五十万两之数，愿否听之。威妥玛旋至该使臣寓所，议论许久，复称抚恤等费数目，日本使臣业经应允。嗣经议立结案办法三条。另立付银凭单一纸。该使臣欲付银后退兵，臣等则谓必须退兵后付银。往返相持，又经威妥玛居间，始得议就凭单，言明先付抚恤银十万两，其余修道建房等件四十万两，定于十一月十二日，即日本国12月20日，日本兵全数退回，中国银两全数付给，并声明该国之兵如不全退，中国银两亦不全给，奏明后彼此划押，各执一纸，于本月二十一日（10月30日）定议。①

上述内容，与日方保存的10月25日威妥玛与大久保利通的谈话记录完全吻合。据载，威妥玛言称：

“本日前往总理衙门，长谈之后，衙门诸大臣嘱我一事可向阁下陈述，但并非衙门大臣来我处托请。根据昨日阁下所说，向中国政府要求数额为300万元，其名义可据中国之要求，答应让诸彼意，且不妨稍许减少数额，但希望（中国）于证书之上记载一定银额。而中国政府予以拒绝。故而，逼问何故不出答应日本政府希望之证书？衙门大臣答曰：贵公使何以只助日本之论，而不助我？……渐经熟谈之

① 《同治朝筹办夷务始末》卷九八，第11—16页。

后，中国政府允给难民10万两，此外40万两，作为日本诸项杂费，证书亦允给予，但10万两立即偿与，40万两退兵后偿与。嘱我将此事向阁下陈述，如此这般，尊意如何？"①

由此可见，威妥玛对这场中日交涉的结果的确起了重要作用。从上述记载亦可知，威妥玛的居间调停是大久保利通借助威妥玛的势力压迫中国所致。正如大久保利通在日记中所记载：

> 此次奉命，实为不易之重大事件，谈判不能终结而至斯归朝，则使命未了自不待论，而最为可忧者，是为国内人心……如收束无术，终将立至不得不开启战端之期。胜败之上，固然无所畏惧。但是在名义上，由我宣战之名义，并不充分……且终将蒙受外国诽谤，受到意外妨害，以至不免最终招致损我独立权之祸。②

这说明此时大久保利通的内心也十分复杂，只是总署大臣未能察觉，也未加认真分析而已。然而，恭亲王等却只知威妥玛"从中说合"，而不知其幕后与大久保利通相互串通。

10月26日，大久保利通通过威妥玛转给总署的议决方案，是于10月25日晚8时，其再次前往英国使馆时与威妥玛共同议定的。其中，含有所谓"日本国此次所办义举，中国不指以为不是"。据日方记载，这句话首先是由威妥玛拟定的。当时，威妥玛将之写成英文，经过日方太田资政的译读，大久保利通表示认可。随后，双方又共同确定了议决方案的大略，并将之译成中文。③

10月27日，总署致书大久保利通，内称：

---

① 金井之恭：「使清弁理始末」，『明治文化全集』第11卷·外交篇，日本評論新社，1956年版，第139頁。

② 『大久保利通文書』卷6，日本史籍協会，1928年版，第146—147頁。

③ 金井之恭：『明治文化全集』第11卷·外交篇，日本評論新社，1956年版，第140—141頁。东亚同文会编，胡锡年译：《对华回忆录》中译本，商务印书馆，1959年版，第64—65页。

台湾一节，系本月十六、十七、十八等日，英国威大臣与贵大臣先后商议，各层代为述明，本王大臣等自无不能办理之处。为此，今将三面议明各条底稿照录，函送备查，并希贵大臣示复……。

其中所谓“三面议明”，即总署、日本全权代表和英国公使的各条内容是：

一、日本国此次所办，原为保民义举起见，中国不指以为不是；

二、前次所有遇害难民之家，中国定给抚恤银两，日本所有在该处修道建房等件，中国愿留自用，先行议定筹补银两，别有议办之据；

三、所有此事两国一切往来公文，彼此撤回注销，永为罢论。至于该处生番，中国自宜设法妥为约束，以期永保航客不能再受凶害。

这三条底稿，也即1874年10月31日，经由总署大臣与大久保利通、柳原前光签字画押的台事专条的原始文本。而所谓的“保民义举”和“中国不指以为不是”的始作俑者，则是英国公使威妥玛。除了上述三条专约之外，中日双方还签字画押了“会议凭单”。其内容是：

台番一事，现在业经英国威大臣同两国议明，并本日互立办法文据。日本国从前被害难民之家，中国先准给抚恤银十万两。又日本退兵，在台湾所有修道建房等件，中国愿留自用，准给费银四十万两，亦经议定，准于日本国明治七年十二月二十日，日本国全行退兵；中国同治十三年十一月十二日，中国全数付给，不得愆期。日本国兵未经全数退尽之时，中国银两亦不全数付给。立此为据，彼此各执一纸存照。①

① 金井之恭：「使清弁理始末」，『明治文化全集』第11卷·外交篇，日本評論新社，1956年版，第146頁。

至1874年10月20日双方盖印换约，日军从台湾撤回。该条约虽然强调了台湾为中国领土，却将日本的入侵称为“保民义举”。由此，可清楚地看出，大久保利通来华后采取了三个策略：其一，虽为表示愿意和谈，实则是为了稳定清军，以使侵台日军得以喘息而免遭歼灭；其二，虽是增兵台湾，实则是为了摆出不惜大战之势，以增加谈判的筹码；其三，以拖待变，两个多月拖而不谈撤军，不厌其烦与清政府争辩台湾之番地，实则是以激起清朝谈判官员迫切要解决台湾问题之目的，而为达此目的不惜暗中请英国公使威妥玛介入调停。

1874年11月7日，大久保利通抵达上海，从上海税关先行攫取10万银两。尔后，前往台湾琅峤港向西乡通报交涉结果。11月27日，大久保利通回到东京，受到日本政府的隆重迎接。天皇敕语称：“其功可谓大矣。”①

日本政府从借故出兵入侵台湾，至大久保利通来华交涉，借助强援逼迫清政府立约，说到底，乃是强权与军事并用，效尤西方列强，为之后占有琉球制造借口，并强行蹂躏中国主权。

“牡丹社事件”本来是中国与藩属国琉球之间的内部事务，可野心勃勃的日本却感到其中大有文章可做。鹿儿岛县参事大山纲良上表日本政府，要求率军出征台湾生番之地，为遇难的琉球人报仇。1874年日本蛮悍地派兵侵入台南，引起中日之间严重交涉。此时，一向在外交上采取息事宁人态度的清政府，为了早点了结此事，竟然与日本签署了《北京专条》。在《北京专条》里，清政府竟承认日本此次为“保民义举”，“中国不以为不是”，并且赔给日本50万两白银，让他们赶紧撤兵。其实若论军事实力，当时日本还不是中国的对手，可清政府花钱买个清静的昏聩想法，却让外强中干的日本头一次挑衅就尝到了甜头。在《六十年来中国与日本》一书中，王芸生先生称此次事件乃是“近代史上日本侵略中国的开端”。更加被动的是，《北京专条》间接承认了琉球“两属”的性质，为此后琉球归属问题的交涉留下了隐患。

《北京专条》的签订可谓是清国之辱。李鸿章在给其兄李瀚章的书信

---

① 岩倉公旧跡保存会：『岩倉公実記』下卷，1906年発行，1927年再版，第210頁。

中可谓痛心疾首。在李鸿章看来，日本出兵，理屈无名，不堪一击，清政府却无与之决战的信心，不教训日本也就罢了，还要倒贴50万，荒唐可笑至极。

> 甘允日本“保民义举”，不指以为不是，犹要出五十万，犹以为了结便易，庸懦之甚，足见中国无人，能毋浩叹！

台湾问题后，李鸿章仍在复奏，明确地提出“日本诚为中国永久大患”，并决计“翻改前约”，其内称：

> 泰西虽强，尚在七万里之外，日本则近在户闼，伺我虚实，诚为中国永久大患。今虽勉强就范，而其深心积虑，觊觎我物产人民之丰盛，冀幸我兵船利器之未齐，将来稍予间隙，恐仍狡焉思逞。①

---

① 李鸿章：“筹办铁甲兼请遣使片”，1874 年。

第四章
格兰忒访晤下的琉球斡旋

第一节　处分阻贡与求援

一、大久保琉球处分：颁布训令，强绝清贡

《北京条约》签订后不久，琉球仍按例两年一贡，于清同治十三年（1874年）十月三十日派出由耳官毛精长、正议大夫蔡呈诈、朝京都通事蔡德昌等组成的贡使团，登乘魏兴宗为船长的贡船①，共计118人航往福州。如照日本的说法，自萨摩侵琉后，琉球便进入了所谓“两属时代”，接受萨摩藩的控制，贡船开赴中国须要经过萨摩藩的允许。但此次贡船，虽然琉球王已经被贬为“藩”，且刚刚签订《北京条约》，琉球仍可轻易派遣贡使出使，则两属时代藩属的实际管制程度究竟有多大，令人怀疑。然而此次派遣的贡船，琉球人万万没有想到是最后一次。也就是说，自明朝洪武五年起遣使向中国的贡船，500年来虔奉正朔、最称恭顺的琉球，竟被横遭禁绝，与天朝了断前缘。而横手阻绝者则为日本。

大久保利通通过驻清临时代办郑永宁知道了琉球派遣贡船到中国一事。此时，同治皇帝驾崩，转年，也就是1875年初，光绪皇帝继位，大久保利通深恐琉球再派出庆贺使，又使出“宣召上京”之策。于是，大久保利通自北京谈判回国后，便于12月15日向三条太政大臣递交了《琉球处

① 赤岭诚纪：『大海和新時代の琉球』（進貢船一覧表），沖縄タイム社出版，1988年版，第45—46頁。

分》的意见，其认为：

> 前年（1872 年）贬琉王为藩王后，仍未令其“脱离清国的管辖，琉球究属何国？依然暧昧模糊”，但出兵台湾之后，形势大改，因为清国也承认征台是“保民义举”，琉球“已有几分属于我国版图的征兆，只是尚未判然成局”，所以要马上向琉球说明，“国家为保护琉球人而甘冒危险、耗费资产出兵台湾”，是以“尚泰藩王应上京拜谢”；“藩王不来，也得排琉官来京，恭听征台始末和与清国谈判之曲折、以及方今之形势，名分条理。”当琉球官员上京，“即传达断绝与清国关系的命令，并调派镇台支营到那霸港”，继而渐次推行改革。①

1875 年 3 月 17 日，曾陪同大久保利通赴北京谈判的法国顾问鲍生奈德，也就琉球问题提出建议，主要为：外交上收紧琉球与清朝的关系；内治上用宽优的政策对待琉球的风俗习惯。而就在琉球使团即将抵达东京之际，3 月 10 日，大久保利通再呈上《琉球藩改革处分预定案》，继前案做了五点补充，其中包括改奉明治年号、改革刑法、藩治职制的适当调整等。②

1874 年 12 月 28 日，内务卿大久保利通传令琉球选派三司官中之一从速上京。尚泰王与三司商议后，决定派三司官池城亲方，率领精通日语的与那亲方和锁之侧幸地亲云上（向德宏），带领随役八人，于翌年 1875 年（即清光绪元年、日本明治八年）二月二十五日，由那霸港登船而上。因日本没有透露传召北上的缘故，致使琉球全国大为惊恐，尚泰王乃令全国各寺庙祈福，求神保佑。③

1875 年 3 月 31 日，池城亲方一行拜会日本内务省，接待的内务大臣松田道之即通报了大久内务卿的处分案。琉球使团闻悉，大为震怒，力争继续保持与清国的宗藩体系，乞免派兵驻扎，总之，琉球僻处外洋，恳请

---

① 那霸市総務部市史編集室編：『那霸市史』通史稿第 2 卷，那霸市役所，1974 年版，第 91 頁。转引自伊藤博文：『秘書類纂琉球处分』。

② 同上书，第 96 页。

③ 同上书，第 94 页。

万事一切如前。池城等人一再求肯，并告以事关重大，必须奏报尚泰王，才可回答。大久保利通得知其态度后，即刻做出指示：这是日本政府的既定方针，接受与否都要执行，绝不动摇。为了更好地执行“琉球处分”，委派松田道之南下琉球，宣示朝廷的既定方针。①

1875年6月8日，松田大丞和伊地知贞馨等和琉球使团池城、与那一行，同乘“大有丸”汽船由东京南下琉球。②

松田等甫抵那霸港，首先采取了一些怀柔措施。如免去琉球国的债务，转发清朝对“牡丹社事件”受害人遗属的抚恤金。松田大丞等乘坐的汽船“有功号”，被说成是因琉球的航船常遇海难而特别赠赐的等等。

7月14日，松田大丞和伊地知进入首里城南殿，宣读三条太政大臣的训令。日本原意是要尚泰王亲临听宣的，但由于尚泰王已从池城亲方处获悉东京要执行《琉球处分》，将要割断与清国的封贡关系，不禁大为震颤而病倒，只好派王弟今归仁王子为代表，与摄政三司官和按司、亲王等官吏数十人，齐集殿中，听取太政大臣的训令。③ 松田大丞将其撰成《公文书》提交琉球，内容共有九项：

> 1. 禁止再向清国朝贡、朝贺；2. 禁止再受清国册封；3. 改奉日本正朔，遵循明治年号；4. 改行日本刑法，派遣有关人员两至三名到东京研习；5. 改革琉球管制，使与明治维新管制无异，并确立琉球藩王为天皇的藩臣，琉球人亦为日本国民；6. 选派约十名少壮学员赴东京学习；7. 关闭福州琉球馆，与清国的商业往来和人民的居留，悉归日本厦门领事馆管辖；8. 琉球王须迅速上京为朝廷出兵台湾保民、取得清国抚恤金之事谢恩；9. 日本派遣镇台分管营驻琉球要地，琉球兵备乃日本国防之一部分。

琉球今归仁王子和一众官员闻听“处分令”后，大为惊愕而慌作一团

---

① 那霸市総務部市史編集室編：『那霸市史』通史稿第2卷，那霸市役所，1974年版，第94—95頁。转引自伊藤博文：『秘書類纂琉球处分』。

② 喜舎場朝賢：『琉球見聞録』，東汀遺書著刊行会，1952年版，第12頁。

③ 同上书，第13页。

不知所措。经议论后，齐表不服。松田表示理解，容其数日后答复。

面对国家巨变，琉球官员忧心如焚，由早至晚议论不止，接连三日，最终坚持要继续保持与清朝的封贡关系。他们认为：

> 改行日本刑法，派遣有关人员上京研习，派少壮学员往东京学习学习二项无异议，可以依从，就连设置镇台分营也可以接受。至于琉球王上京谢恩，亦可依行，只是尚泰王卧病，请由王子代表旨京。①

这期间，琉球曾委任王舅东风平亲方为庆贺光绪皇帝登基之使，一切皆已准备就绪，正待起航之际，却被松田大丞阻止，下令禁止所有与清国交通上的往来。②

从来恭顺的琉球王国，自此全无了接贡船的船帆及从不缺席的庆贺使的踪影，福建布政司觉得蹊跷，想必事出有因，于是发咨文与琉球王尚泰，交年前入贡的琉球使三人，并安排搭乘遭遇风难漂至闽的琉球船回国。琉球王正为日本阻贡之事而焦虑之时，忽然接到福建布政的咨文，颇为安慰。为了突破封锁，经由东京的池城亲方（毛有斐）和在琉的普添朝昭的推荐，尚泰王派幸地亲方（向德宏③）为陈情使，秘密前往福州告状。

二、琉球密使至闽：告日阻贡，清朝救援

光绪二年（1876 年）十月，紫金幸地亲方（向德宏），偕同都通事

---

① 那霸市総務部市史編集室編：『那霸市史』通史稿第 2 巻，那霸市役所，1974 年版，第 20、22 頁。

② 同上书，第 86 页。

③ 向德宏（琉球语：向德宏；日语：ショートゥクコー），1843—1891 年和名幸地亲方朝常（琉球语：幸地親方朝常；日语：コーチウェーカタチョージョー），琉球国第二尚氏王朝末期王族、亲清派政治家。向德宏的夫人是尚育王第四女兼城翁主，因此向德宏也是尚泰王的姐夫。向德宏原担任琉球国的表十五人众之一的物奉行一职。向德宏宣称“生不愿为日国属人，死不愿为日国属鬼”。在他逝世后，其第三子松金与其部分亲族，携其灵位亡命夏威夷。其灵位至今依然供奉在茂伊岛的一座临济宗寺院内，根据那里的记载可以得知，向德宏于光绪十七辛卯年（1891 年）四月十七日在福州逝世。

依计亲云上蔡大鼎，通事林世功①等，携带尚泰王的“密咨”，登船出海。为避日本耳目，佯装前往伊平屋岛请愿，出洋后，即刻转帆直奔福州。陈情使团在海上颠簸了四个多月终于于 1877 年 4 月抵达福州。向德宏救国心切，立即拜谒总督何璟、巡抚丁日昌，亲手将“密咨”上呈。咨文首先覆述布政司的询问，然后表示感谢，最后讲述日本阻贡。其内称：

> 本爵意谓：敝国世列天朝屏藩，历修贡职，代收王爵，叠蒙鸿恩，有加无已，经历数百年之久。乃听倭令（欲听得日本有令），今敢自臣身首先绝贡，上而孤恩负义，不协臣子之道；下而悖志坠业，以遣先人之羞，有何面目以立于天地之间哉！随令官吏细加商议，备有请辞，不肯听从。业于客岁八月十二日遣法司官毛有斐；本年三月十九日遣紫金官向邦栋，先后前赴倭国，再三请辞，不得听从。本年六月初六日，又日本不晓所留琉使（没有告知在东京的琉球使），直传文书于敝国。内云：杜绝进贡一款，系日本国体、国

① 林世功（琉球语：林世功；日语：リンシコー）：1841 年 2 月 3 日—1880 年 11 月 20 日，字子叙，号春傍。和名：名城里之子亲云上春傍（琉球语：名城里之子亲云上春傍；日语：ナーグシクサトゥヌシペーチンスンポー）。琉球第二尚氏王朝末期士族、亲清派政治家。琉球国士族，久米村人。林世功出生在琉球久米村的林氏新垣家，为闽人三十六姓林胤芾八世孙。林世功也是若秀才林奕保与郑氏思鹤的次子。1865 年，23 岁的林世功因精通诗文而被选为官生（官费留学生），人称“官生新垣”（琉球语叫：官生新垣；日本语称：クァンソーアラカチ）。1868 年 10 月，与毛启祥、葛兆庆、林世忠一起，作为琉球国四名官生的一员前往清朝留学，并于次年到达京师（今北京），入学国子监。在国子监期间，林世功的师傅是徐干。林世功的诗文为儒者孙衣言所赏识，孙衣言称赞他的诗作“详雅有中朝馆阁气象”，诗意“新颖绝伦”，“音节壮阔格律浑成”，“语语雅切亦细密亦大方”。四年后学成归国。1874 年，刚刚归国的林世功就被任命为久米村诗文官话经书师匠，同年 12 月转任久米村文组主取。次年 6 月，林世功担任琉球王府的国学大师匠；9 月又成为中城王子尚典的讲解官。由于林世功世子师的身份，当时普遍认为在未来尚典继位的时候林世功会升为国师并执掌朝政。1874 年，“牡丹社事件”发生后，日本强迫琉球停止向清朝朝贡。琉球多次向日本交涉，皆被日本拒绝。1876 年 12 月，琉球国王尚泰与三司官向居谦（浦添亲方朝昭）商议，秘密遣向德宏（幸地亲方朝常）赴福州，假借探问未归国的进贡使毛精长（国头亲云上盛乘）的名义，向清朝交涉。林世功以陈情通事的身份随同前往。一行共 19 人，从北山名护间切的湖边底港（今名护市许田地区的湖边底）出发，在伊江岛遭遇台风，险些触礁沉没。在经过八重山群岛之后，次年到达福州，被安置于柔远驿。向德宏、林世功等人将尚泰王的秘密书信转交给闽浙总督何璟，辗转送达清政府。但清政府并未对此做出任何反应。1879 年，琉球尚泰王等王族成员被日本迁往东京（第二次琉球处分）。林世功闻讯大惊，立即前往北京请求清廷向日本交涉。随后林世功在北京挥剑自杀，以死抗议日本的侵略。

权，虽是琉球国辞，绝不听从等由。……由是客岁既不得遣发接贡船只恭迎天朝敕书。并接京回使臣。复不得庆贺皇上登极，奉进先皇（同治帝）香品，诚恐失忠顺于天朝。本爵虽欲遣使告情，并无计可施，日夕焦思，寝食俱废。幸缘贵司照料周祥，行咨探问。逐将行其咨覆之处，报告倭国，方得告情之便。为此，特遣陪臣紫金官向德宏、都通事蔡大鼎、通事林州功（本名林世功）等。细备情状，投请督抚两院，奏请圣猷。百般昭（照）料。理合咨覆，为此备咨贵司。请烦查照施行，顺至咨者，右咨福建等处承宣布政司。光绪二年十月十五日。①

上述文中没有提及琉球国民因海难漂流至台南被土族人杀害的“牡丹社事件”以及“日本出兵台湾事件”，可以看得出也没有半句斥责日本之句，而“逐将行其咨覆之处，报告倭国，方得告情之便”。此句似乎与事实有悖，其是因为日本已禁止琉球出船和中国来往，所以连接贡船、朝贺船也不能派出，又怎能可以将此“咨覆”之事先行报告给日本，取得同意，才会有“告情之便”的道理，此乃是琉球担心一旦船只被日本发现截查，其中有“报告倭国，方得告情之便”之句，或会释疑而放行之故。事实上是没有“咨覆”此事的，因为后来日本获悉琉球派密使向清朝告状，日本外务省即刻传召在东京的陈情使池城亲方，当问得其推荐向德宏为密使时，更大加责难。衷心耿介的池城亲方，历经14次的上书求恳，均不获接纳，还要忍受恶言冷语，结果忧愤郁闷，心力交瘁，再经如此责难，不久便客死东京（1877年4月30日），成为为琉球救国运动牺牲的第一人。

何璟与丁日昌接过向德宏“密咨”后，即刻奏报朝廷，至于向德宏等人，限于条例，则必须留在福州的馆驿等候消息。

---

① 西里喜行編：『琉球救国請願書集成』，東京法政大学沖縄研究所，1993年版，第35頁。转引自黄天：《琉球冲绳交替考》，三联书店（香港）有限公司，2014年版，第187页。

第二节　何如璋琉球照会

一、何如璋外交欧美：角力日本，力挽琉球

1873 年 4 月 30 日，《中日修好条规》正式缔结，按照第八条，两国可在指定口岸派驻公使、管理官。日本瞬于是年年底，即派出全权公使驻华，但清廷不仅办事缓慢，对钦定何人也一议再议，一直到了 1876 年底，才决定由何如璋[①]首任驻日本公使。1877 年启程之际，又因为日本发生西南战争而延缓，结果出发日期延至 1877 年的 10 月。

在日本看来，此时清朝任命何如璋为驻日公使是为日本内乱而来，明治政府如若此时恳求清政府予以援助，则必会导致明治政府放弃对琉球主权。[②] 而此年 1877 年 6 月 24 日（光绪三年五月十四日），何璟、丁日昌的上奏也转到军机处[③]，军机处在复信中对日本明治政府禁止琉球向清政府朝贡表示出不满，他们斥责日本废琉王为藩，并阻止朝贡之事，还建议传令即将赴日履任的何如璋与日本交涉。[④]

何如璋到日本时，正值“台湾劫杀琉球渔民事件”发生后不久。日本

---

① 何如璋（1838—1891 年），字子峨，广东大埔县湖寮双坑村人，中国早期杰出的外交家，清日正式邦交的开创者。何如璋早年喜欢学习桐城古文，后来感到学习古文不能满足于时世变化的需要，转而潜心时务，常往返天津、上海之间，与中外人士商谈，向各国传教士询问西方国情政务等。李鸿章曾对人评价道：“不图翰林馆中亦有通晓洋务者也。”光绪三年（1877 年），何如璋得李鸿章推荐，晋升为翰林院侍讲，加二品顶戴，充出使日本大臣，成为中国首任驻日公使，时年 39 岁。光绪十七年九月（1891 年），病逝于韩山书院，时年 54 岁。

② 1876 年，何如璋被任命为驻日公使。此时正值日本国内西南战争爆发（1877 年 9 月结束）。

③ “军机处”亦称“军机房”“总理处”，是清朝中后期的中枢权力机关。雍正七年（1729 年），因用兵西北，以内阁在太和门外，恐漏泄机密，始于隆宗门内设置军机房，选内阁中谨密者入值缮写，以为处理紧急军务之用，辅佐皇帝处理政务。雍正十年（1732 年），改称“办理军机处”，简称“军机处”。“军机处”的设立是清代中枢机构的重大变革，标志着清代封建中央集权发展到了顶点。转引自《清光绪朝中日交涉史料》（军机处寄闽浙総督何璟等上谕），文海出版社，1963 年版，第 21—22 页。

④ 《清光绪朝中日交涉史料》（闽浙总督璟等奏琉球职贡日本梗阻折），文海出版社，1963 年版，第 11 页。

以这一事件为发端，冒称琉球系其属国，策划征伐台湾，清廷为求息事，赔以军费计白银50万两。日本执政者越发得逞，议废除居留华民旧规，取消横滨、神户和长崎的领事裁判权。

何如璋到任后，援引国际公约，反复与日方交涉，终于达成协议，除在东京设公使馆外，在横滨、神户、长崎三城市设领事馆，并收回领事裁判权。此举使侨胞的生命财产得到合法保障，使侨胞备受歧视凌辱的状况得到很大改善，至今日本华侨对何如璋仍深怀敬意，对何如璋据理力争收回领事裁判权津津乐道。

何如璋与随行人员曾一度为公使馆的选址而烦恼，等稍能安顿准备开展外交工作之际，已到了溽暑炎夏。日本的省署也仿效欧美放起假来。何如璋没有闲下来，即刻向驻日美使平安（John A. Bingham）展开游说，请平安将琉球的告禀转达给美国，以阻止日本违反公法，平安快诺应允，可惜，因其不久后回国，故将此事加以搁置再没有了消息。①

此时的琉球王国，在万般无奈情况下，亦开始向国际社会求援。1878年，琉球三司官毛凤来和马兼才抵达东京，向西方各国驻日公使递交投诉。1878年9月，何如璋又向琉官毛凤来献计，将“告禀”送到与琉球订约的荷兰、法国、美国的公使馆，请求这些国家向日本施压。“告禀”首先累述中琉之间的宗藩关系，抗议日本的无理欺压，最后强调琉球与荷、法等国的立约，皆用“大清年号”，若琉球归日本管辖，“则签约几同废纸”。这些“告禀”的用词基本一致，现将“上法兰西国公使”摘录如下：

> 具禀：琉球国法司官毛凤来、马兼才等，为小国危急，切请有约大国俯赐怜鉴：窃琉球小国，自明洪武五年（1372年）入贡中国，永乐二年（1399年）我前王武宁，受册封为中山王，相承至今，向列外藩。遵用中国年号、历朔、文字，惟国内政令，许小国自治。大清以来，定例进贡土物，二年一次。逢大清国大皇帝登极，专遣陪臣，行庆贺之礼。敝国国王嗣位，请膺封典，大清国皇帝遣使，册封嗣王为

① 张启雄：“何如章的琉案外交——以‘失言事件’为论题中心”，《第一届中琉历史关系国际学术会议论文集》，台北中琉文化经济协会，1988年版，第576页。

中山王。又时召陪臣子弟，入北京国子监读书。遇有漂船遭风难民，大清国务省督抚，皆优加抚恤，给粮修船，妥善遣使回国。自列中国外藩以来，至今五百余年不改。此前咸丰九年（1859年），大荷兰国钦奉全权公使大臣白加良，来小国互市，会蒙许立条约七款，条约即用汉文及大清国年号。谅贵公使有案可以考查。大众公国、大法兰西国亦会与敝国立约。敝国之于日本，旧与萨摩藩往来。同治十一年(1872)，日本废萨摩藩，逼令敝国改隶东京，册封我国主为藩王，列入华族，事与外务省交涉。同治十二年（1873），日本勒令将敝国与大荷兰国、大众合国、大法兰西国所立条约原书，交送外务省。同治十三年（1874）九月，又强以琉球事务改附内务省。至光绪元年(1875)，日本太政官告诸琉球国曰："琉球进贡清国及受清国册封，自今即行停止。"又曰："藩中宜用明治年号及日本法律，藩中职官宜行改革。敝国屡次上书，遣使泣求日本，无奈国小力弱，日本决不允从。切念敝国虽小，自为一国，遵用大清国年号，大清国天恩高厚，许敝国自治，今日本国逼令改革。查敝国与大荷兰立约，系用大清国年号、文字，今若大清国封贡之事，不能照旧举行，则前约几同废纸，小国无以自存，即恐得罪大国，且无以面对大清国，实深惶恐。小国弹丸之地，当时大荷兰国不行拒弃，待为列国，允与立约，至今感荷厚情。现今事处危急，唯有仰仗大国劝谕日本，使琉球国一切照旧。阖国臣民，戴德无极。除别备文禀，求大清国钦差大臣及大法兰西国全权公使、大合众国全权公使外，相应具禀，求请恩准施行。"①

上述琉球王国的投诉，引起了国际上的反应。美国公使就表示要将此事报告本国政府。② 后来，报纸将琉球"告禀"的消息刊出，英、法等国家即刻向日本提出抗议，日本没有防备，慌忙应对，唯有向西方诸国再三保障，一定履行琉球所签的合约，开始平息列强的抗议。而这边何如璋此举乃是让列强关注，公法评理，做出干涉，压日本让步，可惜非但没有成

---

① 下村富士男編：『明治文化資料叢書』第4卷·外交卷，風間書房，1962年版，第179—180頁。

② 喜舎場朝賢：『琉球見聞録』，東京至言社，1977年版，第142頁。

功，反而造成日本因承担履行琉球合约的责任，而变身为琉球的“宗主国”。

二、何如璋照会寺岛宗则：严词诘问，暴言照会

何如璋十分清楚琉球对清朝的重要性，他一方面约见日本政府官员，申明琉球乃大清藩国的立场，一方面上书清政府，要求阻止日本实施“侵台并琉”阴谋。何如璋在上奏中言：

> 日人志在灭球，以阻贡发端，臣与日本当局论理数月，彼一味恃蛮，置之不答，甚至发令琉球改县，其轻视我国无理已极，义难坐视，今乘其国势未定，兵力未足，急与争衡，犹尚可及。若为息事，隐忍迁就，阻贡不已，必灭琉球，琉球既灭，必掠朝鲜。

面对日本的强行吞并及琉球国的不断呼吁，基于历史上长期存在的对琉球的保护义务，清政府朝野发表各自见解，寻求解决办法。以驻日公使何如璋为首的清朝官吏主张对日本采取强硬政策。何如璋使日后，经过一段时间的观察思考，于 1878 年 5 月致函李鸿章，重申琉球对清国的重要：

> 阻贡不已，必灭琉球；琉球既灭，次及朝鲜。否则，以我所难行，日事要求。听之乎，何以为国？拒之乎，是让一琉球，边衅究不能免。……他时日本一强，资以船炮，扰我边陲，台澎之间，将求一夕之安不可得。是为台湾计，今日争之患犹纾，今日弃之患更深也。口舌相从，恐无了局。然无论作何结局，较之今日隐忍不言，犹为彼善于此。虽让一琉球，未见其果能息事也。

上言可知，何如璋深谙日本吞并琉球，必将欲壑难填，其定会得寸进尺，而下一步必图谋台湾，应该趁其羽翼未满，对其采取强硬措施，故建议：

> 为今之计：上者，一面抗议，一面出兵舰责贡于球，以示日人，

我之必争，彼将气慑，而球可全；其次，约球抗日，日若攻球，我出师相助，日将力屈，而球可全；又次，则援公法，请求各国公使评判，自古无许灭人国之公法，日孤理屈，球亦可全。三者择一而行，其效果虽然不同，决不至无效，即使无效，亦不过弃一琉球，决不至开边衅；即使寻衅，亦可罢斥使臣。仍不能解，是彼蓄意寻隙，益知非让一球所能息事，何为先自示弱，举附庸之土地和人民以资敌耶？

诸上三策之言，可见何如璋之尽责。编修陆廷黻亦列举征讨理由，其呈上《请征日本以张国威折》：

其一，“岂有大国甘受小邦之侵侮之理”；其二，“不服日本难以复琉球”；其三，明代倭患的惨剧不能重演。①

可是，掌握清廷通商、外交、海防等大权的直隶总督兼北洋通商事务大臣李鸿章为代表的一派却认为：“日本近在肘腋，永为中土之患”，“笼络之或为我用，拒绝之则必为我仇”②，而“琉球以黑子弹丸之地，孤悬海外，远于中国，而迩于日本，若春秋时卫人灭邢，莒人灭鄫，以齐晋之强大不能过问，盖虽欲恤邻救患，而地势足以阻之”③，况且“中国受到琉球朝贡本无大利”④，“尚属可有可无”，“即使从此不贡不封，亦无关于国家之轻重，原可以大度包之”。⑤

李鸿章考虑到1871年中日立约中曾规定两国所属邦土不可侵越，担心日本人得寸进尺，授例而及朝鲜，并且多少考虑到对琉球的义务及清廷的体面，琉球“徒以其恭顺二百余年，不忍弃诸化外，且此次委屈陈情，颇昭忠悃，若拒之过甚，转恐泰西诸国，谓我不能庇护属邦”。⑥ 因此，李鸿章不同意何如璋的上、中二策，认为：“遣兵舶，责问，及约琉球人以必

---

① 《清光绪朝中日交涉史料》卷二，故宫博物院，1932年版。
② 《李文忠公全集》奏稿，卷十七。
③ 《清光绪朝中日交涉史料》卷二，故宫博物院，1932年版。
④ 《李文忠公全集》，译署函稿卷八，光绪乙巳刊本。
⑤ 张廷玉：《明史》卷三二二，列传二一一，外国四，中华书局，1974年版。
⑥ 高岐：《福建市舶提举司志》考异，1939年铅印本。

救似皆小题大作，转涉张皇”，“以威利相角，争小国区区之贡，务虚名而勤远略，非惟不暇，亦且无谓”。[①]

故此，李鸿章赞同采纳何如璋之下策，即：“惟言之不听时复言之，日人自知理绌，或不敢遽废藩制改郡县，俾球人得保其土，亦不藉寇以兵，此虽似下策，实为今日一定办法”，“若言之不听，再由子峨（即何如璋）授公法商会各国公使，申明大义，各国虽未必助我以抑日本，而日本人必虑各国生心，不至灭球国而占其地”。[②]

其时，积弱的清朝正在不停衰退，18岁的同治皇帝亲政不到两年便驾崩，还是稚童的光绪皇帝继位，慈禧太后再次垂帘听政。缺乏英明的领导，内则亲王、老臣因循守旧，不敢逾越半步，国家无法变革；外则列强环列，借词侵扰，逼迫清廷签订不平等条约。可谓内忧外患，百病缠身，清朝已是自身难保。东边与琉球之危、与日本龃龉，而西边军情更紧，中俄因伊犁问题日趋恶化。清政府开始担心遭受左右夹击，权衡轻重之下，对孤悬海外的琉球问题，最终总理衙门奕䜣等亦奏云：再四思维，自以据理诘问为正办，因复与北洋大臣李鸿章往返函商，意见亦复相同。按照李鸿章意见，总署也认为“日本自台湾事结后，尚无别项衅端，似不宜遽思用武。再四思维，自以据理诘问为正办”[③]，并函示何如璋等审办。

时值暑假结束，何如璋根据清政府指示，1878年9月3日往访日本外务省，与日本外务卿寺岛宗则进行了反复的谈判。

寺岛宗则出身萨摩藩士族，曾赴欧洲考察，更为派驻英国的日本公使，其对萨摩藩和琉球的关系史熟知于心，加之了解一些“万国公法”，自然引来处理琉球问题，以显示日本的“合法”。寺岛宗则作风硬朗，当其被何如璋问及“何以阻止琉球进贡”之时，则即刻回曰“琉球为日本属地，过去日本默视琉球与外国交往，今明治政府担心琉球被其他国家侵吞，所以收回琉球的外交权，与清国的封贡关系已告中止”。何如璋表示不能同意，指出“琉球与中国已有五百多年的宗藩关系，而且琉球自愿归属称臣，日本不应罔愿琉球的意愿”。双方你一言、我一语争论不下，第

---

① 《李文忠公全集》，译署函稿卷八，光绪乙巳刊本。

② 同上。

③ 高岐：《福建市舶提举司志》考异，1939年铅印本。

一次谈判无果而终。

1878 年 9 月 18 日，何如璋与外务省的大书记官宫本会面，宫本转达外务卿寺岛宗则的说词，“希望两国不要为蕞尔小国而伤和气。”为此，何如璋回曰：“是谁人挑起了事端?”

1878 年 9 月 27 日，何如璋再访寺岛宗则。此次会晤，两人各陈己见，直言争辩，激烈异常。寺岛宗则套用殖民主义的万国公法，言称萨摩藩 200 年前以实力管治琉球，是先占原则的“实力管辖领有”，反指中国没有实际管辖琉球，所以对琉球国是没有主权可言。何如璋对此则表言“请封、册封、奉正朔是天朝对藩属的管制体制，怀柔深仁，重教化而不涉其内政，其有别于日本所谓的‘实力管辖领有’”。同时，何如璋又举出琉球与美、法、荷等国订立的合约，可见琉球是被西方诸国承认的一个王国，日本的实力管辖之说缺乏道理。

何如璋多次交涉无效，不得不提出了严正照会。现将何如璋和副使张斯桂联署的照会抄录如下：

> 大清钦查大臣何、副使张为照会事：查琉球国为中国洋面一小岛，地势狭小，物产浇薄，贪之无可贪，并之无可并。孤悬海中，从古至今，自成一国。自明朝洪武五年（一三七二年），臣服中国，封王进贡，列为藩属；惟国中政令许其自治，至今不改。我大清怜其弱小，优待有加；琉球事我，尤为恭顺。定例二年一贡，从无间断。所有一切典礼，载在《大清会典》、《礼部则例》及历届册封琉球使所著《中山传信录》等书，即球人所作《中山史略》、《球阳志》，并贵国人近刻《琉球志》，皆明载之。又琉球国于我咸丰年间，曾与美利坚合众国、法兰西、荷兰国立约，约中皆用我年号历朔文字，是琉球为服属我朝之国，欧美各国无不知之。今忽闻贵国禁止琉球进贡我国，我政府闻之，以为日本堂堂大国，谅不肯背邻交，欺弱国，为此不信不义无情无理之事。本大臣驻此数月，查问情事，窃念我两国自立《修好条规》以来，倍敦和谊，条规中第一条即言“两国所属邦土，亦各以礼相待，不可互有侵越”，自应遵守不渝，此贵国之所知也。今若欺陵琉球，擅改旧章，将何以对我国？且何以对与琉球有约之

国？琉球虽小，其服事我朝之心，上下如一，亦断断难以屈从。方今宇内交通，礼为先务，无端而废弃条约，压制小邦，则揆之情事，稽之公法，恐万国闻之，亦不愿贵国有此举动。本大臣奉使贵邦，意在修好，前两次晤谈此事，谆谆相告。深虑言语不通，未达鄙怀，故特据实照会，务望贵国待琉球以礼，俾琉球国体政体一切率循章，并不准阻我贡事，庶足以全友谊，固邻交，不致贻笑于万国。贵大臣办理外务，才识周通，必能详察曲直利害之端，一以情理信义为准。为此照会贵大臣，希即据实照复可也。须至照会者。

右照会大日本国外务卿寺岛

光绪四年九月十二日（1878 年 10 月 7 日）

何如璋在向日本外务省提出的质询琉球案的照会中严正指出“日本堂堂大国，谅不肯背邻交、欺弱国，为此不信不义、无情无理之事”。照会先言史实，道明中国与琉球的宗藩关系，指出中日签订修好条规，“两国所属邦土，亦各以礼相待，不可互有侵越”，希望日方能待琉球以礼，俾琉球国体、政体一切率循旧章，并不准阻碍中琉双方朝贡事宜，并继而严词诘问：“今若欺凌琉球，擅改旧章，将何以对我国？”这也是何如璋按照朝廷“以据理诘问为正办”的指示与日本摊牌。这篇措辞严正的外交文件，竟被日本斥责为“爆言无理”，称其为所谓的“失言事件”的由来。

日本政府得此照会，并未马上做出回应，反而是小心研究其内容，并作出了周密的策略，于一个多月后的 11 月 21 日，才由寺岛宗则外务卿复函，反斥何如璋，直指照会粗暴无理，谓之“暴言”，做出了强硬的反驳：

贵国政府在尚未熟知我国政府所以发此禁令（阻贡）之道理前，忽然向我政府发出如此假想暴言，岂是重邻交，修友谊之道乎？若贵国政府果真命阁下发此等暴言，则贵国政府似已不欲保持以后两国之和好，愿贵大臣将此旨意转知贵国政府。……①

---

① 张启雄：“何如璋的琉案外交——以‘失言事件’为论题中心”，《第一届中琉历史关系国际学术会议论文集》，台北中琉文化经济协会，1988 年版，第 578—579 页。

显然，照会的诘问竟被说成“暴言”之词，大有强加之意，表现出日方对此照会言辞极为不满。

1878年11月29日，何如璋回函，并坚持表态：

此（琉）案经本大臣两次面商，再三相劝，因恐未达鄙怀，是以备文申论，并非徒发之言。然前函不欲直指而委屈以相告者，正本大臣厚待邻交之意，不图贵大臣反以为言也。①

但日本外务省把照会提升为“失言事件”，甚至要何如璋撤回“照会暴言”，并提交谢罪状，否则两国再无谈判余地。②

显然，日本是在故意弄僵这场外交争议，关上谈判的大门，以断绝何如璋的交涉渠道，部署进一步推进吞并琉球。

其后，尽管何如璋继续抗议，但因其背后缺少清政府的支持，亦难挽救琉球国之亡，不禁令人慨叹。何如璋三策之谏言，缘何上、中之策未被采用，而恰恰是下策倒成了李鸿章之上策，我们可从从李鸿章之先见识一二：

子峨（何如璋）向钧署所陈上中下三策，遣兵舶责问及约球人以必救，似皆小题大做，转涉张皇。③

李鸿章对何如璋的做法也一直不以为然，其认为：

琉球以黑子弹丸之地，孤悬海外，远于中国而迩于日本。昔春秋时，卫人灭邢，莒人灭鄫，以齐、晋之强大，不能过问，盖虽欲恤邻救患，而地势足以阻之。中国受琉球朝贡，本无大利，若受其贡而不

① 张启雄：“何如璋的琉案外交——以‘失言事件’为论题中心”，《第一届中琉历史关系国际学术会议论文集》，台北中琉文化经济协会，1988年版，第579—580页。

② 同上书，第579页。

③ 李鸿章：《李鸿章全集》，海南出版社，1979年版，第3096页。译署函稿“密议日本争琉球事”。

能保其国，固为诸国所轻：若专恃笔舌与之理论，而近今日本举动，诚如来书所谓无赖之横、瘈狗之狂，恐未必就我范围。若再以威力相角争，小国区区之贡，务虚名而勤远略，非惟不暇，亦且无谓。①

上语中的“远迩”之说，是对中国大陆而言的，如若以台湾而论，其距琉球之近，战略意义已不言而喻。尤其附属岛屿，与台湾简直是鸡犬相闻。该年9月8日（旧历七月二十二日），李鸿章也曾致总理衙门一函，题为《密议何子峨（何如璋）》，其对何如璋的议论早在函中有云：

子峨虽甚英敏，于交涉事情历练未深，锋芒稍重。其第一次照会外务省之文，措词本有过当，转致激生变端。语云：出好兴戎，可为殷鉴。副使张鲁生（张斯桂）久不相能，鸿章曾寓书劝勉。②

此时，清政府大臣之间在禀议咨论琉球问题之时，开始使用“琉球事”“球事”等之言（其后再用“琉球案”“球案”），而日本则一直沿用“琉球处分”之说，亦可从中再窥一斑。

三、“琉球藩处分案”：琉人反对，何公抗议

1872年，日本强行废王为藩，将尚泰王并为日本华族，迈出了日本吞并琉球的第一步；1874年，日本借词保护琉球船民而侵台，致使清政府承认琉球是日本的属国，可谓吞并琉球的第二步；1875年，日本强令琉球断绝朝贡清国，禁止使用大清正朔，改用日本年号，以解除中国与琉球的宗藩关系，是日本吞并琉球的第三步；1878年，日本运用外交手段，故意指责何如璋公使的照会粗暴言辞，关上谈判大门，是日本顺利吞并琉球的第四步。

---

① 李鸿章：《李文忠公全集》，译署函稿卷八，光绪乙巳刊本，转引自赖正维：“‘球案’与近代中日关系”，《福建师范大学学报（哲学社会版）》，1996年第3期。

② 文中主要内容摘录于王芸生：《六十年来中国与日本》第一卷。转引自東亜同文会編：『日本外交文書』第11巻，第271—272頁。

日本明治十年（1877 年），日本国内爆发了西南之役[①]，日本政府忙于平叛镇压西乡，吞并琉球的计划才告放缓。翌年 5 月 14 日，“琉球处分”的炮制者大久保利通因西南之役逼死西乡，遭到拥护西乡、为其报仇的岛田一郎等士兵伏杀。但并未影响琉球处分，其后任伊藤博文继续走大久保利通的路线。“琉球处分”已成为日本的国策，大久保的死只是改变了此项计划的执行者。

伊藤博文接任内务卿后，即注意到琉球国正向美、法和荷兰等国求助，其意识到琉球有被国际化的趋势，加之此时何如璋正通过外交途径与寺岛宗则就琉球问题进行激烈争辩，提出恢复琉球国自主，并不准日本阻贡。这也使得伊藤博文意识到，应加快行动，除了借词“照会”无礼之外，还要拒绝与何如璋公使谈判琉球问题，并指示松田道之提交处理琉球的具体方案。

1878 年 11 月，松田道之向伊藤博文提交“琉球藩处分案”。该方案首先概述了日本与琉球的交往历史，然后指责琉球派遣密使往清朝投诉，复要求驻日各国公使施以援助，令日本不得不作出处理。简要之，就是下达废琉置县、藩王居住东京之令。逼令藩王移住东京，是借鉴当年岛津藩虏王室至鹿儿岛的成功方法。藩王若殊死不离开其地，遂以兵威一并拘留抗拒者。因此，废藩置县首先让藩王退离居城，让其住在别墅，使之无复妨害县治。

1878 年 12 月 4 日，继任的内务卿伊藤博文向三条太政大臣提出了全文共计 14 条的《琉球藩处分方法》[②]。松田道之进一步提出了 14 条具体执行方法：

> 第一条：在发布命令前，向琉球分管增派若干兵员，然后任命负责处分的官员与县令；
>
> 第二条：废藩置县的县厅设在首里城；
>
> ……

① 西南之役导致何如章公使延期到日本上任。

② 米庆余：“近代日本‘琉球处分’的历史”，《第九届中琉历史关系学术会议论文》，海洋出版社，2005 年版，第 259 页。

第六条：禁止琉球官吏滞留在东京，须迅速返回琉球。

……

同时向琉球王宣布：

公开交出首里城，自今而后住在东京，前往东京之前，可暂住别墅。结果，松田道之的方案成为日本执行“废琉置县”的蓝本。①

1879年1月，松田道之被第二次委派向琉球宣示日本的处分决定。其主要任务是颁布三条太政大臣的“督责书”，强调必须遵守断绝与清朝来往的命令，更明示了裁判事务的交接事宜。第二次松田道之仅仅带了几个随行人员，而驻留在东京请愿奔走两年半的三司官富川与那原，以及大宜见喜武屋，也同船归国。②

1879年1月25日，松田道之一行抵达那霸。翌日即于首里城南殿，向藩王代理今归仁王子及按司亲方等宣读太政大臣的“督责书”，又递交松田本人的“意见书”，其内容指责琉球暗派向德宏到中国投诉日本，而在京的陈情使屡屡向外国公使请愿，是违反国宪的大逆不道的行为，因此招致政府严厉督责，理应自省。进而向琉球恐吓：

以上陈述，其主旨阁下当详为了解，现另纸传达有关之条件，当从速回呈遵命书。倘仍不遵从，拙生即回京复命。③

1879年2月3日，即一个星期后，尚泰王作复，表示不能遵从：

藩厅众官吏，收到来书，坦然自安，毫无畏惧之色。咸谓清国乃富

---

① 米庆余：“近代日本‘琉球处分’的历史”，《第九届中琉历史关系学术会议论文》，海洋出版社，2005年版，第379页。

② 喜舎場朝賢：『琉球見聞録』，東汀遺書著刊行会，1952年版，第109頁。

③ 同上书，第109—110页。米庆余：“近代日本‘琉球处分’的历史”，《第九届中琉历史关系学术会议论文》，海洋出版社，2005年版，第380页。

强大邦，向重威信，若其藩属被他国侵犯，绝不置之不问，否则有何颜面对欧美诸国？是以琉球事件，业经东京驻扎公使何如璋、张斯桂向日本政府诘问。据此情况来看，（日本）政府要施暴于我，清国是比愤然起师来助。藩中上下众志成城，以坚拒（日本）政府之命为得策。①

尚泰王继续回复，曰：

因清国驻东京公使向敝藩使者查问，始将实情告知，既然已向外务省照会，若在未达成协议前就已说遵从一切，则不仅难以向清国交代，更会遭受谴责，令敝藩进退两难，忧戚不已。因此实难回奉遵命书。……尚祈察悯。举藩拜伏哀恳。

明治十二年（1879 年）二月三日　　琉球藩王尚泰

太政大臣三条实美殿②

"松田道之大书记官领过复函，当下即谓：就等日后处分可也!"③ 尚泰用大清来威胁的复函，使得松田道之极为愤怒：

今日对下达条件的答复，可视为拒不从命之意，尤其是言称清国驻日公使对我外务省发出照会云云。我国政府与清国间的事情，与阁下对我政府奉命答复之事并无关系。然欲专门以之为口实，拒不从命，甚不条理，我政府终究不能容许。……当迅速归京复命，阁下可待后命耳。④

1879 年 2 月 13 日，松田道之返回东京复命。同年 2 月 28 日，日本政府根据伊藤博文内务大臣的建议，决定"处分琉球"。松田道之再次被任

① 喜舍場朝賢：『琉球見聞録』，東汀遺書著刊行会，1952 年版，第 110—111 頁。

② 同上。

③ 同上书，第 111 页。

④ 下村富士男編：『明治文化資料叢書』第 4 卷・外交卷，風間書房，1962 年版，第 191 頁。转引自米庆余："近代日本'琉球处分'的历史"，《第九届中琉历史关系学术会议论文》，海洋出版社，2005 年版，第 380 页。

命起草“处分方法”，其具体的实施方法为：

> 当遇到藩王或藩吏抗拒处分，拒不离开首里王城、拒不交接土地、拒移交官方账薄等，可以交付警察居留；若有谋反凶暴行为，则与分营商议，出动武力处分。①

日本明治十二年（1879年）三月十一日，刚从琉球返回的松田被加奉为琉球处分官第三次被派往琉球。

三月十三日，与前两次不同的是，与松田同行的还有园田安贤警视补及警部、巡查共160余人，登乘高砂丸汽船，从横滨出发前往琉球。另一方面，以熊本镇台的波多野少佐为分遣队长，参谋本部益田满大尉为特派参谋，率领步兵400名随行，由鹿儿岛出发，随同松田道之的高砂船，于二十五日上午抵靠那霸港。②

事实上，松田道之在第二次出使琉球前，论及“琉球处分”的具体方法时早已提出“若在发布命令废藩置县的同时派遣兵员，将被误认为讨伐而招致无谓之动摇”。日本政府时隔两个月就一反前态，悍然出兵琉球，足见其早已将上次诱降琉球，通过“合法”手段来达到吞并目的的意愿置之脑后，而是即使是通过武力手段，也要不惜一切代价实现其所谓“琉球处分”。

1879年3月27日，是琉球王国历史的终焉之日。这一天，那霸琉球

---

① 米庆余．“近代日本‘琉球处分’的历史”，《第九届中琉历史关系学术会议论文》，海洋出版社，2005年版，第381页。

② 那霸市総務部市史編集室編：『那霸市史』通史稿第2巻，那霸市役所，1974年版，第103—104頁。有关琉球、琉球与中国、琉球与日本的交往等历史状况，现在《国家图书馆藏琉球资料汇编》之“出版说明”中做了简述，本文仅就“续编”所收录的资料作简要介绍及说明。中国国家图书馆所藏清钞本《琉球国向克让等禀》一书记载：“琉球国前任国相向克让、法司毛允良、马克丞暨众官众士民人等”向清廷“陈实情，奉请救君护国，以免忧苦事”的禀文。所记时间为清光绪五年（1879年）五月。本禀文详细讲述了“日本国主遣拨松田道之”强令琉球国禁止向中国进贡的过程，特别具体记述了三月初三，松田道之率日本官员、军队近500人到琉球，并于初五侵入王城，废藩处县夺城，恣意强行吞并琉球及琉球国王世子尚典再三陈情，哀请延期赴日被拒，国王尚泰被迫于四月初七率同官僚舆病而去（赴日）等情势。泣请清廷能使国王世子早得回国并撤去日本军队以使琉球国得以安宁等复国要求。《国家图书馆藏琉球资料汇编》与《琉球资料续编》于2000年10月出版。

人看到大汽船靠岸，军警随船而至，担心战事爆发，纷纷收拾细软逃向乡下。松田道之等率领随行人员进入琉球王城首里，在书院广场上，向尚泰王的代理人今归仁王子、三司官及众官员宣读“废藩置县令”的处分。该内容十分简短，日文原文不过30来字，其译文为：

旧琉球藩废止，置冲绳县；县厅置于守里城。①

尽管琉球对日本单方面的处分决定坚持一如既往的抵制态度，如岛尻的半见城对日本采取不与合作、拒绝接受任命，中头的胜连、国头的各郡拒绝移交各种文件，在日方宣读高谕时傲然居坐，甚至总体退席，在中头的西原、国头的羽地等处出现公然反抗，更有甚者表示，不做与大和人内通之事，声言“本人性命听其自然，父母妻儿受到流放”也在所不辞。虽然琉球人反对日本的武力镇压积极反抗，但这一切都显得苍白无力。

在此期间，松田道之处分不断施压，催促尚泰王上京。按司亲方等数十人联署上书松田道之，恳求准许抱病的藩主延期启程，时间由50日拖延至80日作为限期，又为求松田道之应允，愿以中城王子尚典代父晋京等等。尚泰王没有反抗，接受了日本的要求，于明治十二年（1879年）3月29日晚率宫人眷属搬出王府，移居中城王子（世子）尚典宅邸，据记载当时“士族官吏数百人围着驾舆，妇女和众人哀号者不知几许，实在目不忍睹”。

1879年4月4日，“旧琉球藩废止，置冲绳县；县厅置于守里城”的公告在全日本发布，自尚巴志王统一三山以来，立国451年的琉球国寿终正寝，尚泰王成为琉球的亡国之君。翌日，锅岛直彬被任命为冲绳县首任县令。

事已至此，尚泰王亦难抗拒，最后选定5月27日登乘。是日清晨八时，尚泰王偕同14岁次子宜野湾王子尚寅及一众官员，诣庙拜辞。中午

---

① 那霸市総務部市史編集室編：『那覇市史』通史稿第2卷，那霸市役所，1974年版，第104頁。转引自喜舎場朝賢：『琉球見聞録』，東汀遺書著刊行会，1952年版，第114頁。

12 时，登乘东海丸拔锚北航。6 月 9 日，船泊东京品川港，稍事安顿，尚泰王即赴宫内省小御所谒见明治天皇、皇后。接着正式被摘取藩王称号，叙列为从三位华族，赏赐 20 万日元。王子尚典、尚寅、伊江、今归仁亦获列华族，享年俸，其他官员亦同时得到赏赐。尚泰王获得坐落于东京麴町的一栋宅邸，实则开始了被软禁的生活。虽然多次请求归还故里，终未获准，明治三十四年（1901 年）病逝，终年 59 岁。[①]

清朝对于日本单方面的"琉球处分"一直不予认同，驻日公使何如璋闻听日本废藩置县，便马上会晤伊藤博文，称"球案"尚在商议之中，何以派人"处分琉球"。伊藤博文则力辩称："必无他事！"何如璋再见外务卿寺岛宗则，而寺岛宗则推却言称："既经派出，非所能阻，两国议妥，即可撤回。"

4 月 4 日，日本正式宣布废藩置县，何如璋即以电报向清政府告禀，复又修函详报，并希望借词"以事无可商，即可告归"，以向日本抗议。但朝廷依然是无所作为的回复：

> 仍在日本将此案妥为随时商办，无遽回华，以顾大局，是为至要。[②]

关于"琉球处分"，明治年间的日本人白川县住持佐田介石对日本出兵台湾持否定态度，在其上左院的"建白书"上认为：

> 琉球素奉中国正朔，接受中国册封，固为中国之属国。因此，日本并无以琉球人被害而向中国问罪之理。[③]

佐田介石甚至设问质疑在此之前日本的介入琉球："盖琉球既然奉中

---

① 真境名安興·島倉竜治合著：『沖縄一千年史』，栄光出版社，1974 年版，第 636—638 頁。

② "总理各国事务衙门奏日本梗阻琉球人入贡情形折"，《清光绪朝中日交涉史料》卷 1，文海出版社，1963 年版，第 15 页。

③ 吴密察："'建白书'所见'征台之夜'（1874）"，《第二届中琉球历史关系国际学术会议论文集》，台湾中琉文化经济协会，1990 年版，第 264 页。

国正朔，日本又何介入其间授予琉王番号？佐田认为如果清国以此理相责，则其他结论将是日本抢夺中国属地。”①

当时，日本国内也有有识之士对“琉球处分”提出异议。著名的历史学家井上清在其著作中直接斥其为：“违反他国意愿，以武力等威压手段来进行吞并，将该国的存在抹杀掉，这样还不是说是侵略是什么？”②

他还进一步表明：“琉球不是自然的民族统一，而是侵略的统一。”③

第三节　格兰忒与琉案

一、李鸿章晤谈格兰忒：处分违法，搅乱华美

中国驻日公使何如璋与日本外务卿寺岛宗则的会谈冲突，使得琉球事件在中日之间无法进行。正在此时，美国前总统格兰忒（Ulysses Simpson Grant，1822—1885 年）周游世界，先后访问中国与日本。

格兰忒（又译作格兰特），其出生于美国俄亥俄州，参与美国对墨西哥战争。1868 年代表共和党竞选总统，当选美国第 18 任总统，后再连任，直到 1877 年卸任，但他在国际政治领域有很大影响力。而且，日本的明治维新主要是因美国入侵推动的，日本人对美国人可谓马首是瞻。卸任的格兰忒，1879 年带着妻子朱莉娅来远东旅行，目的地就是中国和日本。1879 年（清光绪五年）4 月 7 日，格兰忒乘船抵达香港，再到广州，后又乘船到上海、天津。虽然格兰忒已经卸任了，但李鸿章觉得，如果说服格兰忒来调停“球案”，不怕日本人不就范。

格兰忒刚到上海，李鸿章就两次给总理衙门写信道：“格兰忒不久将由上海出发，途经天津而至北京，应以礼优遇接待”，并“以此为机，与格兰忒谈话，以求他日琉球问题公评时，助我一臂之力”。当时李鸿章接

① 吴密察：“‘建白书’所见‘征台之夜’（1874）”，《第二届中琉球历史关系国际学术会议论文集》，台湾中琉文化经济协会，1990 年版，第 264 页。

② 井上清：『岩波講座日本歴史六・沖縄』，岩波書店，1962 年版，第 326 頁。

③ 同上。

报，即向恭亲王飞禀："拟仍怂恿入都一游，庶尊处籍得把晤，相机联络，或为他日公评日琉近事之一助。日人实奉美国为护符，而格将军尤美之达尊，众望所归也。毕德阁谓伊曾任大将军，即称将军为宜。闻现由香港赴粤省，到沪尚有旬日。"①

1879 年 5 月 16 日（清光绪五年三月二十六日），格兰忒到天津。5 月 17 日（清光绪五年三月二十七日）格兰忒的兵船进入大沽口，李鸿章放 21 响礼炮欢迎。

格兰忒在美国驻华领事馆人员的陪同下，经天津入京，与恭亲王奕䜣晤谈。时因光绪皇帝仍是稚童，慈禧太后由于封建礼教不宜出面，于是奕䜣成了皇太后和皇帝的代表，其两次款待了格兰忒，并谈及了日本琉球之事。②"美国前总统格兰忒到京后，蒙王爷面属调停，伊欣然允诺。"③

数日后，格兰忒回到天津，与李鸿章会晤，详细询问了中国与琉球的交往历史。

格兰忒首先说：恭亲王亦嘱我过天津向李中堂细商，究竟琉球从何时起与中国相通？

答云：自前明洪武年间臣服中国，至今已五百馀年。

格云：现在废琉球之事从何而起？

答云：日本于前数年派员至琉球那霸港驻扎，侦探琉事，阻其入贡中国。迨后，琉王派官赴日本外务省求仍进贡中国，日本未允。去岁，琉官复至日本，诉其事于法、美等公使。美公使平安答以此事须知照本国国会议夺，平安旋即回美。日本主怒琉官多事，今春遂派兵四百名入中山，掳其世子、大臣至东京。琉王乞假八十日养疾，未行，日本遂改琉国为冲绳县，设立县官，改琉王宫为县署。

格云：中国是否意在争贡？

答曰：贡之有无无足计较，惟琉王向来受封中国，今日本无故废

---

① 李鸿章：《李鸿章全集》，海南出版社，1997 年版，第 3114 页。译署函稿卷八"毕德阁为美国驻天津副领事"。

② 同上书，第 3116 页。与美国格前总统晤谈节略。

③ 同上。议请美国格前总统调处琉球事。

灭之，违背公法，实为各国所无之事。

格云：琉球用中国文字否？

答曰：能用中国字、讲中国书。明初，曾以闽人三十六姓赐之。

格云：琉王是三十六姓中人否？

答曰：琉王尚姓，不在三十六姓之中。①

李鸿章同时指出，琉球作为主权国家，曾与美国签有通商条约，现在日本吞并琉球，也会伤害美国的利益。如果中日之间因为琉球打起来了，必然会影响到美国在远东的商贸往来。

格兰忒对李鸿章所言深以为然，他说，他最怕各国开战，如果能调停解决，对大家都有好处。最后，他还说："琉球原来为一国，而日欲将其并合而得以自扩。中国所力争之处，乃土地而非朝贡，甚具道理，将来需另设特别条款。"

李鸿章熟知中琉500年的交往历史，其正为琉球的复国向格兰忒展示《中美条约》。其指出第一款的规定是：若他国偶有不公及轻藐之事，一经知照，必须彼此相助，或从中善未调处等因。今琉球之事，日本实系轻藐不公否？

格兰忒将洋文细读，毕德阁副领事云：

琉球自为一国，日本乃欲吞灭以自广，中国所挣者土地，不专为朝贡，此甚有理，将来能另立专条才好。

答云：贵总统所见极大，拜托！拜托！②

李鸿章与格兰忒的会晤长达两个小时，最后格兰忒谈道：

"华工到旧金山开荒，甚属得力，惟有西洋各国外来之人，见华

---

① 李鸿章：《李鸿章全集》，海南出版社，1997年版，第3116—3117页。译署函稿卷八"与美国格前总统晤谈节略"。

② 同上书，第3117页。毕德阁为美国驻天津副领事。

人工资甚贱，又耐苦劳，于是工作渐被华人所夺，致生妒忌，遂不相容。”①

言中之意，美国希望中国能够稍微控制华工到美国的数量，盼能够立约管理。为此，翌日，毕德阁副领事再次造访李鸿章，揣摩中方意图，李鸿章嘱咐其密告格兰忒：如能将球事议妥，华工总好商量。将来或另立专条，仿照古巴、秘鲁办法，总署未必不允。②

由此可以看出当时清政府的策略和李鸿章等人在外交斡旋上所做的努力，在谈判桌上不惜出让本国利益来换取琉球王国的复国。当然，这与李鸿章为保住清朝的体面及防止日本的扩张也有一定关联。

二、格兰忒会晤明治皇：杨越翰函，格兰忒案

日本右大臣岩仓具视得到情报后非常重视，他立刻报告政府：“今格兰忒将琉球之事奏陈圣上，又忠告政府，然不知其乃受清廷之请愿而为其周旋。今得此言，实需仔细考虑，则我须先采取措施。”③

于是，日本政府开始紧锣密鼓地布置起对格兰忒的接待工作。1879 年 6 月 21 日，格兰忒离开中国，先到达长崎。一周后，即 1879 年 7 月 3 日，当格兰忒乘坐军舰“里奇蒙德”号驶入横滨港时，受到日本朝野的盛大欢迎。明治天皇亲自出面宴请格兰忒，还把自己的海边行宫腾出来给格兰忒住。格兰忒重承诺，在多个场合会见日本大臣时谈及“球案”，极言亚洲两大国言和为重。

日本政府要员陪着格兰忒在日本度假胜地日光山游玩，十分惬意。虽然宾主相处甚欢，但对于琉球问题日本是毫不让步。

格兰忒在北京、天津听取了恭亲王和李鸿章对中琉朝贡关系的详述，

① 李鸿章：《李鸿章全集》，海南出版社，1997 年版，第 3117 页。译署函稿卷八“与美国格前总统晤谈节略”。

② 同上书，第 3116 页。毕德阁为美国驻天津副领事。

③ 宫岛诚一郎闲谈中探知格兰忒受中国政府之托前来日本调停琉球问题后，马上报告给了日本政府。

并受托调停中日对琉球的争议。在展开斡旋之前，格兰忒听取了美国驻日公使平安的汇报，也从杨越翰和德呢的访查中了解到一些问题的核心，而何如璋也收到李鸿章的“覆何子峨函”，依信函中所述把琉球案的“本未缘起，摘要译呈”①，以使格兰忒更为详悉一切。

杨越翰对“球案”带来中日之间的纠纷，深入了解客观分析，十分尽责地向格兰忒做了汇报，也简明扼要地函告了李鸿章。该函是7月5日和7月15日合并为一函于7月29日送达天津。其内容如下：

中国五月十六日（7月5日）致书李中堂阁下：

昨日随同前主（格兰忒，下同）到日本东京，该国亲王大臣等迎谒，前主住美加多②海边行宫……连日会客赴宴，尚未议及琉球之事。前主偶与东洋二、三大臣谈论球事，尚未及与秉权者议论。

我曾与东洋大臣背后论及几次，可为中堂陈之：据东洋大臣云：几百年前早认琉球为属国，琉球各小岛本隶日本界内。中国因台湾之役赔偿兵费，缘台湾土番戕害琉球难民，日本代琉球兴师，故议赔偿，足见中国认琉球为日本所属之凭据。日本现废琉球王宇前废内地各藩一例，派员改易琉球令，是日本分所应为。琉球前进贡中国，不过虚名，只为贸易得利起见尔。我答以琉球既有臣服日本几百年之凭证，不难一查即可明白，何不先与中国说知、交出凭据，乃先做此失和之事？况两国各有驻京公使，遇有交涉大事，须照万国公法办理。此等重大事体，应照公法规矩，公道商量，何必诡行霸气？我前在北京听恭亲王说：日本并未与总理衙门商量，又未与何钦查妥商。嗣在天津听中堂议论相同。即将此意见向日本大臣说，此与立约和好之国友谊关碍不小，日本如此巨举动，中国不即决裂动兵，是中国大度含忍，仁厚待人，不欲遽然失和。若西国遇有此事，必早动兵！凡天下有约各国，遇有大事不先商议者，比致失和。日本大臣答曰：此欲不然，日本亦甚愿与中国公议此事，因何钦查不熟悉交涉体例，前行文

① 李鸿章：《李鸿章全集》，海南出版社，1997年版，第3114页。译署函稿卷八“毕德阁为美国驻天津副领事”。

② 来自日语“Mikado”发音，为天皇之意。此处为明治天皇。

外务省，措辞不妥，有羞辱日本之意，是以不便回覆，置之不理。如果中国恳将此文撤销，日本无不愿商议的。此是最要紧话，其事之真伪，我尚未考校明白。我向中堂说何钦查坏话，并非谗言。看他外面人颇和平端庄，不像冒失得罪人样子。因东洋怪他此件文书，遂不与商，我不能不告诉中堂知道。——德（美国驻天津）领事云：要会何钦查，问有此不妥文书否？不可因此小事，致两边不能商议、不可自走又（叉）路致碍正道。……我尝与平安大臣（美国驻日公使）议询此事。平安详细告知，更觉中国实在有理，日本不应与中国失和，令西国从旁疑怪。……适香港英国总督燕总督[1]亦来东京我素与相好，人极公正，遂将琉球近事详析告知。他意见与我一般，因托他同前主向日本秉大臣商酌。燕总督爵高望重，是英国在东方第一大官，东洋及其钦佩，现住内阁大臣宅内，说话必能得劲，比驻日（英国驻日本）巴公使更强。燕总督与巴夏礼素不同心。据燕总督云：看大局。中日两国皆有背后挑唆之人，欲使两国失和，各国可乘机得利。……五月二十六日（7月15日）又致书云：……昨据何钦查之参赞来见，将琉球始末文卷译送我，即转前主阅看。案牍甚烦，详阅再四，了然于心，前主深以中国理足，毫无娇强之处。……前主尚无机会谈论，日日赴宴看操，俟礼貌期过，再似特为此事商论……现令我日与东洋大臣讨论此案原委，录存呈阅。本日晚间外务大臣请我饮宴，允即抄送案卷。若辈意见，总谓琉球系伊藩属……琉球已置县令，政事律例均改造日本通行之规。燕总督晤日本大臣，谓此事应两国请他国一人出为调停。日本大臣云：尚未到此时候。——看他们现在口气，似不愿他人好话劝说。该国有一班人挑唆生事，望与中国启动战争。……英使巴夏礼亦阴与挑唆，惟愿两国失和。日本已将琉球废灭，若遽翻悔，该大臣等恐众心不服，禄位难保。以上各种情形，日本君臣亦有难处。……我这几天日夜思虑，要帮同前主办好此事。据愚见，中国若不自强，外人必易生心欺侮。在日本人心中，每视中国弱、自家强，所为无不遂者。彼既看不起中国，则无事不可做。日本既如此，

① 香港译为：轩尼诗总督。

则他国难保无轻视欺凌之事。据日本人以为，不但琉球可并，即台湾暨各属地动兵侵占，中国亦不过以笔墨口舌而已！此等情形，最为可恶！旁人看出此情，容易挑唆，从中多得便宜。中国如愿真心与日本和好，不在条约而在自强。盖条约不可照搬，自强则不敢生心矣！即如美国当初兵威不立，各国亦皆蔑视。英人每与美有隙，即派兵船胁制。及战败墨西哥后，威名大振，英逐贴然。南北美交战之始，英法方私议欲分占其地，嗣经前主削平，亦逐寂然。……前主在位时，要英国赔补济船费，英国不得不遵，实知前主有此权力。因此各国未与美国失和，皆能自强之效也。……中国大害在“弱”之一字。我心甚敬爱中国，实盼中国用好法除弊兴利，勉励自强，是天下第一大国，谁能侮之。国家比之人身，人身一弱，则百病来侵；一强则外邪不入。幸垂鉴纳不宣。杨越翰顿首。

另，译美国副将杨越翰来函（六月三十日到），其内称：

中国六月初七日，杨越翰自日本离阁地方致书李中堂阁下。前次去信言琉球事，至五月二十六日止，并将香港燕总督肯说公语缘由陈明矣。发信后，燕总督又与敝前国主公议此事，甚为同心，日本素重燕总督，以贵客相待。闻旁人言，燕总督背后劝说日本大臣，极其切实。日本内务大臣伊藤是第一有权柄之人，我想琉球之事，日本应先请国主调停，亦须彼此当面商量，不要他国公使在座，另出意见。因国主系游历之客，日人礼貌十分恭敬，不便先自开口，令人疑其多管闲事。我晤伊藤时，诱他先说此事，伊藤遂将该国办理球案卷宗，送与我看，请转呈国主查阅，并欲请国主秉公商议。闻日本外务省已有覆信与总理衙门，详明颠末，想中堂必早知道。国主每云：遇着好机会，必要将琉球一事与日本剀切言之。但若在东京商论，各国耳目太多不便，日本国家因派内务大臣伊藤、将军赛阁兵部尚书及现任驻美钦差越西达等，随来内地，与国主议论此事。昨日午刻会谈至晚，国主告知他们：前在中国恭亲王与李中堂托我调停，在中国看：日本办琉球事，甚不公道。我并无别的意思，但不愿亚细亚各国或有失和情事，中日多年和好，更不愿有失和情事。琉球之事我已与平安公使商议明白，我与他一样意见，国主论至此，又将恭亲王与李中堂所说之话，详细告述一遍。其说甚长，亦甚结实。就如在京津当面说的一般。并云：中国以日本办理此事，将中国太看轻了。又畅论各国若有战争兵灾，最可惨伤。其起事之人亦可恨。日人恃强，华人则甚和平。现在日本兵法虽似强于中国，而中国人物财产甲于天下，如肯自强，人才是用不尽，财产亦用不尽的。我劝日本不要看小此事，关系颇大。傥有旁人从中挑唆，使两国失和，必是奸邪，祗愿自家乘机得占便宜。日本现有此等外人，其居心行事，实在令人痛恨。譬如中国受鸦片烟之害，都是此等人播弄出来，中日两国，如同比邻，其人种同一根本，情谊应若一家。如有衅端，必系旁人鼓惑挑唆。我看此事，在日本必办不了，既有英国公使在此牵掣，必了不成；应该在北京与恭亲王等或在天津与李中堂商议办结。

伊藤听国主以上议论，又将日本现办情理详叙一遍，他闻中国于此事深抱不平，颇为着急，因日本初无失和之意也。惟日本难处，此事已办到如此地步，号令已出，不能挽回，致于颜面有碍，因请教国主有何妙法能了，可令中国允服。国主云：两国应如何互相退让，议定章程，我也不便预说。又将中堂前说琉球是各国与中国通商要路，为台湾前面门户，向伊藤等开导，谓非设法另立章程，保住中国要路门户，恐此事不能了结。

伊藤云：即将国主此番话，一一回明内阁执政大臣，再行覆知国主。此次国主与伊藤等问答之话甚多，意义均极周布，实系尽心代中国讲理劝和。俟日本商议就绪，如何回复，容再详布一切。德领事业经起程回津，他在日本甚出力，日日与国主商量此事，常派他出去探访，细事谨慎，认真办公，是美国得用之人。我们回国后，当保举他。国主之少君格参将托德领事回津后，将日本水陆兵法详告中堂。格参将随国主多年，兵法将略素优，所见甚确。我再将前函所陈自强之义，劝说中堂。中国能强，则各国必不敢欺凌。据我看，中国已屡次被他国欺负，总缘未能认真自强耳。嗣后中美两国如能会商，立一专条，彼此遇有难事，互相帮助扶持。若有此明文，他国或不致生心。我们回国，要将此意转达朝廷。国主与我等意思，德领事全知，中堂可随时问他。杨越翰顿首。

不难看出，杨越翰的书函，首先详细论述了日本的观点和“理据”，再用西方国家所确定的公法来判断是非，认为日本不与中国商议，遂灭琉球，单方面造成决裂的场面，中国不动兵事“大度含忍”。但如今日本已经废琉置县，不会轻易放弃，杨越翰注意到何如璋的照会，其此时将事情转告，并没有抹黑何如璋。最后，杨越翰对中国存有敬爱之心，直言中国的大害在一个“弱”字，其祝愿中国“勉力自强”。

1879 年 7 月 22 日，格兰忒应邀前往栃木县的日光，与日本明治政府内务卿伊藤博文和出兵台湾的陆军卿西乡从道会晤。此期间，格兰忒提到中国请他为琉球的争议协助调停。格兰忒用了大约三个小时，尝试说服日方接受斡旋，两国举行协商。唯有伊藤博文和西乡从道一言不发，最后回答：“归商政府，再有复命。”①

1879 年 8 月 10 日，格兰忒获邀至滨离宫与时年 27 岁的明治天皇晤谈。格兰忒再次重申受清国恭亲王奕䜣和北洋大臣李鸿章所托，调处琉球纠纷，其首先提到在日光与伊藤博文和西乡从道曾论及此事，并言明要日本退让是一件很难的事情，但对琉球一事清国的论点也是应该注意的。其进一步说：“日本的处置，有失两国友谊，倘若日本再占据台湾岛，将清国通往太平洋的水路折断，注定令清国对日本大为痛恨。”②

接着，格兰忒又谈道：“清廷心中对日本有此感触，日本可甚为考量，是否可以侠义之心向清国让步？双方互让，两国就可以维护和平。虽然我无此权，但让我进言：从琉球岛屿之间，打横画出经界线，以便在太平洋留有广阔的水路提供给清国。如如此，清国当会接受。”③

其中格兰忒所暗示的“从琉球岛屿之间，打横画出经界线”，即为后

① 李鸿章：《李鸿章全集》，海南出版社，1997 年版，第 3138 页。译署函稿卷八“何子峨来函”。

② 岩玉幸多編：『資料による日本の歩み・近代編』，吉川弘文館，1965 年版，第 121—122 頁。

③ 同上书，第 123 页。转引自：『岩倉公実記』下卷。

来的“分岛方案”，即将琉球国一分为三，北部日本占据的五岛由日本统辖；中部诸岛让琉球立国；南部的宫古岛及八重山列岛划归中国。但是，当格兰忒返回美国时，日方并未接受“分岛方案”。

三、格兰忒致函李鸿章：日谬在先，何公翻案

不久①，格兰忒给李鸿章写信道：

> 我到日本以后，屡次会晤内阁大臣，将恭亲王与李中堂所托琉球之事，与北京、天津所闻，情节微有不符。虽然不甚符合，日本确无要与中国失和之意。在日人自谓琉球事系其应办，并非无理；但若中国肯让日人，日本亦愿退让中国。②

显然，格兰忒的调停并无任何实质性的进展。虽然日本对他极尽殷勤，但他毕竟是个卸任的总统，东亚之行也不带官方色彩，因此日本方面对他只是虚与委蛇罢了。为了挽回面子，他在信中对李鸿章抱怨，中日谈判之所以陷入僵局，主要因为何如璋在照会中措辞过当，其称：

> 西历八月二十日即中国七月初三日，我有一句话要向贵中堂陈明，祈莫怪我。我原不便说的，看似多管闲事，但受恭亲王与贵中堂之托调停琉球事，我总未与何公使当面商量我诚心要劝中、日两国不致因此失和，先将两国所争论者详细说开，使两国面子上均过得去。若照驻东洋各国公使之意，不免从旁挑唆生事，他们好出头搅扰，冀得便宜。若中、日两国失和交战，兵费浩大，人民受殃，此极惨恶之事，不知几十年后元气才能渐复。我风闻何公使遇有交涉事件，必与西国那一位公使商议，或因是他的好朋友，其是否我亦不敢知也。美国现有平安公使在此，人甚公正，我常与密商球事，但不能再向各国

① 1879年8月22日，光绪五年七月初五日送到。

② 黄加佳：“琉球失国”，《北京日报》，2012年9月13日。

公使道及，因亦不便与何公使说及。何公使先前有一文书日本深怪，彼此不常见面，公事亦不能商量。我盼望中国要妥细商办此事，不妨将前次文书撤回，另派大员与日本议办，当可设法了结。凡与中、日两国相好皆有是心。外另致恭亲王一函，请贵中堂先看，再为转寄。此颂勋祺。

格兰忒拜①

李鸿章收到格兰忒的书信后，于1879年8月23日回复格兰忒。内称：

覆美前总统格兰忒（七月初七日）（附）

日前贵前主来游中国，获亲风采，畅聆教言，欣佩不可言喻。惟款待多疏，时萦歉念。

顷接公历八月初一日自日本东京来书，猥蒙记注，感慰交并。所托琉球之事，迭接杨副将信，知贵前主居间排解，苦口劝导日本诸大臣，俾勿听信旁人唆弄，致开兵衅，仰见贵前主不忘金诺，顾全两国大局之美意。本大臣立即将贵前主赐函并杨副将信译寄我总理衙门转呈恭亲王查阅，靡不同声感谢。惟此事实系日本欺人太甚，琉球为中国属邦，已五百余年，案卷具在。天下各国皆所闻知。今日本无故废灭琉球，并未先行会商中国，乃于事后捏造证据，照覆我总理衙门，强词夺理，不自认错。闻已将此项节略转呈贵前主阅看，想必能明办其诬也。

来示两国应该彼此互让，不致失和，诚为公平正大之论；但日本错谬在先，毫无退让中国之意。中国于前年台湾之役，业经忍让过分，举国臣民，已形不服，今此事若再退让，于国家体制声名，恐有

① 「訳美前総統来函」1879年9月7日（光绪5年7月21日），『李鴻章全集』訳署函稿卷9，第39—40頁。日译文：日本外务省编：『日本外交文書』，明治年间追补第1册，第11编/琉球事件，第242—244頁。日译文：王芸生：『日支外交六十年史』第1卷，第197—200頁。『沖縄県史』15卷（琉球政府编、国书刊行会，1989年复刻版，第148—153页记载英文原文、中、日译文。『沖縄県史』英文记载为「August 13th 1879」，而日译文则记载为「明治十二年八月十三日」，『李鴻章全集』的中译文记载为「西曆八月二十三日」，日本外务省编『日本外交文書』「明治年間追補第1册」日译文也记载为「西曆八月二十三日」。

妨碍。未知贵前主与其太政大臣等如何妥商办法，使两国面子上均下得去，本大臣窃愿倾听下风，以待贵前主之指挥也。贵前主将此事费心商定，不日命驾回国，想可属令贵国平安大臣与敝国何公使在东京接续商办，务使两国归于和睦，感盼尤殷。至敝国朝廷上下，皆欲认真整顿诸务，设法自强，以副贵前主暨杨副将殷勤属望之怀。惟祝贵前主回国后，仍旧总理国政，庶中美交情日臻亲密，以后仰仗大力维持之处甚多，容再随时专函布告。

德领事人极正派谨慎，本大臣素相器重，尚祈贵前主回国后，加意栽培为幸。再日前贵前主在天津晤谈，曾蒙以金山华工之事，属为妥筹办法。当经本大臣转述尊意，函商我总理衙门王大臣，请其酌为变通。旋据贵国西公使会议，拟暂禁止娼妓、逃犯、有病及招工人等前往金山等因，我总理王大臣因贵前主谆属在先，顾念两国睦谊，互相体谅，遂与西公使和衷商酌，允照所请，以后再妥订章程，想西公使必已函报尊处，特再附闻，以释远念。①

李鸿章的复函再次强调“惟此事实系日本欺人太甚，琉球为中国属邦，已五百余年，案卷具在”之观点，批评“日本无故废灭琉球，并未先行会商中国，乃于事后捏造许多谎言证据，照复我总理衙门，强词夺理，不自认错”之谬误，李鸿章也对格兰忒的观点表示同意，“来示两国应该彼此互让，不致失和，诚为公平正大之论”，但同时指出“日本错谬在先，毫无退让中国之意”，还特别指出“中国于前年台湾之役，业经忍让过分，举国臣民，已形不服，今此事若再退让，于国家体制声名，恐有妨碍”。

至于复函所讲“未知贵前主与其太政大臣等如何妥商办法，使两国面子上均下得去”，可以看出，李鸿章是想通过格兰忒调停琉球事件，确保清政府作为宗主国保护朝贡国琉球的这一国家面子，但格兰忒一直不理解儒家思想浓厚的“册封”“藩属”等概念，从格兰忒再次回复给李鸿章的函件（1879 年 9 月 7 日）中可以看到这一点。其内称：

---

① 《李文忠公选集（志存记录）》，http：//www. 3edu. net/gxshibu/50719_ 90. html。

西历八月二十三日即中国七月初六日，我到日本以后，屡次会晤内阁大臣，将恭亲王与李中堂所托琉球之事妥商，设法使中、日两国不至失和。看日人议论琉球事，与在北京、天津所闻情节微有不符。虽然不甚符合，日本确无要与中国失和之意。在日人，自谓球事系其应办，并非无理，但若中国肯宽让日人，日本亦愿退让中国，足见其本心不愿与中国失和。从前两国商办此事，有一件文书措语太重，使其不能转弯，日人心颇不平。如此文不肯撤销，以后恐难商议；如肯先行撤回，则日人悦服，情愿特派大员与中国特派大员妥商办法。此两国特派之大员，必要商定万全之策，俾两国永远和睦。譬如两人行路，各让少许，便自过去，无须他人帮助。两国大员会议时，如用洋人翻译，亦须两边愿意。不必再请各国公使调停。倘两国意见实有不合之处，可另请一国秉公议办，两国应各遵行，亦不可仅令驻京公使理说。亚细亚洲人数居地球三分之二，惟中、日两国最大，诸事可得自主。所有人民皆灵敏有胆，又能勤苦省俭；倘再参用西法，国势必日强盛，各国自不敢侵侮。即以前所订条约吃亏之处，尚可徐议更改；各国通商获利之处，中国亦不至落后。盖取用西法，广行通商，则民人生理、国家财源必臻富庶，不但外国有益，本国利益更多矣。日本数年来采用西法始能自立，无论何国再想强勉胁制立约，彼不甘受。日本既能如此，中国亦有此权力，我甚盼望中国亟求自强。我深知通商各大国内有那般奸人，愿中国日弱，他好乘机图得便宜；我实有爱惜此两国百姓之诚心，不得不苦口奉劝，勿中那般奸人觊觎之计。再过两礼拜，我即启程回国，日后，若听闻中、日两国为琉球事业经说合，并有永远和好之意，我更十分欢悦。我原不肯干预两国政务，越俎多事，但既出此言，两国果皆信以为实，球事可望了结，我亦不虚此行与有荣施也。前在中国各处，大小官员待我礼貌甚厚，至今感念不置。此颂勋祺。

格兰忒拜具

格兰忒受托斡旋之两国展开琉球问题会谈，可称得上是成功，因为他的影响力，促使日本回到谈判桌来。至于会谈的结果如何，并非格兰忒所能操纵，也只能是“日后，若听闻中、日两国为琉球事业经说合，并有永远和好之意，我更十分欢悦。我原不肯干预两国政务，越俎多事”。因为中国的积弱，格兰忒不再说动兵，而是寻求日本愿意会晤的条件。当日本无理要求何如璋撤回照会时，格兰忒为了使会议成功举行，曲成日意，一面劝说朝廷撤回照会，一面使得明治天皇答应进行谈判。特别是在获得承诺后，杨越翰又在美国撰文，为清政府、何如璋翻案，力指日本“无理”。杨越翰在分析日本政府不肯让步的原因时指出，明治维新后失去特权的武士阶层生活贫苦，“惟愿日本与别国动兵，伊等有事可做”。

事实上，日本从一开始就制定好了吞并琉球的既定方针。正如格兰忒的随员杨越翰在给李鸿章的信中公正地写道：

> 何公使照会一节，此系细故，球事未来了结与否，及如何了结，与照会无干，可以不必追求。

格兰忒的调停没什么进展，但明治维新后日本蒸蒸日上的景象，却给格兰忒留下了深刻的印象。在给李鸿章的信中，格兰忒还写道：

> 我看亚细亚，只有中华、日本可称两大强国，甚盼两国各设法自强，诸事可得自主。日本气象，似一年兴旺一年。中国人民财产本富，自强亦非难事。

格兰忒先后游历中日两国，两个国家的精神风貌高下立判。日本虽然明治维新刚刚几年，但军队整肃，人心向上，的确是一副奋发向上的状态。相比起来，中国虽然推行洋务运动已经十几年了，但是整个社会和人的状态没多大改观，还是一派暮气沉沉的模样。从文字上来看，格兰忒也更加倾向于师从欧美的日本。

格兰忒在日本停留了两个多月，并没提出具体的调停方案。1879 年 9 月 3 日，在从横滨港登船回国前，格兰忒给李鸿章写信劝道：“譬如两人行路，各让少许，便自过去，无须他人帮忙。”

第五章
分岛复国过程的琉球交涉

第一节 中日预备交涉琉案

一、日本杜撰《说略》自诩：琉球专属，《节略》反制

格兰忒走后，双方虽然同意重新开启谈判，但很长一段时间，却都没有再派人员接触。中国方面本来就没什么通洋务的人才，总理衙门担心如果派出一个腐儒，闹出笑话反而失了体统。日本方面也端起架子来。这么一来两相矜持，成了不来不往之局。

1879 年 4 月，日本废琉置县后，何如璋公使在日本不断提出抗议的照会，北京的总理衙门亦向日本公使宍户玑发送照会，加上美国前总统格兰忒到东京的斡旋，令日本明治政府颇受压力。日本虽然仍以琉球是日本的属国，坚持废琉置县是日本的内政，但难以做到实证。

日本外务卿寺岛宗则为显示废琉置县所谓有理，指令其部下引用史书，以致援引琉球的文献，其中包括萨摩藩强加琉球的“十五条”等内容，撰成《说略》，以图证明琉球自古以来就是日本的属国。特别强调，琉球的语言文字、风俗信仰等，均是由日本南传或深受日本影响所至，乃是不可争辩之事实。1879 年 8 月 2 日，日本驻华公使宍户玑向总署转交外相寺岛宗则于 7 月 16 日发出的《说略》，内称：

“琉球为我南岛久矣……国史记南岛朝贡事，实在中国隋唐之际。天平七年（唐开元二十三年），太宰府遣使于南岛……既在我政教之

下矣。”“保元中（当宋绍兴时），源为朝居伊豆大岛，浮海略诸岛至琉球，娶岛酋大里按司女弟，生男尊敦。为朝还大岛，尊敦立为琉球王，是为舜天王……其后二百余年，将军足利义教赏萨摩守岛津忠国功，赐以琉球（嘉吉元年、明正统六年）尔来，隶属岛津氏为其附庸。”“丰臣氏伐朝鲜之役，命征兵粮琉球，尚宁王仅输其半。德川氏继丰臣氏，命岛津家久发兵讨之。尚宁出降，家久引谒江户（庆长十四年、明万历三十七年）。”“庆长征服之后，并之萨摩封土，统其内政，兵戎其土，吏理其民，经其田，收其税。布禁行令，不一而足。内属附庸，誓文在案。家久得德川氏命，世管琉球地，遣吏人，理岛政，正经界……自此其后，世服萨摩吏治，于今经三百年矣。”“今也，我政府一变旧制，尽废建邦，易以郡县……而非灭人之国、绝人之祀者也。是系我国之内政，宜得自主而不容他邦之干涉也。”①

① 岩倉公旧跡保存会：『岩倉公実記』下卷，1906年発行，1927年再版，第583—588頁。《琉球新报》刊登照片显示：1879年日本政府派军占领首里城欢会门，武力胁迫琉球国王尚泰“同意合并”为冲绳县。从1609年萨摩岛津氏一度侵略琉球，再到1879年“琉球处分”，经过近三个世纪的谋划经略和十年运作，日本一举吞并延续500多年的琉球王国。然而对于这次吞并过程的细节，日本一直语焉不详。《琉球新报》披露日本吞并琉球的过程中，存在很多斩不断理还乱的后遗症，特别是在国际关系法和国际人权法层面更破绽毕现。该报质疑称，如果吞并过程违法，今天的日本政府如何面对？驻日美军存在的合理性在哪里？冲绳自立和独立运动的地位如何？这一系列问题，若追根溯源，就不得不说到“琉球处分”。所谓“琉球处分”是指日本明治政府为加强天皇制集权，从1871年8月29日开始，对日本本土地方藩主势力进行“废藩置县”后，于1872年对原本属于外国的琉球王国施行“琉球藩”措施，即所谓“废琉设藩”，目的在于将琉球从“王国”内化为“国内”地方问题，再到1879年设置冲绳县（琉球版的“废藩置县”），将琉球强制编入近代日本国家的一连串政治举措。“琉球处分”承上启下，承继萨摩势力对琉球国的武力盘剥和政治胁迫，又开启近代日本强制吞并主权国、侵犯他国人权，无视和破坏东亚传统国际关系秩序的案例。日本吞并琉球，首先是从舆论造势做起，努力营造琉球早已归顺日本的假象。“废琉设藩”实现吞并第一步，在正式的“琉球处分”之前，日本政治势力早有过吞灭琉球王国的举动。1609年，日本萨摩藩（今鹿儿岛县）岛津氏一度侵入琉球，俘虏了琉球尚宁王，还直接侵占了琉球群岛北部的奄美大岛等岛屿。但德川幕府权衡利弊后认为时机不对，下令萨摩藩岛津氏不得就此并吞琉球。萨摩藩只好将琉球国王释还，但开始在那霸设官暗中控制王府行政，此即为“（日本）萨摩侵攻”琉球事件，也是“琉球处分”发生之远因。1872年（清同治十一年），日本借明治天皇登基提示琉球朝贺。琉球国王遣其子赴东京贡献方物。日本借琉球使者到访日本之际（1872年），突然强制宣布“册封”琉球国王为藩王，并列入所谓“华族”序列。日本天皇下诏，以琉球为藩属，史称“废琉设藩”。这是日本政府强行改变日琉关系性质的第一步。日本政府对此举颇为得意，自以为琉球王国已“国内化”，在随后几年持续推动吞并进程。1875年5月，日本强令琉球国王停止对清朝的朝贡，并派军队驻扎琉球；为消弭中琉之间“宗藩关系”痕迹，6月又强令琉球改用日本年号。1876年，日本在琉球设立司法机构，事实上将琉球置于其统治之下。

这其中有“琉球为我南岛久矣……国史记南岛朝贡事，实在中国隋唐之际。天平七年（唐开元二十三年），太宰府遣使于南岛……既在我政教之下矣”。然而据史料记载，直到15世纪中期即嘉吉元年（1441年）以后，琉球王府仍认为“琉球与萨摩岛津氏的关系是对等的”。例如岛津氏在对琉球王通信中多用“殿下”，而少用“中山王阁下”。甚至有永禄十三年（1570年）三月一日，日本越前守村田经定致琉球王的信中称“陛下”。冲绳学者东恩纳宽惇氏认为，时至日本庆长（1596年），对琉球而言，岛津氏的地位似乎不高，与其说是上下关系，莫如说是对等的国际关系。因而相互往来的文书中常用对等之礼，毫无命令或下达的意味。到德川幕府末期，大学头林炜主编的《通航一览》（1853年）中记载：“彼国（琉球）在萨摩方面徒谓附属，但是并无现今君臣附庸之姿。”因此东恩纳宽惇氏认为：这是“揭穿真相之言”，所谓“彼琉球国，附庸于我藩久矣”

琉球国王不堪日本的侵略压迫，于1877年4月密遣紫巾官向德宏等人来华呈递密信，恳求清朝阻止日本的吞并行径。清朝派何如璋到日本进行交涉，但未取得成果。对此，日本则甚为恼怒，1879年1月10日的日本《朝野新闻》竟称，“琉奴蔑视我日本帝国甚哉！”于是，日本决定不顾国际公法，不顾琉球国臣民的意愿，意欲一举吞并琉球，“废藩置县”最终灭亡琉球国。经过筹划，在设藩后不到七年，日本迫不及待地继续开始吞并进程。1879年（即清光绪五年、日本明治十二年）3月，日本明治政府悍然出兵进占琉球。其间日本向琉球秘密派出军警人员，采取突然行动，要求琉球王代理（摄政）今归仁王子交出政权。3月30日日本正式宣布设置冲绳县（即所谓“废藩置县”），强制将所谓的琉球藩改为日本国冲绳县，随即大肆抢掠中琉往来的文书、文物和宝印，以及琉球国的政府档案（包括琉美等三国修好条约原本），企图销毁和隐匿历史见证，淡化历史，并强迫尚泰王等迁居日本。琉球国王遣人请求清政府问罪于日本不果。10月24日，琉球耳目官毛精长等人到北京总理衙门“长跪哀号，泣血吁请”，希望清政府能在“俯怜二百年效顺属藩”的份上援救琉球。虽然清政府与日本再次进行交涉，但中日未能达成一致，而琉球被日本占领已成为事实，清政府最终未在与日本的谈判条约上签字，琉球问题被长期搁置。由于晚清国力的不济、日本的蛮横自恃，琉球国终为日本吞并。经过这样从“废琉设藩”到“废藩置县”的“琉球处分”过程，日本在不到十年间实现了将整个琉球弧即琉球王国的辖地编入日本国的目的，从而基本完成近代日本国家的形成过程。而另一方面，则开始了琉球国土和琉球岛民的“被日本化”和“被冲绳化”的过程，由此带来延续至今的“琉球处分”的不断发酵和负面效应。如冲绳当地人所说，“琉球处分”之后，皇民化同化政策得以推进，导致冲绳战役中数十万冲绳人伤亡的悲剧。130年前的“琉球处分”违反国际法，后果至今仍在发酵。因“琉球处分”而丧失冲绳自我决定权的当地人，极为反感日本政府恣意妄为、翻手为云覆手为雨的行径，迄今仍然不懈地努力声索和诉求。日本惠泉女学园大学国际法国际人权法专家上村英明教授表示：“如同人们在美军基地搬迁问题上所看到的一样，琉球冲绳人决定的意见，被日本政府随意推翻、糊弄的殖民地状况还在不断发生。”刘艳：“日媒披露日本吞并琉球细节　首先营造琉球归顺假象（图）”，《环球时报》，http：//ido. 3mt. com. cn/Article/201408/show3798951c30p1. html。

等，“显然是庆长以后，岛津家的政治学者人为杜撰的豪言壮语”。到19世纪中期，国力日益强盛的日本已决心吞并琉球，于是开始篡改日琉历史关系。日本明治初期成书的《南聘纪考》称：“琉球国，原冲绳岛，自往古列（入）十二岛，附庸于萨摩方者久矣。事见长州藏本《平家物语》。自得佛分（岛津久经）补之地头，大抵250余年。其间，渐为战国、南北分朝，我藩亦剧扰，未暇以怀远邦。”

以上《说略》是日本政府在有关“琉球问题”的交涉中，最为冗长的一次照会，也是陈述日琉关系最为完整的一次。它直接关系到中日交涉的结局和近代日本“废琉置县”的性质。

而中国与琉球的关系是不争的事实，其不仅有礼部存档的文献可查，更有各册封使《使录》为证。但由于中国对日琉之间的关系知之甚少，总理衙门一时难定《说略》真伪，只好转交李鸿章查校。李鸿章虽为清政府熟知琉球之人，然也无法判明，幸好想起一个多月前曾向其泣告的琉球紫巾官的向德宏。而向德宏曾在福州密告日本阻贡，苦等三年而无结果，近再急报，谓日本已废琉球国而为县，亡国主辱，乔装进津，故李鸿章将其暂且安置。李鸿章特委托向德宏就《说略》做“阅览辩驳”，向德宏为求救国，奋笔写成《覆寺岛来文节略》（简称《节略》），逐一斥驳《说略》的琉球日本专属论。李鸿章以此做出删减，并以总理衙门回复日本《说略》照会。

《节略》论证有据，扼要讲述了琉球的立国和发展历程，反击了《说略》的无据之言。其内容如下：

向德宏登覆寺岛来文节略（六月二十四日到）（附）

六月二十一日琉球紫巾官向德宏准钞日本寺岛外务大臣来信，遵谕谨将逐件详细条陈，开列于左，仰祈宪鉴。

一、日本谓敝国属伊南岛，久在政教之下，引伊国史，谓朝贡日本事实在中国隋唐之际，此谎言也。考敝国在隋唐时，渐通中国，尝与日本、朝鲜、暹罗、爪哇、缅甸通商往来，至明万历间，有日本人孙七郎者，屡来敝国互市，颇识地理，因日本将军秀吉着有威名，孙乃缘秀吉近臣说秀吉曰：傥赴琉球，告以有事于大明，彼必来聘。秀吉听之，致书琉球，略曰：我邦百有余年，群国争雄，予也诞降，以有可治天下之奇瑞，远邦异域，款塞来享，今欲征大明国，盖非吾所为，天所授也；尔琉球宜候出师，期明春谒肥前辕门，若懈愆期，必遣水军，悉鏖岛民。敝国惧其威，因修聘焉。若据日史所言，则敝国隋唐时已属日本，何以至大明万历年间尚未入聘？其言之不实，不辨自明矣。国史附会，何所不至。至引所载太宰府遣使于南岛以下云云，安知非日本人在敝国为市者，将敝国地图画归，送呈日使馆，故铺扬而张大其说？乎且赤木为敝国地产木，至今尚无进与日本，如当隋唐时有贡，何今日反无之？事隔千余年，久远无稽，日本任意捏造，那有穷乎？

从上文亦可以看出，向德宏反驳日本，为说明琉球早已是日本属国，竟然任意捏造史话，罔言琉球早在隋唐已经朝贡日本。向德宏质问：如已成为日本属国，到了丰臣秀吉之时，何必再来聘？而太宰府（今日本福冈市）的遣使，也不过是通商之人罢了。

二、敝国距闽四千里，中有岛屿相绵亘，八重山属岛近台湾处，相距仅四百里。志略所谓：去闽万里，中道无止宿之地者，误也。距萨摩三千里，中有岛屿相绵亘，敝国所辖三十六岛之内七八岛在其中，万历三十七年，被日本占去五岛，亦在其中，志略所谓：「与日本萨摩州邻一苇可航者」误也。今日本以敝国当萨摩州一郡邑，谓久属伊南岛，实属混引无稽之词，成此欺人之谭。

寺岛宗则举出《志略》，意图加强萨摩与琉球之间的“邻接”，“与日本萨摩州邻一苇可航者”是刻意疏离中国，指去中国是“去闽万里”。向德宏直接斥责其“欺人之谭”，特意拿出八重山来说明，距离台湾仅仅400里（约合230公里），并非万里之遥。“万历三十七年，被日本占去五岛”才稍微靠近萨摩，准确来说，并非“一苇可航”，而是3000里之距。

> 三、敝国世纪载：开辟之始，海浪泛滥，时有男名志仁礼久，女名阿摩弥姑，运土石、植草木，以防海浪，穴居野处，是为首出之君。迨数传而人物繁殖，智识渐开，间出一人，分群类，定民居，称天帝子。天帝子生三男二女，长男称天孙氏，为国君始，二为接司官始，三为百姓始，长女为君君，次女为祝祝，均掌祝祭之官。天孙氏传二十五世为权臣利勇所弑，浦添按司名尊敦者起兵诛利勇，诸按司推戴尊敦为君，即舜天王。舜天王父源为朝，乃日本人，遭日本保元之乱，窜伊豆大岛。嗣复浮海至琉球，娶大理按司之妹，生尊敦，即舜天王也。自舜天王至尚泰王，凡三十八代。中间或让位于人，或为所夺，如此者几易五六姓，舜天王之统三世已绝矣。察度王洪武年间，赐琉球名巴志王，永乐年间赐姓尚，至尚泰王，或虽有嗣承，同系天朝赐国号受姓之人。尚泰王之祖尚圆王，伊平屋岛之人，乃天孙氏之裔也。日本何得认为日本之后耶？总归时异世迁，断不能妄援荒远无稽之论，为此神人共愤之事。如按此论，则美国百年前之君为英吉利人，刻下英吉利能强要此美国之地乎？地球内如美国者极多，纷纷翻案，何有穷乎？

“舜天王父源为朝”，其是因为保元之乱而逃到琉球，娶按司之妹而生舜天王。这是江户初期，日本鼓吹“日琉同祖”而编造写成的一些志书，是天方夜谭，均无据可考。向德宏首先陈述琉球开国之始，与许多国家一样都有神秘色彩。其实，琉球国要晚至中国的南宋或元朝，才开始发展成国家的规模。传说舜天王之父经保元之乱来琉，那也是公元1156年以后的事情，更何况舜天王的统治，仅仅历经三世而已。所以与尚王朝谈不上有血缘关系。向德宏反而重温了洪武年间，明太祖将“瑠求”赐名为“琉球”，又在永乐年间赐国主姓尚的历史。

> 四、尚宁王被擒，事固有之。盖因丰臣氏伐朝鲜之后，将构兵于大明，以敝国系日本邻邦，日本前来借兵、借粮，敝国不允所请，日本强逼甚严，尚宁更不承服。嗣后义久召在萨摩球僧，亲谕日本形势，还告尚宁王速朝德川，尚宁王不从，遂被兵，尚宁王为其所擒，

此逼立誓文之所由来也。厥后岁输八千石之粮于萨摩，以当纳款，此盖尚宁王君臣被困三年，不得已屈听之苦情也。今据日本伐朝鲜事，盖不便以骚扰中国为言耳。然事在明万历三十七年，是时敝国久已入贡中朝，即以所逼誓文法章而言，亦无不准立国阻贡天朝之事。且天朝定鼎之初，敝国投诚效顺，迄今又二百余年，恪遵会典，间岁一贡，嗣王继立，累请册封，日本向来亦称琉球国中山王甚为恭顺，皆无异说。乃自同治十年以来，谬改球国曰球藩，改国王曰藩王。派官、派兵前来，此乃起衅天朝之所由来也。

向德宏申诉琉球一直朝贡中国，至万历年间，尚宁王不肯屈服于日本的无理要求，遭致被虏三年，后虽然签下誓文，但入贡中国，从未受阻。至近年，才有阻贡废琉球王，争端由此而起。

五、神教，则自君君、祝祝掌祭祀之官时，敝国已有神教。据云岛祀伊势大神等，出自日本，不知敝国亦祀关圣、观音、土地诸神何尝出自日本也。

琉球的神教有自己独特的祝祭仪式，当然也有受日本影响的地方，但不可以说成是源于日本。向德宏举出日本不常拜祀，而琉球却十分盛行祭祀关帝、观音、土地爷，这些并非源自日本。

六、风俗，则敝国冠、婚、丧、祭，均遵天朝典礼。至席地而坐，设具别食，相沿已久，亦天朝之古制，经典详载也。焉知非日本之用我球制乎？如日本以古制私为己物，则日本亦可为天朝之物矣。至云蒸飨用伊小笠原氏之仪，尤为无据。如按此论，亦可云小笠原氏之仪乃引用敝国之仪矣。

琉球的生活风俗习惯与日本相似，就说成是源自日本，向德宏认为这是没有根据的，反问日本的器物是否来自中国或来自琉球呢？

七、四十八字母，敝国传自舜天王，舜天王虽日国人所生，然久矣三传而绝，何得据此为日本之物？且敝国亦多用汉文字，并非专用四十八字母也。如以参用四十八字母为据，则日本之向用天朝汉文不止四十八字母者，日本亦可为天朝之物矣。有此牵强之理乎？

日本鼓吹“日琉同祖”论，而向德宏却以“去日本化”来反击。其认为，日本与琉球所写的文字，都深受中国汉字的影响，在这方面可以说双方的汉字同祖于汉字。

八、言语，敝国自操土音，间有与日本相通者，系因两国贸易往来，故彼此耳熟能通。若未经与日本通商则日本不能通敝国人之言语，敝国亦不能通日本人之言语。据日本以敝国称国为屋其惹，乃冲绳，形似浮绳，故曰冲绳。始祖天孙氏，天孙氏天帝子所生，非日本人也。此言语与日本何涉？不待辩而误见矣。如按此而论，则日本能操敝国言语，敝国亦可云日本为敝国之物也。

两国长久通商互市，语言和习惯都会受影响，逐渐通晓对方的语言，是人类发展的常规。欧洲各国土地临近，其例子很多。但万万不能说对方能操本国的语言，则与对方的国家语言同源，乃至对方就可以成为本国之物。若此逻辑，则世界大乱矣。

九、日本谓敝国有饥则发帑赈之，有仇则兴兵报之，以为保庇其岛民，此语强孰甚焉。敝国荒年虽尝贷米、贷粟于日本，而一值丰年便送还清楚，无短欠，在日本祇为恤邻之道，在敝国祇循乞籴之文，如即以此视为其岛民，则泰西各国近年效赈天朝山西地方以及天朝商人之施政奥国则天朝可为泰西之地耶？奥国可为天朝之地耶？至台湾之役，彼实自图其私，且将生端于琉球，故先以斯役为之兆，何尝为敝国计哉。敝国又何乐日本代为启衅哉？

日本向琉球赈济，不是赠米赈粟，而是贷米贷粟，待丰年好收成，就须奉还。施这样的小惠，日本便无限放大，将琉球民归为自己的国民，岂是恤邻之道？又借“牡丹社事件”，打着保护岛民的旗号，说是“有仇则兴兵报之”。向德宏代表国家明确指出：琉球并不乐见由日本代为出兵去台湾开战。

> 十、日本谓敝国国体国政皆伊所立，敝国无自主之权。夫国体国政之大者，莫如膺封、爵锡、国号、受姓、奉朔、律令、礼制诸巨典，敝国自洪武五年入贡，册封中山王，改流求国号曰琉球。永乐年间，赐国主尚姓，历奉中朝正朔，遵中朝律例，至今无异。至于国中官守之职名、人员之进退、号令之出入、服制之法度，无非敝国主暨大臣主之，从无日本干预其间者。且前经与佛、米、兰三国，互立约言，敝国书中皆用天朝年月，并写敝国官员名，事属自主，各国所深知、敝国非日本附庸，岂待辩论而明哉？

日本说琉球是其附属国，派员驻那霸，年年收租税，是实质管制的证明。中国册封，仅仅虚掩而已。向德宏对比严词反诘。其首先列举国礼、国政中的重要巨典，当推册封、赐国号、奉正朔、尊礼典、颁律令，而这些重要的体制，都学自中国。至于国内的官守职名、人员免任、发施号令等，皆由国君和大臣决定。再论及与美国、法国、荷兰签立修好条约，用的年号就是“大清咸丰”，署名是琉球的总理大臣尚宏勋、布政大夫马良才，若非独立自主的国家，如何能够签订国际条约呢？以上种种，绝对可以证明琉球绝非日本的属国。

当时，向德宏为了针对日本自诩琉球是日本的专属，又将《冲绳志》呈给李鸿章参阅。《冲绳志》的作者是伊地知贞馨，其是领衔外务省出任处分琉球的六等官员，也是内务省的六等官员。数年前完成的《冲绳志》中的自序和贡献志皆承认琉球为两属之国，尤其“贡献志”的论述更为详述：

> 琉球自明清以来，世世受其奉爵……故琉球世世而为两属之国。

琉球虽为蕞尔小国，但具备有自主之国体。①

于是李鸿章便奏请总理衙门，引用《冲绳志》来驳斥日本所谓的琉球专属论，用伊地知贞馨代替总理衙门，可谓给了寺岛宗则一记耳光。

二、清政府邀请日本商议球案：搁置前论，不撤照会

格兰忒将恭亲王的信函告知明治天皇后，双方同意互派官员商议。其后，恭亲王和李鸿章特复函致谢格兰忒和杨越瀚，并提出何如璋的照会宜搁置不谈，相机而行。对格兰忒复函内称：

> 何公使那件文书尚是小事，琉球也经日本废灭，要他回头使中国面上过得去正自不易。②

而对杨越瀚复函，内称：

> 何公使前给外务省照会，措辞过火，此一时言语之失，诚如尊论，“系属细故，球事了解与否及如何了结，均与照会无干”……如其另派大员会商，前项照会撤销，尚是易事。③

同样，恭亲王的复函也是“将何公使照会一节轻笔放过”④，李鸿章亦表示赞同。

可以看出，恭亲王和李鸿章不撤回照会，是对何如璋的正确坚持、不做妥协的做法给予的支持。

---

① 赤领守：“琉球归属问题交涉与脱清人”，《第九届中琉历史关系国际学术会论文集》，海洋出版社，2005年版，第339页。

② 李鸿章：《李鸿章全集》，海南出版社，1997年版，第3146页。译署函稿卷十“复美国前总统格兰忒，光绪五年八月初九”。

③ 同上书，第3147页。译署函稿卷十“复美国前总统格兰忒，光绪五年八月初九”。

④ 同上书，第3146页。译署函稿卷十“复美国前总统格兰忒，光绪五年八月初九”。

而此时的何如璋对日方在格兰忒面前攻击其“外交失当”全然不知，在格兰忒离开日本的数日前还不断往访格兰特。格兰忒也最终接见了何如璋。据何如璋上奏：

迭晤格总统，询及球事，彼总沉默不发一语，但谓此事可无庸战争。①

何如璋于8月11日上函李鸿章，谈及其往见美国的平安，获悉其与格兰忒商议的琉球问题之法：

拟将琉球三分，中部（今冲绳本岛）仍归琉球王国，南部近台湾的宫古、八重岛交中国，北部近萨摩割隶日本，以作新设之冲绳县。②

格兰忒离开日本回国之后，总理衙门根据其来函之提议，“摘录原函要语”③，照会了日本外务省。总理衙门也是对何如璋的照会轻笔放过，并请日本派大员来华妥商。其内容为：

琉球一案，将从前论辩各节置而不提，愿照美国前统领从中劝解之意办理。④

此时，日本外务卿为井上馨，虽然中日双方往复近半年的书信，日本仍然推说“废球”是其内政，不愿派人来华会晤，甚至提出中国应该派人到东京谈判。直到进入第二年，也就是在清光绪六年（1880年）二月，何如璋前往会晤井上馨，谈及球案之事。从何如璋上报李鸿章内容可知：

（日本）情愿退让，拟以琉球南岛归中国，中岛归日本。又闻其

---

① 李鸿章：《李鸿章全集》，海南出版社，1997年版，第3146页。译署函稿卷十“复美国前总统格兰忒，光绪五年八月初九”。

② 同上。译署函稿卷十“密论何子峨，光绪五年八月初九”。

③ 同上。译署函稿卷十“译送美国前总统格来函，光绪五年七月二十二日”。

④ 同上。译署函稿卷九“与日本委员竹添进一笔谈节略，光绪五年七月二十二日”。

政府将于三月派员来华等语。[①]

“琉球二分法”由此而来。内容中所谓“派员来华”，并非是日本的全权代表，而是前来摸底的日本委员竹添进一郎[②]。1879 年 12 月初，有自称日本闲人者，实际曾担任日本驻朝鲜公使的竹添进一郎，在日本外务省的授意下来华试探。他上书李鸿章论“球案”，谓：天下无两婚之妇，岂亦有两属之邦乎？西人举事必借口公法，而所谓公法有一君兼统两国，无一国属于二君。是西人亦不有两婚之妇也，明矣。其试图以此来否定原先日本政府的琉球两属之说，而将两属关系比诸男女婚姻关系，可谓不伦不类！12 月 3 日，竹添谒见李鸿章，彼此进行笔谈。竹添仍持琉球本属日本之论，李鸿章驳之曰：前日本与我定约时，第一条称所属邦土，实指中国所属之朝鲜、琉球而言。当时伊达大臣及嗣后换约之副岛等，皆未向我声明琉球系日本属邦。今忽谓琉球专属日本，不属中国，强词夺理，深堪诧异。今若不必争辩琉球系属之谁邦，但讲两国宜倍敦和好，日本之意乃欲欺辱中国，吾虽欲和好其可得耶？竹添已探悉中方的态度，便辞别归国。看得出，日本政府一时还摸不准清政府对分岛改约论的态度，便决定先进行试探。

三、日本二分琉球商议球案：分岛改约，利益均沾

格兰忒调停一幕既已结束，日本政府经过缜密筹议后，对于中日琉案的交涉提出了新的处理方针，即所谓“分岛改约论”。其基本内容是：日本以增进中日两国间和好为目的，以琉球南部接近台湾之宫古、八重山两岛分让于中国，作为区划两国之国境线。与此同时，修改中日通商条约，

---

① 李鸿章：《李鸿章全集》，海南出版社，1997 年版，第 3158 页。译署函稿卷十“议球案结法”。

② 1880 年初，被委任为特派员至天津与李鸿章商谈，其后改任天津领事，后又转至北京任公使馆的书记官，1882 年升为驻韩办理公使，扶植亲日派介入甲申事变，1885 年辞任公使，弃政从文，在大学执教，是有名的汉学者。1879 年曾为救济中国大饥荒，在日本募捐购得六千石大米亲自送到中国，而与李鸿章订交，其雅爱汉学、诗文，与李鸿章笔谈两国外交之余，还不忘谈诗论书，雅致非常。其父做过熊本藩士奔走国事，中国名为进一。

增加利益均沾要款，使日本人能与西洋人相同，得入中国内地贸易。其根本目的是：以琉球南部最贫瘠的宫古、八重山两岛①为代价，换取清政府对日本吞并琉球的正式承认，使其灭琉废王的侵略行为合法化；更有甚者，促使清政府承认在中日谈判修好条规时所拒绝的日本内地通商及最惠国待遇条款。②

清光绪六年（1880 年）正月，竹添进一郎至天津。1880 年 3 月 26 日，竹添进一郎复谒李鸿章，谓奉内阁大臣之意，以达于中国。双方笔谈甚久。竹添与李鸿章举行琉案谈判的准备会议，李鸿章和竹添见面后，令诸人回避，两人关在小屋里秘密笔谈。③ 竹添写道：

> 今日之天下，非昔日之天下。有虎狼之国，无一日不欲逞志亚细亚……贵国地方广大，四疆之地不易把守。乃如伊犁，又与露有疆吏之争，未闻其结局。正值此时，琉球有外患，恐贵国鞭长莫及。

竹添进一郎把吞并琉球说成是给中国分忧，是在帮助中国看管边疆。不过，此话也恰恰戳到了李鸿章感到棘手之处，这就是此时中国西北边境的伊犁正爆发一场中俄危机。④ 1879 年至 1880 年间，中俄双方大战似乎一

---

① 日本废藩置县后，为了防止琉球人民的反抗，采用了分而治之的办法，将大隅诸岛、吐噶喇群岛、奄美诸岛等三大岛的 24 个岛屿，共计 2388 平方公里，50 多万人口并入鹿儿岛县。剩下的冲绳诸岛、宫古诸岛、八重山诸岛等 152 个岛屿（仅 40 余岛有人居住），以冲绳诸岛为中心组成冲绳县，总面积仅剩不到一半，共为 2273.41 平方公里。

② 戚其章："日本吞并琉球与中日关于琉案的交涉"，《济南教育学院学报》，2000 年第 5 期。

③ 中日汉字同源，意思多为相近。

④ 1871 年 7 月，中亚浩罕汗国军官阿古柏入侵新疆。俄国趁乱以"安定边境秩序"为由出兵占领了伊犁地区。清政府多次交涉，俄国拒不撤兵。1876 年，钦差大臣、陕甘总督左宗棠进军新疆，经过一年多的战斗，击溃了阿古柏的军队，收复了除伊犁地区以外的全部领土。然而对付拥有强大武力的俄国，清政府只能走外交途径一条路。1878 年 6 月，清政府任命崇厚为钦差大臣，赴俄国谈判收复伊犁事宜。可没承想，崇厚谈了一年多，竟然稀里糊涂地签了个《交收伊犁条约》（即《里瓦吉亚条约》）回来。按此条约规定，俄国倒是把伊犁还给了中国，但霍尔果斯河以西和特克斯河流域广大的疆土竟然拱手让给了俄国。此外，崇厚还答应了开通陆路通商线路、赔偿 500 万银卢布（约合白银 280 万两）军费等一系列丧权辱国的条款。当崇厚带着《交收伊犁条约》回到北京，国内舆论一片大哗，清政府也急了，指责崇厚"俄人与崇厚所议约章，流弊甚"，拒绝批准该条约，并把崇厚下了大狱。俄国见自己的如意算盘没有打成，立刻剑拔弩张，向中国西部边陲和沿海集结军队。

触即发。此时的清政府最为担心的就是俄国与日本联手对付中国。为了避免日俄勾结，清政府内部“快速解决球案”的呼声日益高涨。而恰恰是这个节骨眼上，日本人让竹添进一郎向李鸿章抛出了“琉球二分方案”，这就是所谓的“分岛改约”。

笔谈半日后，竹添进一郎果然向李鸿章面呈了日本的“说贴”。内称：

日本竹添进一说帖（二月十六日到）附

客冬中堂阁下不弃进一之愚，既荷教诲，又辱有所命焉，进一义不敢遗忘，回国之日，即敬致阁下之意于我政府，且沥微衷，恳以讲两国和好之道为请。我内阁大臣谓进一曰：琉球归我版图，旧矣，今废为县，并之内治，自主之权，固当然也。乃中国反以为言，我不解其为何故？尔后会美国前统领格兰氏游历我国，为我说曰：琉球南部诸岛与台湾相接，为东洋咽喉，日本占有之，若有寖偪中国之势者，李中堂所忧盖在于此也。我闻斯言，始悟中国违言之所由起矣。抑我与中国唇齿相依，我唯和好之密是求，岂有他心？我之废琉球为县，所以正名而固圉耳。今纷论相难，我实不知保全好谊之办法也。

但我别有欲言者，中国于西洋各商使均得入内地贸易，而我商民独不得同其例，是疑于厚彼而薄我。夫中国与日本，人同其种，书同其文，有旧好之谊，有辅车之势，宜同心戮力，以维持东洋全局，然中国相待之约，反不如待西人之优，我所深慨也。中国大臣果以大局为念，须听我商民入中国内地懋迁有无，一如西人，则我亦可以琉球之宫古岛、八重山岛定为中国所辖，以划两国疆域也。二岛与台湾最相接近，而距冲绳本岛九十里程（大约当中国五百里强），度其员幅殆琉球全部之半，实为东洋门户之所存，今以属人，于我国为至难之事，而一面我勉强为此至难之事，以表好意；一面两国奉特旨增加条约，中国举其所许西人者以及于我商民，我国亦举所许西人者以及之中国商民。而两国征税建法，一任本国自主。

嗣后遇与各通商国修改，现行缔约内管理商民查办犯案条款或通商章程或税则互相俯就，但均不得较他国有彼免此输、彼予此夺之别。果如此，于中国略无所损，而两国相亲爱之情由此大彰。然后中日视如一家，永以为好，实两国之庆也。是我公平秉心为大局之谋，中国大臣深达时务，想必相谅矣。吾子素受中堂之知，诚有为两国解纷之志，往报此意可也。

"说贴"内容提到的愿退让琉球南岛，与何如璋从井上馨得到的内容一致，但要增添修改通商条约之事。这其中"尔后会美国前统领格兰氏游历我国，为我说曰：琉球南部诸岛与台湾相接，为东洋咽喉，日本占有之，若有寖偪中国之势者，李中堂所忧盖在于此也。我闻斯言，始悟中国违言之所由起矣"，还特引用了格兰忒之语，转述了所谓李鸿章忧虑琉球南部的宫古和八重岛为日本所占，从而折断了中国东出太平洋的门户之建议。格兰忒之语，虽为借李鸿章之语劝说日本，但也可看出格兰忒多是在为美国在华自身利益考虑，是想借打开海上门户以最大满足于美国。此观点，不难从何如璋后于8月4日往晤美国公使馆杨越瀚所言证实。杨越瀚接待何如章之时，曾向其详细讲述了格兰忒在日本向伊藤博文等人调处琉案之内容，其内称：

亚细亚中东（即中日）两国总须和好，此事两国各少吃亏，伊等必调停，使两国各有体面。统领再三引申此意，彼未尝不称善也。……又言：琉球中南两部之间为太平洋商船出入要道，自未便听日本专据，有碍美国通商之局云云。①

从中可以看出，格兰忒为保护美国自身利益所图。"说贴"中"中国于西洋各商使均得入内地贸易，而我商民独不得同其例，是疑于厚彼而薄我。夫中国与日本，人同其种，书同其文，有旧好之谊，有辅车之势，宜同心戮力，以维持东洋全局，然中国相待之约，反不如待西人之优，我所深慨也。中国大臣果以大局为念，须听我商民入中国内地懋迁有无，一如西人，则我亦可以琉球之宫古岛、八重山岛定为中国所辖，以划两国疆域

① 李鸿章：《李鸿章全集》，海南出版社，1997年版，第3138页。译署函稿卷九"何子峨来函"。

也。二岛与台湾最相接近，而距冲绳本岛九十里程（大约当中国五百里强），度其员幅殆琉球全部之半，实为东洋门户之所存，今以属人，于我国为至难之事，而一面我勉强为此至难之事，以表好意；一面两国奉特旨增加条约，中国举其所许西人者以及于我商民”之内容，要求日本应与西洋各国一样之句，也就是“中国举其所许西人者以及于我商民”是日本要求与西方各国一样，其商人可以进入中国内地进行贸易，无不看出其与格兰忒“有碍美国通商之局”相关联。

日本人把琉球问题跟改约搅和到一起，大有讹诈之意。李鸿章极不满意，但是考虑到来自俄国人的威胁，又怕跟日本纠缠下去没完没了。于是，李鸿章在给总理衙门的信函中明确表示，中国不能要琉球两岛，还是应该把它们还给琉球人。让琉球王尚泰把宗庙迁到这两个岛去，也算为琉球人保存了香火。

4月4日，双方再次进行笔谈。李鸿章首先仍然拒绝改约，认为日本商民“无须入内地”。随后提起，上年8月11日何如璋来信，谓美国驻日公使平安曾与格兰忒熟商，以南岛归中国，北岛归日本，中岛归琉球，复国立君。竹添极力否认有此事，谓未见有此言，想敝政府不知前统领有此言也。李鸿章继云：或背后有此议，而阁下未之闻耳。竹添一时无所措词，争忙告退。看来，何如璋来信恐非空穴来风。此议既出自平安公使之口，不会凭空编造，恐是格兰忒提出此议后未被日方接受，故在致李鸿章函中也未能明提此议，但他一则讲各让少许，再则称美国现有平安公使在此，人甚公止，我常与密商球事，巳可窥见此中之消息了。于是，对于“分岛割让”，李鸿章一面向总理衙门告禀时，举出了何如璋于上年六月间函称美使格统领密议三分琉球之说，格统领并未向日本政府言明，抑或美使背后有此议，而日本未甚画诺。因摘录子峨前函要语出示，俾相质证。看竹添语气，若闻所未闻也者。[①] 而一面明确回复：

中国之争琉球，原为兴灭继绝，护持弱小起见，毫无利人土地之

---

① 李鸿章：《李鸿章全集》，海南出版社，1997年版，第3162页。译署函稿卷十“劝竹添进京，光绪五年七月二十二日”。

心，乃贵国居之不疑，并分南岛与中国，中国必不敢受。

竹添进一郎试探李鸿章想法后，大失所望便留书启程回日。其书内容首先说明说贴中所述南部二岛居琉球全部之半者，是就中南二部言之，若合北部而言，仅居三分之一。这里很可能是竹添受到质疑，而不得不澄清。最后，竹添认为："美使所说，恐非前统领之意，抑何大人与美使言语不通，重译之人无乃或失其旨乎？若使美使果有此言，敝国弊不能俯就！①

对此，恭亲王也上奏：

臣等思南岛归我是格兰特原议，而抹去中岛复琉一层，与中国欲延球祀之命意不符，且无端议改前屡请未许之条款，均属事不可行……李鸿章逐严词拒之而去。②

四、中日琉球谈判拟结琉案：签订条约，待奏御准

此时的日本政府颇急欲结束琉案之争。1880 年 4 月 17 日，内阁会议决定采取分岛改约论，并派内阁大书记官井上毅赴华，将决议传达于宍户玑。1880 年 4 月 19 日，总理衙门再次照会日本询问琉球会晤之事。日本再不能够推延，于 6 月 29 日决定不再另派大臣会谈，而是由驻华公使宍户玑作为全权代表。另外，回复总理衙门，决定不再提出撤销照会之事。其称：

先撤行文及派员二事，贵国既不喜；敝国以保全和好为旨，必不要求贵国所不喜。今将商办事宜，任之宍户玑；希秉公由恕与之商

① 李鸿章：《李鸿章全集》，海南出版社，1997 年版，第 3165 页。译署函稿卷九"与日本委员竹添进一笔谈节略，光绪五年七月二十二日"。

② "总理各国事务衙门奏请派员商办琉球案折"，《清光绪朝中日交涉史料》卷 1（21），文海出版社，1963 年版，第 20 页。

议，使两清浃洽等语。又准宍户玑照会称：议球事件，现归办理。请问贵国派何员、于何地方等因前来。臣等查琉球一案，议论已越年余，迄无端绪。日本辄指为彼之属国，而以废置为其内政；经格兰忒从中调处后，彼外务卿易井上馨与何如璋会晤词气较为和平。此次照复各语，与格兰忒原议尚无不合。惟彼族心怀叵测，此事有无可商，实未可知。应否特派大员同该使臣商办，抑或即派臣衙门堂官会同办理之处？臣等未敢擅便；伏候圣裁！①

1880年6月29日，日本政府任命宍户玑为全权办理委员。清政府则派总理衙门大臣沈桂芬、景廉、王文韶等与宍户玑会谈。而恰在此时，中俄关系相当紧张，俄国在新疆一带连番干扰，占据伊犁而不还。1879年10月，吏部左侍郎崇厚取回伊犁城，不俟谕旨，擅自签下《里瓦几亚条约》，割让霍尔果斯河以西和新疆塔城地区等一大片地区，又赔偿伊犁兵费及扣款280万两，更免去俄国商人在蒙古、新疆的贸易税。崇厚签约后即自行回国。清朝廷和民间问询其数额巨大，不予承认，朝廷更是立即将其关押，候斩定监。1880年2月派驻英公使曾纪泽为钦差大臣，前往俄国交涉改约。②

中俄之间面临开战危机，而日本趁势佯装与俄国亲近，报章亦散播与俄国结盟的传言，造成清朝内外大臣腹背受敌之忧。

日本也就是利用这个时机，通知北京举行琉球问题谈判。1880年8月18日，中日代表在北京开始琉球谈判。此时，清政府因担心日俄联手，各大臣建议早结琉案的进言甚多。詹事府右庶子张之洞催促："商务可允者早允"，可免二国结盟，则俄在西北之势自阻，困局可破。③

南洋大臣刘坤一此时的献言与张之洞一样："为防日俄东西夹击，宜尽快了解球案。"④

---

① 阎崇年、田钰、韩恒煜编：《中国历史大事编年·清近代》，北京出版社，1991年版，第608—609页。光绪六年《清光绪朝中日交涉史料选辑》，台湾文献丛刊，第210页。

② 同上。

③ 张启雄：《清光绪朝中日交涉史料选辑》，台湾省文献委员会，1997年版，第25页。

④ 同上。

此后，刘坤一再次上奏：

以南两岛重立琉球，俾延一线之祀，庶不负“存亡继绝”初心，且可留为后图。①

于是总理衙门奏称：

虽两岛地方荒瘠，要可借为存球根本。况揆诸现在事势，中国若拒日本太甚，必结俄日深。此举既可存球，并以防俄，未始非计。

并附片称：

臣等再四筹商，虽以南岛存球一线之祀，地小而瘠，将来亦不易办，而名义所在，与辩论初衷尚无不合。

总之，综合了各大臣的意见，就是早结“球案”，既可以破解日俄联手之忧虑，还可以笼络日本共同抵御西方列强，但在了结“球案”方面，则“皆以存球祀为重”，也就是“兴亡继绝”。而日本要交出南岛，条件是不改约也要加约，内容实为一样，就是也要获得西方列强在中国的特惠——“一体均沾”②。于是，恭亲王奕䜣深思熟虑后上奏为：

如一体均沾一条，其势不能不允者允之——凡是，皆为顾全大、

---

① 张启雄：《清光绪朝中日交涉史料选辑》，台湾省文献委员会，1997 年版，第 25 页。

② 日本明治政府成立后，以“条约改正”，即以修改与欧美列强之间的不平等条约，作为其“国是”。关于日本“条约改正”，学界一般关注日本与欧美各国的交涉，但当时日本与欧美各国签订的条约都规定了“一体均沾”的原则，若不能与中国完成修约，则日本与欧美各国修约后，欧美各国仍可“一体均沾”《中日修好条规》中的领事裁判权和关税税则条款，就等同于“条约改正”无效。故，对日本而言，修约必须同时与西方诸国和中国一起进行。《中日修好条规》签订后，日本随即向中国提出修约交涉要求，但从 1871 年到 1888 年为止都未能成功。最终，日本以甲午战争废弃了对等的《中日修好条规》，并借“战胜”而获取“城下之盟式”的外交与通商特权。

联络日本起见。①

为慎重起见，在谈判中向日本申明：

待明分界以后，彼此永远不相干预，庶以中国如何设法存琉，日本无从置喙。②

也就是，清政府甘愿让出内地自由通商的权利给日本，以换取宫古、八重山二岛供琉球复国。不难看出，清政府对琉球的“兴亡继绝”具有传统的思想根源，也即是作为中琉宗藩关系的天朝，有责任保护其属国，只是由于国力微弱，未能渡洋远征，倘若是相邻的藩属，如朝鲜、越南，则不会退缩，必定出兵驰援，故而此时的清政府宁愿让出本国利益，而让日本得惠“一体均沾”以挽回琉球国的土地，绝不仅仅是面子的问题。

由于诸上考虑，同时加以考虑防俄的因素，10 月 28 日，逐与日方草签了《琉球条约》。

《琉球条约》其中规定：

除冲绳岛以北属大日本国管理外，其宫古、八重山二岛属大清国管辖，以清两国疆界，各听自治，彼此永远不相干预。

从日本外务省的档案亦可查该条约内文：

球岛一案，两国以专（尊）重和好，故从前议论，置而不提。兹
大清国
钦命总理各国事务王大臣
大日本国
钦查全权大臣勋二等宍户

---

① 张启雄：《清光绪朝中日交涉史料选辑》，台湾省文献委员会，1997 年版，第 27 页。

② 同上。《第一届中琉历史关系国际学术会议论文集》，台北中琉文化经济协会，1990 年版，第 285 页。

各奉

上谕，筹商办理，言归于好，又酌加条约，益敦邻谊，均得善当。即将所立条款，书压为据，以昭信守。

第一款

大日本国将琉球南部宫古、八重山二道，属之

大清国管辖，以割两国疆界，永远不相干预。

大清国从

大日本国所求，不待届辛未（一八七一）年所订重修之期，酌加下文条约，以互表明好意。①

第二款是增约，即加上了一体均沾的最惠国待遇，还有凭单，证明与其他国家修约时，彼此酌议。恭亲王奕䜣奏禀中的《球案条约》内容如下：

《琉球条约拟稿》

大清国、大日本国以专重和好，故将琉球一案所有从前议论，置而不提。大清国大日本国共同商议，除冲绳岛以北属大日本国管理之外，其宫古、八重山二岛属大清国管辖，以清两国疆界，各听其治，彼此永远不相干预。

大清国、大日本国现议酌加两国条约，以表真诚和好之意。兹大清国钦命总理各国事务王大臣、大日本国钦差全权大臣（勋二等宍户玑）各凭所奉上谕，便宜办理，定立专条，画押钤印为据。现今条约应由两国御笔批准，于三个月限内，在大清国都中互换（光绪七年五月、明治十四年二月），交割两岛之次月，开办加约事宜。②

另有增约和凭单。《加约拟稿》内容为：

---

① 『日本外務省當案目録』的“两分琉球”方案的图照。转引自吴天颖：《甲午战前钓鱼列屿归属考》，社会科学文献出版社，1994 年版，第 54 页。

② 《清光绪朝中日交涉史料》，文海出版社，1963 年版，第 24 页。附件一总理衙门各国事务衙门录呈“球案”条约的底稿。

《加约拟稿》

大清国大日本国辛未年（1871 年）所订条约，允宜永远信守。惟以其内条款有须一二变通，是以大清国钦命总理各国事务王大臣、大日本国钦差全权大臣勋二等宍户，各遵所奉谕旨，共同商议，酌加条款。所有议定各条，开列于左：

第一条　两国所有与各通商国已定条约内，载予通商人民便益各事，两国人民亦莫不同获其美。嗣后两国与各国加有别项利益之处，两国人民亦均沾其惠，不得较各国有彼厚此薄之偏。但此国与他国立有如果施立专章，彼国若欲援他国之益，使其人民同沾，亦应于所议专章一体遵守，其系另有相酌条款才予特优者，两国如欲均沾，当遵守其相酌条款。

第二条　辛未年两国所定修好条规，及通商章程各条款，与此次增加条款有碍者，当照此次增加条项施行。现今所立加约，应由两国御笔批准，于三个月内，在大清国都中互换。

值得注意的是，条约须要经过两国的御笔才可批准，沈桂芬还提出希望暂缓十天才签字，因为还有内奏手续要呈报之故，宍户玑对此表示理解，同时提出三个月内互换批准书。①

《凭单拟稿》内容为：

《凭单拟稿》

两国通商事宜，有与他通商各国随时变通之处，彼此预为言明。嗣后，此国有将与他各国现行条约内管理商民、查办犯案各款及海关税则更行酌改，候与他各国订定后，再行彼此酌议。因此预立凭单，画押为据。

---

① 安冈昭男著，胡连成译：《明治前期日中关系史研究》，福建人民出版社，2007 年版，第 113 页。

也就是，《球案条约》虽已达成协议，但中方沈桂芬按照程序，并未签字画押，因要有十天期的奏报确认。这与崇厚与俄国谈判伊犁议结后马上签字，后才通知朝廷而被朝廷关押候审不无一定关联。

清光绪六年（1880 年）十月二十一日，沈桂芬携带草案向奕䜣汇报。十月二十八日，奕䜣连同《球案条约》的草案奏请御准。

与此同时，琉球人得知这一方案后大失所望。一边是清政府对“分岛改约”的暧昧态度，一边是国内不时传来的日人暴行，来华请愿的琉球使臣感到从未有过的绝望与无助。当听说清政府要与日本签署《球案条约》的消息时，在华奔走呼号几年的琉球使节林世功在总理衙门前挥剑自刎。他们告诉清政府，宫古、八重山两岛乃是不毛之地，在那里生活都极其困难，更别说保留宗庙了。为此，琉球人反抗日本人殖民统治的报道，屡屡见诸报端。《申报》曾以“琉民恶日”为题报道：一常年驻华的琉球官员回国宣传“清国有意出援兵”，立刻遭到日本人的逮捕；日本官吏欲用米赈灾，琉球人却拒不受领；琉球一山林着火，烧掉当地百姓 40 余间房屋等。

总理衙门的对日妥协引起许多官员的不满，纷纷上书言事，由此，清政府内部关于要不要接受琉球分割方案也产生了严重分歧。赞同一方认为，这样可以快速解决与日本的纷争，防止日俄联手夹击中国；反对一方认为，这样一来会让中国丢掉宗主国的尊严，使得朝鲜、越南等藩属国对中国失去信心，转而依附日本。

右庶子陈宝琛上书指出，日本“视我之强弱而已。中国而强于俄，则日本不招而来，中国而弱于俄，虽甘言厚赂，兴立互相保护之约，一时中俄有衅，日本之势必折而入于者”，“今我若轻结琉球之案，则俄人有例可援，中国无词可措，以俄兵取高丽，如汤沃雪，而其势与关东日逼，非徒唇齿之患，实为心腹之忧。祸延于朝鲜，而中国之边更亟矣”。

可以说，陈宝琛的看法极有见地。自以“牡丹社事件”为由出兵台湾以来，日本就是用一次次挑起事端的方法来试探清政府的反应与实力。在这种博弈中，日本权衡着自己与中国的力量对比，有条不紊地推动着自己蚕食中国、称霸亚洲的计划。

而这些明智者中最具代表性的要属直隶总督李鸿章。李鸿章从开始就主张分岛与改约应该分开处理。及后，虽然李鸿章无奈受到分岛之议，但当他从向德宏得知南岛不能自立，在达成琉球条约的前两天（也就是清光绪六年十月十九日），李鸿章在回答总理衙门来询时，便已经上报“请球案缓结”。

向德宏确系球王族属至戚，前为紫巾官亦甚显，明白事体，忠义有守，可谓贤矣，若图另立无逾此者。然所称八重、宫古二岛，土产贫瘠无能自立，尤以割南岛另立监国，断断不能遵行。竟又伏地大哭不起，仁贤可敬，而孤忠亦可悯。尊处如尚未与户定议，此事似以宕缓为宜。言者虽请速结球案，究未深悉其中曲折。即使俄人开衅，似无须借助日本。而日本畏忌俄人最深，其隐衷亦难与合从中国之力实不敌俄，宁可屈志于俄，亦何必计及日本之有无扛帮耶？若照现议，球王不复，无论另立某某，南岛枯瘠不足自存，不数年必仍旧日本耳。若由中国另行设官置防，徒增后累。而以内地通商均沾之实惠，易一瓯脱无用之荒岛，于义奚取。既承下问，敢贡其愚，伏惟裁择。应否令向德宏赴京备询之处，仍俟后命。

李鸿章接旨要统筹全局之后，审时度势，再审约稿，思索数日，写成《复奏球案宜缓允折》，于十一月十一日奏称。其内容长达 3000 字，首先陈述各大臣的意见，次述通商条约不宜让日本“利益均沾”，再复日本废灭琉球，兼谈琉球原有三十六岛，今闻南岛归中国，即可传讯向德宏，并已函告总理衙门，宜缓结“球案”，最后又谈及何如璋寻访琉球王后的来书。其内称：

闻日本公使宍户玑在总理衙门催结球案，明知中俄之约未定，意在乘此机会图占便宜。臣愚以为琉球被废之时，中国以体统攸关，不能不亟与理论；今则俄事方殷，中国之力暂难兼顾。且日人多所要求，允之则大受其损，拒之则多树一敌，惟有用延宕之一法最为相宜。盖此系彼曲我直之事，彼断不能以中国暂不诘问而转来寻衅。俟俄事既结，再理琉案，则力专而势自强。近接总理衙门函述日本所议，臣因传询在津之琉球官向德宏，始知中岛物产较多，南岛贫瘠僻隘，不能自立；而球王及其世子，日本又不肯释还。遂即函商总理衙门，谓此事可缓则缓，冀免后悔。此议结球案尚宜酌度之情形也。臣接奉寄谕，始知已成之局未便更动，正筹思善全之策，适接出使大臣何如璋来书，并抄所寄总理衙门两函，力陈利益均沾及内地通商之弊，语多切实。复称询访球王，谓如宫古、八重山小岛另立王子，不止王家不愿，阖国臣民亦断断不服。南岛地瘠产微，向隶中山，政令由其土人自主。今欲举以畀球，而琉人反不敢受，我之办法亦穷等语。臣思中国以存琉球宗社为重，本非利其土地，今得南岛以封球，而球人不愿，势不能不派员管理，既蹈义始利终之嫌，不免为日人分谤。且以有用之兵饷，守此瓯脱不毛之土，劳费正自无穷；而道里辽远，音问隔绝，实觉孤危可虑。若惮其劳费而弃之不守，适堕日人狡谋；且恐西人踞之，经营垦辟，扼我太平洋咽喉，亦非中国之利。是即使不议改约，而仅分我以南岛，犹恐进退两难，致贻后悔。今彼乃议改前约，倘能竟释球王，畀以中、南两岛，复为一国，其利害尚足相抵，或可勉强允许。如其不然，则彼享其利，而我受其害，且并失我内地之利，臣窃有所不取也。

故此奏，先分析日本催结琉案的动机，指出与日使所议诸条，既对中国有害无利，又不可行，主张暂时采取拖延办法，能缓则缓。并针对日方的两分琉球办法，提出新的两分琉球办法，即以琉球北部归日本，中、南两部仍归琉球，使之复国。①

李鸿章受到西太后器重，其复奏的建议获得旨准。于是传谕曾纪泽在谈判时，稍让于俄，对于球案条约的签字，则以“支度之法”应之。

李鸿章的复奏是在十一月十一日，已经超逾暂缓十天内奏后签字之期（十月三十一日）。宍户玑不断来催问签字，因为日本认为中国感到东西受压会被迫签字。十一月十七日，总理衙门派总办叶毓桐到日本公使馆，递交照会。其内称：

---

① 有学者表示：“李鸿章主张三分琉球，将南部归中国管辖，其实不符合李奏之原意。”

钦奉上谕："拟结流球"一案各折片，着交南、北洋大臣等妥议具奏；俟覆奏到日，再降谕旨等因，钦此。①

当时，南洋大臣是刘坤一，北洋大臣是李鸿章。后来刘坤一上奏《奏陈中外各国事势片》②，才三百余言，持论不清，难怪不受重视。不过，交给南北大臣合议，只是拖延之法而已。日本对此极为不满，外务卿井上馨闻报，向宍户玑发出训令，着转知总理衙门：

两国全权特任之大臣，意见相同之后，即可签字。签字结束之后，即可请求批准，理应如此。签字之前，恭请上谕及听取南北洋通商大臣之意见，毫无必要。③

宍户玑于十二月二十七日向总理衙门照会：须期十日有所咨答。转年，宍户玑到总理衙门通报即将回国，总理衙门对其解释：

在缔结条约之际，无论何国，也会召开上下议院进行议论。中国交给南北洋大臣讨论，其理同此；又延期签字，各国不乏先例。

对此，宍户玑表示：

然两国秉权大臣既经议结，其大臣不以全权画押，欲让他人参与此事，欲是未闻有此一说。如此则表明秉权大臣之无权，是以无权充有权，等于欺骗对方之使臣。（此为）贵国惯例，乃一国之私法，非

---

① 总理各国事务衙门奏日本使臣宍户玑回国折（十二月二十七日）：臣奕等跪奏：为奏闻事。光绪六年九月二十五日，臣衙门具奏"与日本使臣宍户玑拟结球案"一折，《前据总理各国事务衙门奏》。

② 附件一总理衙门各国事务衙门录呈球案条的底稿"刘坤一奏陈中外各国事势片"。转引自《清光绪朝中日交涉史料》，文海出版社，1963年版，第30页。

③ 安冈昭男著，胡连成译：《明治前期日中关系史研究》，福建人民出版社，2007年版，第113页。

万国会商之通意。①

然而，各国之间缔约，即便是议结后待签字，甚至签字后被推翻的也比比皆是。此间，也恰是1881年1月17日上奏，张树声极力反对将“球案”与通商挂钩的办法。他说：“琉球一案，与中日通商如风马牛之不相及，彼既虏球君，县球土，因中国责言，始以无足轻重之两小岛来相搪塞。中国何负于倭，倭何德于中国，顾欲责偿于中国之改约耶？彼则鲸吞蚕食之不已，复欲乘我之危机；我则兴灭继绝之未能，转又予彼以利益，五洲万国盖不经见。此球案改约二事断不能牵连并议，其理又易明也。”

无疑，张树声所奏内容对总理衙门的轻率做法婉转地提出了批评。在众多大臣的反对下，总理衙门决定以不批准协议草案的办法，将琉案搁置起来。

1881年1月17日，宍户玑十分恼怒，照会总理衙门，宣称琉球谈判破裂，大意谓此事迟搁不定，无复期于必成，此为中国自弃前议，今后琉球一案，理当永远无复异议；又称已奉命回国，留其参赞田边太一暂署使臣，作出决绝的姿态。1881年1月27日，宍户玑悻然离开北京，回国复命。

同年2月24日，经过驻英公使、钦差大臣曾纪泽的斡旋，清政府不但要回了伊犁地区，还挽回了崇厚拱手让给俄国的部分主权。曾纪泽经过努力，与俄国在圣彼得堡签订《中俄伊犁条约》（即《中俄改订条约》），与《里瓦几亚条约》相比，少了割地，却多了赔钱。一度剑拔弩张的中俄边境，暂时恢复了平静，来自俄国的威胁解除了。避开了中俄开战，舒缓了西北的紧张局势，因此不用再向日本多做妥协。

清光绪七年（1881年）二月初六（3月5日），清帝颁布上谕：

……原议商务一体均沾一条为日本约章所无，今欲援西国约章办理，原非必不可行，惟此案因球案而起，中国以存球为重，若如所议

① 安冈昭男著，胡连成译：《明治前期日中关系史研究》，福建人民出版社，2007年版，第113页。

划分两岛，于存球祀一层未臻妥善，着总理各国事务衙门再向日本使臣悉心妥商，俟球案妥结，商务自可议行。

又查地球诸国交邻通义：凡所商未经画押盖印，即不为定约。宍户之将归也，多方催迫，谓我欺诳，不过趁中、俄事急，乘机要盟，借此鼓弄耳。及至悻悻而去。

上谕之主旨是认为球案问题解决的关键在于“存球祀”，即如果日本能够满足琉球复国这一条件，则其所要求的“一体均沾”享有其他国家在中国权益，也是可以商量的。总理衙门遂根据这份上谕的精神，与日本议定了一个专条，称：

载明分界以后，彼此永远不相干预，庶以后中国如何设法存球，日本无从置喙。

清政府似乎觉得如此结束琉球事件是最佳选择，既避免了中日交恶，又可以使帝国政治制度中至关重要的“朝贡体系”一环免遭冲击。

但在李鸿章看来，朝贡体系下宗主国的虚名毫无价值，但让日本“一体均沾”享有其他国家在中国一样的权益，则必然为祸甚远——更何况，如此分割琉球诸岛，对中国而言是徒增防御之累赘，琉球即便复国也无法在日本的威胁下生存。

在李鸿章的坚持下，朝廷以同意日本“一体均沾”列强在华利益换取保存琉球社稷的计划中止。

之后中日双方的交涉陷入僵局：李鸿章一意坚持保存琉球王国，再三对日使强调中国在琉球问题上没有领土利益诉求，要求恢复琉球王室对琉球的统治或者局部统治；但日本旨在吞并琉球，对琉球国的存在必不能容忍，竹添进一郎致函李鸿章，强硬表示：“将中部归琉球复国立君，则我国决不能从”。

及至中俄围绕伊犁问题发生外交摩擦，日本又乘机讹诈，驻日公使黎庶昌与日方擅自商定了一个“善了”琉球问题的办法：

> 日允中仍认琉球为国，听凭尚氏朝贡中国，册封一了，定日将琉球设县，理其内治，释回尚氏任为县令，子孙世袭。但日意欲声明是专属。

对此，李鸿章认为这个“善后办法”极为荒诞，指责日方不过意欲借此骗取清政府承认琉球乃日本专属的一纸声明。琉球复国自然是最好不过，但将琉球国王改称“琉球县令”，即便“世袭”，仍是不够独立。

第二节　琉球君臣交涉复国

一、琉球国内反日抗命：士族反抗，流亡清朝

1872年，日本宣布废除琉球国，改为琉球藩。随后又于1874年强迫琉球停止向清朝朝贡。这引起了亲清派（日本人呼之为“顽固党”）人士的不满和恐慌。

1875年日本举兵进入琉球，日本内务大丞松田道之强迫琉球国停止向清朝朝贡礼仪，断绝与清朝的外交关系，采用日本年号。面对日本的种种侵略行径，琉球国王尚泰自叹无力，只得把最后一根救命稻草寄托在“宗主国”清朝身上。于是1876年12月，琉球国王尚泰与三司官向居谦商议，秘密遣紫巾官向德宏、都通事蔡大鼎、通事林世功等人赴福州，假借探问未归国的进贡使毛精长的名义，与清朝交涉。[①] 林世功以曾留学清朝，熟悉清朝事务为由自荐同往。一行共19人，从北山名护间切的湖边底港出发，在伊江岛遭遇台风，险些触礁沉没。在经过八重山群岛之后，于次年到达福州，被安置于柔远驿。[②]

林世功等一行向闽浙总督何璟、福建巡抚丁日昌递交国王咨文，

---

① 琉球国假借探问未归国的进贡使毛精长名义，赴清朝交涉，被称为“脱清人”之始。

② 胡飞：“1880：一个琉球人的自刎——林世功的激愤与无奈”，《佳木斯教育学院学报》，2012年第3期。

陈述日本阻贡详情，呼吁清政府救助，同时何璟、丁日昌也联名上书朝廷：

> 查琉球国世外外藩，岁修联贡，较诸国最为恭顺。兹以倭人中梗，方物稽期。该国王昕夕优危，为难抗拒，深恐失修贡事，上负累朝复载之恩。①

时值清朝西北战事吃紧，无暇他顾，林世功等人上奏的咨文始终没有得到总理衙门和李鸿章的回复，但是林世功等人一直在积极地活动游说。林世功、向德宏在清朝积极努力活动期间，日本于1878年8月正式宣布琉球改为“冲绳县”，1879年琉球国王尚泰等被日本政府强迫迁往东京，琉球国灭亡。琉球灭国的消息由从琉球逃到清朝的琉球官员和百姓的口中传到林世功、向德宏等在华活动的人的耳中，林、向等人义愤填膺，不顾清朝规制，决定冒险北上，直接同总理衙门和李鸿章交涉阐述琉球国灭，乞求清朝主持复国。关于林世功等一行人北上的情况，据蔡大鼎《北上杂记》载：

> 当即叠次哀恳大宪，迅赐拯救。惟念在闽守候多年，竟致国灭主辱，若不晋京请救，难期再造邦国。因欲禀请闽宪，……不如薙发改装，密为北上。业于己卯年八月十四日。率同蔡大鼎、林世功，大文李文达，茂才蔡以正，传译通事谢维垣，驱使笃实之人陈学诚，从人仲村渠，三更时分坐驾河船，……即日开洋，十七日致上海……二十七日移寓河北（天津）宏盛客店，……九月初二日，河北启程……初五日四十里至都，由沙锅门进城，寓西河沿福来客栈。②

林世功、蔡大鼎等一行人到达天津后，上书李鸿章，请求清朝出面调解，以助琉球复国免受日本蹂躏，向德宏由于担心受到日本特务的追杀，

① 胡飞：“1880：一个琉球人的自刎——林世功的激愤与无奈”，《佳木斯教育学院学报》，2012年第3期。

② 同上。

留在了天津李鸿章处寻求庇护。林世功等其他人则前往北京继续活动，以求得到中央的支持。一行人来到北京后，于8月14日同毛精长联名，将请愿书送交总理衙门，请求出兵救援琉球。但清政府未做出反应，最后他们以绝食的方法请求清政府向日本交涉。

日本的行为深深刺激了作为琉球宗主国的清朝政府，另一方面以何如璋为首的官员主张以强硬的态度回应日本的挑衅行径，因此清政府派李鸿章同日本政府调停。李鸿章虽想力争，但因受制于中俄伊犁问题，不想以武力解决，因此便希冀各国的调停干预。而此时恰逢美国前总统格兰忒访华，奕䜣、李鸿章等人便想请其出面同日本政府谈判。格兰忒答应以私人身份同日本交涉，提出"分岛方案"，即将琉球一分为三，北部原先日本占据的五个岛屿由日本继续统辖，中部诸岛则由琉球国统治，南部的宫古列岛及八重山列划归中国。日本本不同意此方案，但怕此事拖久恐有生变，清政府则想抽出精力全力处理中俄危机，因此在同意日本修改1871年签订的《中日通商条约》的前提下，1880年11月中日双方又签订了关于处理琉球问题的"球案条约"。大意如下：大清国大日本以尊重和好，故将琉球一案所有从前议论置而不提。大清国、大日本国共同商议，除冲绳岛以北属大日本帝国管理外，其宫古、八重山二岛属大清国管辖，以清两国疆界，各听自治，彼此永远不相干预。

1880年11月20日，林世功来到总理衙门，做绝命诗两首：

> 古来忠孝几人全，忧国思家已五年。一死犹期存社稷，高堂专赖弟兄贤。
>
> 廿年定省半违亲，自认乾坤一罪人。老泪忆儿双白发，又闻噩耗更伤神。

诗毕，其挥剑自刎于总理衙门前。22日，得知此事的慈禧太后认为林世功是琉球王室的忠臣，赠白银200两，厚葬于通县张家湾立禅庵村。

林世功在清朝游说活动的三年里，琉球一步步被日本蚕食，而希冀的清政府并没有如预期的那样做出强有力的动作替琉球据理力争，林世功的思想在现实的不断打击中也在慢慢发生变化，愤恨中多了些无奈之情。

1879 年 4 月 4 日，日本明治政府悍然决定废琉球为“冲绳县”。松田道之强令尚泰王迁出首里城，便开始推行新政，但遭到琉球的官员和士族的抵制，拒绝遵守政令。松田道之想由尚泰王来发令，呼吁臣民遵从新政。但三司官回复松田道之尚泰王已经备受屈辱，已无面目再发号施令，日本政府强行命令并威吓，藩王如不合作，是违抗日本的命令，会受到处分。纵然如此，琉球君王硬是不从，松田道之一时间也无所适从。

日本对琉球强行武力吞并，引发琉球全国强烈抗拒，各地官吏对“废琉置县”之举，不予合作、不听告谕、拒绝任命，士族上下同仇敌忾，以拒绝移交各种公文、聚属、在日本宣读告谕之时采用居座实行总体退席反抗。士族之间相互发誓不做日本人的奴隶，明确拒绝向日本政府纳税，遭到武力威胁时，更表现出“当不惜身家性命”，“不做任何与大和人内通之事”的气节，如有贪生怕死之念，则以“本人性命听其自然、父母妻子受到流刑”[①] 表述衷肠。

直至 1879 年，琉球国王被迫迁居日本，琉球国灭。琉球国王尚泰退出居城之时，真乃“士族官吏数百人围着驾舆，妇女和众人哀号者不知几许，实在目不忍睹”，[②] 更可见其状况。林世功等决心再冒险北上做最后一搏，面见李鸿章甚至在总理衙门前绝食抗议。

林世功面对君王被掳受辱，国破家亡，而自己领命在清乞师回援三年未果，不禁羞愧难当，上不能面对君王，下不能面对父母，这对于“忠孝节义”以及“修身治国平天下”等观念全都溶入到血液中，血管里流的都是孔孟之道鲜血的林世功来说无疑是不能接受的。

1880 年 11 月，当清政府与日本签署《球案条约》的消息传来，林世功的最后一线希望也破灭。面对国破家亡，自己又身在异乡，心中的无限凄凉是难以言喻的。20 日，林世功自尽于总理衙门前。林世功此一死表达

---

① 胡飞：“1880：一个琉球人的自刎——林世功的激愤与无奈”，《佳木斯教育学院学报》，2012 年第 3 期，第 234 页。

② 横瀨夜雨：『明治初年の世相』，新潮社，1927 年版，第 233 頁。

出四种含义：一是表达对日本侵略的强烈愤慨；二是表达对宗主国清朝的失望；三是表达对不能完成使命的歉疚；四是表达自己作为一个小人物在这种大的局势面前的无奈。①

日本强行“废琉置县”后，日本在琉球推行了一系列殖民化政策，引起了琉球民众尤其是士族阶层②的强烈反抗。当时的琉球摄政王依江王子、三司官以及各地50余名士族代表不断抗争，反复向宗主国清国陈情请愿。前三司官龟川亲方方盛武为反日抗命领袖，琉球旧官罢政后，常常聚集在其家共同商议救国大事。琉球人两年多来怕萨摩如虎，生性懦弱，没有提刀握枪来对抗，而是采用不服从明治政府政令信息的消极抵抗方式。各士族联署血书，誓死不当新政权的管理，有违者杀无赦。如因此惨遭日本政府的毒手，便将筹集好的安家费抚恤其妻儿。③

1979年8月，首任冲绳县令锅岛直彬不再采用怀柔容忍之策，为了立威造势，对不合作采用铁腕政策，不惜对龟山派的主要干将与那城按司、津嘉山按司（向龙光）和泽氏亲方等十余人实施抓捕，同时还在各区抓捕多名活跃分子，施加严刑拷问。④

这样一来，因冲绳县警察的镇压和逮捕，不满日本统治的琉球人纷纷流亡清朝。一方面出于政治避难，另一方面向清朝上书请愿，希望凭借清朝的力量重建琉球王国，一大批人成为“脱清人”⑤。如1882年1月，富名腰朝卫和与那岭真雄，在新垣乘船逃往福建；3月，三司官富川盛奎（毛凤来）、国场大业（王大业）亦潜逃至福建。同一时期，湖城以恭、国吉浦户、阿波连承阴等，亦登上国际船偷渡到中国（详见下列表）。

---

① 程朱理学对琉球国的深刻影响尤其体现在士大夫身上。林世功的爱国壮举赢得了中琉两国共同的赞誉。林世功对中琉两国特别是福建与琉球的民间往来形成巨大的影响，一直延续至今。

② 琉球旧有统治阶级。

③ 喜舎場朝賢：『琉球見聞録』，東汀遺書著刊行会，1952年版，第132頁。

④ 刑讯手段：将双手反缚，悬挂在屋梁下，然后用棍棒拷打，使得受刑者皮肉绽开，哀叫之声传与远街，使得闻之者战栗震慑，直至反日者“悔悟”。引自喜舎場朝賢：『琉球見聞録』，東汀遺書著刊行会，1952年版，第144頁。

⑤ 琉球处分期间，不满日本统治逃往清朝以求复国的琉球人。

脱清人——琉球人流亡清朝事件

时间	清朝年号	日本年号	代表人物	人数	备注
1874 年	同治十三年	明治七年	毛精长（国头亲云上盛乘）	不详	毛精长为最后一任进贡使，琉球灭亡后不再归国
1876 年	光绪二年	明治九年	向德宏（幸地亲方朝常）、蔡大鼎（伊计亲云上）、林世功（名城里之子亲云上）	19 人	赴清朝交涉朝贡一事
1879 年	光绪五年	明治十二年	湖城以正（蔡氏）、神山庸忠（殷氏）	13 人	湖城以正是空手道高手； 神山庸忠是亲清派神山庸荣之子
1880 年	光绪六年	明治十三年	富名腰朝卫（向氏）	2 人	山奉行笔者，位阶“亲云上”，时年 49 岁
1882 年	光绪八年	明治十五年	毛凤来（富川亲方盛奎）、王大业（国场亲云上大业）	2 人	毛凤来是最后一任三司官之一
1882 年	光绪八年	明治十五年	湖城以恭（蔡氏）	3 人	
1882 年	光绪八年	明治十五年	真壁德名		
1882 年	光绪八年	明治十五年	马必选（国头亲云上必达）	3 人	
1883 年	光绪九年	明治十六年	向有德（浦添亲方朝忠）	42 人	按司奉行，时年 37 岁
1884 年	光绪十年	明治十七年	仲本进辉	5 人	
1884 年	光绪十年	明治十七年	宜野座朝义（向氏）	6 人	

续表

时间	清朝年号	日本年号	代表人物	人数	备注
1884 年	光绪十年	明治十七年	毛有庆（龟川亲方盛栋）	4 人	毛有庆于次年归国，与祖父毛允良①（龟川亲方盛武）同被冲绳警察逮捕
1885 年	光绪十一年	明治十八年	向龙光（津嘉山亲方朝助）与其次子	2 人	亲清派首领，因毛有庆被捕而流亡清朝
1892 年	光绪十八年	明治二十五年	毛有庆（龟川亲方盛栋）		亲清派首领，政治避难
1896 年	光绪二十二年	明治二十九年	向志礼（义村按司朝明）	5 人	义村御殿三世。亲清派首领。因甲午战争清朝战败而流亡清朝避难

这些“脱清人”逃到福建后，申诉日本人的酷刑拷打：

上自法司等官，下至绅耆市庶，外而属岛监守官……等，多被倭人劫至各处衙署，或有固执忠义自刎而死者……②

---

① 毛允良（琉球语：毛允良/モーインリョー，1808—1880 年），琉球第二尚氏王朝末期的政治家。他在琉球被日本吞并之后，组织士族反抗日本的统治。毛允良出生在首里仪保村，其祖先毛光国（江田亲云上盛常），是毛氏丰见城家的后裔。毛允良曾于 1860 年当选三司官，在政治立场上反日亲清，于次年被迫辞职。此后毛允良成为黑党（反萨摩派）的重要人物，与东国兴（津波古亲方政正）为首的白党（亲萨摩派）对立。日本在琉球设置琉球藩之后，1875 年，毛允良在自己隐居的府邸聚集同党，策划反抗日本的统治。向有德（浦添按司朝忠）、向文治（名护按司朝忠）、向龙光（津嘉山亲方朝助）、金培义（泽岻亲方安本）、向汝砺（翁长亲方朝典）、小波津亲方等人经常前往他的府邸聚会。1879 年，琉球被日本吞并之后，毛允良组织琉球士族反对日本统治，成为亲清反日派士族的总首领。毛允良的孙子毛有庆（龟川里之子亲云上盛栋）前往清朝，以福州柔远驿为据点，要求清朝就琉球问题进行交涉。翌年，毛有庆回国，并在中城御殿纠集亲清派士族，谎称清朝将要出兵琉球，引起首里一带的骚动。受此影响，毛允良一家被冲绳县警察逮捕，并受到拷问。11 月 3 日，毛允良被释放后，亲清派士族们怀疑他已向警察招供，斥责他是卖国贼，不过其在监狱中的真实情况至今仍是个谜。警察以保护其人身安全为由将其监视居住。由于监禁期间受到虐待，毛允良十天后死去。

② 西里喜行編：『琉球救国請願書集成』，東京法政大学沖縄研究所，1993 年版，第 54、58 頁。

也有人逃到中国参加琉球救国运动后再回返琉球，即可被日官员探悉拘捕，惨遭严刑拷问，其中龟山里之子亲云上，就是于 1879 年 6 月归国琉球，被日警察逮捕后严刑逼供而死。①

此时，身在东京的琉球官员，向清朝驻日公使何如璋及外交使团申诉琉球国的独立性，请清政府为其做主。由于尚泰正身患重病，故派世子前往东京，亲自诉求日本暂缓国王赴日的行期，以此作为缓兵之计，以期清政府能救其于水火。而此时，在清朝的尚德宏紧急向李鸿章递呈求助信，其表示：

日本要“灭数百年籓臣之祀”，琉球上下正是“主忧臣辱”，“生不愿为日国属人，死不愿为日国厉鬼”，恳求清政府“威惠于天下”，“速赐拯援之策，立兴师问罪之师”。

此后若干年，中日双方虽然也曾试图重开谈判，但一来双方主张相去太远，二来比琉球对中国意义更重大的藩属国越南、朝鲜先后发生危机，中国与周边国家维系几百年，甚至上千年的宗藩关系，面临着西方列强的全面挑战，中国外患频至，清政府已无法倾全力拯救琉球，面对尚德宏的泣血哭诉，在犹豫不决之中让日本占得机会。

二、植木枝盛西村舍三：独立琉球，两则誓文

日本的自由民权运动愈演愈烈，一些人士对于琉球的吞并、分割表示同情，也给琉球的士族阶层带来了憧憬。特别是 1884 年朝鲜的甲申事变后，日本自由民权活动家植木枝盛闻听中国与日本要分琉球，即刻提出强烈反对，其认为这是“残忍酷虐”“野蛮不文”之举，并指出，应该让琉球独立，中国和日本携手并进，开创出亚洲“同等主义”和“开明主

① 那霸市総務部市史編集室編：『那霸市史』通史稿第 2 卷，那霸市役所，1974 年版，第 129 頁。

义”。①

但最终由于自由民权运动未能夺得日本主权，令琉球士族阶层一场梦碎。

由于逃往清国的琉球人的拼命请愿，使得琉球免于被分割的境地。但日本政府计划对琉球强行实施废藩置县之后立即分割琉球。1883 年 12 月 21 日，西村舍三接任琉球县令，兼任冲绳县令和判事，于 1884 年 2 月 1 日出发前往琉球赴任，也就是甲申事件发生的这一年。其一方面对琉球采用铁腕手段对待反日复旧运动，宣布复旧运动等同“卖国贼”，另一方面则实施以柔克刚之策。

其到达那霸的时间已经是 2 月中旬。2 月 26 日，先让尚泰王嫡子尚典还乡。4 月，尚泰王回到东京，明治政府更是破例批准尚泰王回琉球祭祀王陵、探视臣民。但行前需要立下誓文两则：

> 一、不得蛊惑人心，更要对士族旧官作出劝谕；
> 二、人心不稳出现乱局之际，必须马上返回东京。②

明治政府很显然是要利用尚泰王来收拢琉球人心。八月，尚泰王回到阔别五年的故土，出迎的臣民云集渡头，欢欣雀跃。在迎接旧王的宴会上，君臣欢饮，彻夜达旦，弦歌高奏，烟火耀天。如此欢乐情景，仿如隔世往事。为求与民同乐，在那霸湾三里，摆放了 36 个大桶，盛满琉球佳酿发泡酒，让人民纵情歌唱。③

连番酬酢，尚泰王谈到自己虽然幽禁在东京，但生活十分自怡，备受明治政府关注和护佑，所以对明治新政府颇为拥护。尚泰王更发出“谕达”，呼吁旧士族支持明治新政府，不要再做“脱清人”，逃到中国去进行复旧运动，并传召士族的主要首脑小波津亲方、津嘉山亲方（向龙光）、神山亲云上三人，详述明治政府的厚爱，所以应该停止复旧请愿运动，并

---

① 色川大吉：『自由民權』，岩波書店，1981 年版，第 227—228 頁。

② 那霸市総務部市史編集室編：『那霸市史』通史稿第 2 卷，那霸市役所，1974 年版，第 135 頁。

③ 同上。

敦嘱神山亲云上将“谕达”转告给旧亲方龟山及有关人士。[①] 对此，士族中有识之士认为：旧君因幽囚东京，才按大和（日本）政府的命令发出“谕达”，是有所忌惮之故。还是应听津嘉山的命令。[②]

尚泰王作为旧的君主，却要否定复旧运动，令士族顿感失望。而他们也认清局势和尚泰王的处境，认为这并非君主的真意，为了复国，他们不听君令，反而希望更快救出囚禁在东京的君主，复兴社稷。事实上，琉球志士的气概是敢违君命的。当尚泰王 1885 年 2 月再次回到东京后的一个月，津嘉山亲方就违反了所谓的“君命”，偷偷逃往中国，在中国进行救国请愿运动。这样一来，西村舍三对这些旧士族怀恨在心，将这些人称之为“不懂时势之顽物”。[③] 关于当时的琉球情况，西村舍三做出如下汇报：

> 有百十来名不明法理之人不顾国法，接连不断逃往清国，并向清国请愿。其理由不外乎这些内容，即日本采用暴力手段对我琉球巧取豪夺，生擒国王父子，置百姓于生灵涂炭之境地，故恳请速来救援。然而这些人虽然频频来往周璇，却止于暂时的调查和说服，没有任何制裁力，虚而不实。（关于分割琉球案）北京之评议如此，李中堂（李鸿章）的考量如此。应该采取在福建集结军队准备兴师问罪，不日进行谈判、征讨日本等行动来蛊惑人心。原本被尊为天上之国的中国，也对于（废藩）置县的大令阳奉阴违，士族和民众对其他新政均持不服之态度。士族与民众也颇感政坛不稳。从 15 年（1882 年）到 16 年的春夏之交，要说民心完全背离也绝不过分。[④]

此时，无论是在中国进行救国请愿的“脱清人”，还是留在琉球坚持

---

① 那霸市総務部市史編集室編：『那覇市史』通史稿第 2 巻，那覇市役所，1974 年版，第 137 頁。

② 同上。

③ 同上书，第 140 页。

④ 西村舍三：「沖縄県県治方向の件」、1885 年 2 月 25 日「参事院秘第 17 号」A03022939700。转引自村田忠禧：《日中领土争端的起源 从历史档案看钓鱼岛问题》，社会科学文献出版社，2013 年版，第 145 页。

救国的复旧运动的志士，都希望中国出兵救援。西村舍三对千人县令岩村高俊采取的应对措施进行了严厉批评，称：渡海到琉球视察之后，完全不改旧政，重视安抚民心，学校和医院都恢复了旧制，改成朗读四书五经。琉球人大喜，但革新的目标尚未明确。[①]

三、日本吞并琉球政策：旧惯温存，同化教育

在经济方面，自从1609年萨摩藩进犯，直至将尚泰王掠到东京，并迫使其写降书后，萨摩藩向琉球强征税收，沾手对明朝、清朝的朝贡贸易，攫取大部分的利益，又阻止琉球出船与南洋诸国进行贸易。在萨摩藩的强制之下，琉球失去了朝贡贸易与南洋互市的丰厚利润，还要继续承担册封使来琉球的巨额开销，以及支付参谒萨摩藩和江湖幕府的巨大费用，因而经济状况堪忧，国库空虚。

由于旧琉球藩王尚泰父子希望回乡探亲，因此西村舍三决定让“嫡子尚典在新旧县令交接之际同行”。他到任后，为了消除士族经济方面的不安，采取措施继续维持旧习。日本明治政府对琉球的经济殖民化政策主要是实施地租、人头税、物产税以及产业执行方针。为了不引起琉球人民的强烈反对，日本并没有实行疾风暴雨般的殖民化改造，而是采取了一种循序渐进的方式，即所谓的“旧惯温存”政策。对琉球历来的的土地制度、风俗习惯、商业经营尽量不予大的破坏，尤其对家禄处分、寺社处分、山林处分等在现阶段予以保存，以避免重蹈在日本本土“废藩置县”之覆辙。

日本吞并琉球后，为了加大砂糖产量，满足国内需求及对外贸易，采取了扩大甘蔗种植面积、改进生产技术提高生产率、改善甘蔗种植者福利等促进砂糖业发展的措施。[②] 表面上，比起日本吞并前琉球下层民众在统治者压迫下的艰难生活，这些措施客观上振兴了地方产业，促进了琉球经济的发展，也在一定程度上提高了一些当地人的生活水平，而事实却是相

① 西村舍三：『御祭草紙』（口述）1908年，第47頁。转引自村田忠禧：《日中领土争端的起源　从历史档案看钓鱼岛问题》，社会科学文献出版社，2013年版，第145页。

② 琉球盛产甘蔗，制糖业发达，因而日本对其依赖严重。

当多的琉球人仍生活在贫困潦倒之中。这些贫困的琉球民众即使向日本明治政府申请补助也极难获得资助。因为此时的日本政府，对琉球始终持有一种轻视歧视态度，认定“不可宠坏琉球人”。日本大正十三年（1924年）时，日本明治政府对琉球的财政支出仅为1798489日元，而冲绳国税负担却达5521918日元，为同等面积人口的宫崎县的2.1倍、鸟取县的2.4倍，而此时的冲绳全县没有国营铁路，更无一所高等学校，真可谓“奴隶之解放，亦不过是奴隶之易主而已”。[①]

在教育方面，日本加强推进普及小学义务教育，其用意是要同化琉球人。日本派驻冲绳县的第一代县令锅岛直彬认为，冲绳的当务之急是改从日本本土语言习惯，而实现这一目标，唯有教育而已。

日本皇民化教育包括：使用国定教科书，教授日本标准语，提倡忠君爱国、鼓吹国家主义。1880年，冲绳师范学校冲绳县教务科发行日语教科书《冲绳对话》，设立日语会话场所。其后，设立冲绳师范学校以及日语速成科，制定教授日语的小学教员计划。自1883年开始从日本其他府县招募日语教员。不过，这时的冲绳人对于日本本土，无论是族群还是语言，都有鲜明的区分意识。[②] 此时的琉球知识分子仍然将日语称为“东京的语言”“大和的语言”，遭到琉球民众的抵触，刚开始入学人数远远不足。日本政府认为琉球人缺乏“日本人”意识，不仅是儿童，就是他们的父辈也视日本本土出生的人为日本人，自己则为冲绳人，而上层士族则特称自己为琉球人，在琉球推行的教育方针是“皇民化”教育。为了打破这种状态，日本规定所有的教育科目要以培养国防后备人才的“日本人”为目标，设立日语会话科以及培养效忠天皇的“修身”课程。

1884年5月16日到5月30日，西村舍三率领一行人等巡视了久米、宫古和石垣岛。其中，久米岛可以说是来往福州的门户，如果琉球分岛得以实现，那么宫古和石垣二岛将交付清朝。日本政府虽然禁止前往清朝进行朝贡贸易，但是仍有不少人采用偷渡、漂流等各种方式渡海到清朝，并以福州为据点，为谋求琉球王国的复兴而开展活动，支持那些“脱清人”

---

① 杨仲揆：《琉球古今谈》，台湾商务印书馆，1900年版，第222页。

② 比嘉清：『琉球弧の言語』，三元社，2000年版。

行动的民众势力在当时的琉球社会也是根深蒂固的。西村舍三认为：以琉球人身份自由往来于清国与琉球之间，或在清国设立事务所从事商务活动，较之现行的政策——领取明治政府发行的出境许可并以日本人身份外出经商，无论是在经济上还是在政治上，都非常有利。于是琉球人将商务利益与救国运动联系为一体，利用明治政府——冲绳县当局管理上的疏漏纷纷流亡清国。据记载，琉球船只漂流事件，1882 年九起，1883 年八起，1884 年八起。这些船只佯装海上遇难，实则大多为政治避难。①

因此，为稳定人心，西村舍三认为，培养作为日本人的意识是极为重要的课题。其认为，应尽力重振小学普及教育，通过“新旧法规并存之法”来努力摆脱人心惶惶的局面以重获民心。

1896 年开始，冲绳教育会提出对教育的“改进”要点：第一，唤起忠爱志气、国家至上的思想；第二，严格执行尊重秩序的“敬礼法”；第三，以普及普通话为目标，并增加口试。1900 年开始，为禁止校内使用琉球方言，日本政府在冲绳县立一中推行设立“方言牌”制度②。在战时，更加力推日本军国主义教育。冲绳教育会的机关刊物《琉球教育》主张：培养冲绳县民国家观念是当下教育的一大问题。教育不只是针对 40 余万县民的外在，更应是内心精神的日本化。这里所说的“精神的日本化”就是培养对天皇和日本国家的忠诚。其认为，“古来被视为异邦无用的冲绳是我帝国南门”，“国家上的冲绳”，远远超过“物质上的冲绳价值”。冲绳人应该成为外海上防卫的先锋，成为“日本国民”的一人，为陛下奉献生命。③

亡国的琉球人，更遭歧视，在冲绳找不到工作，多远走他乡，从事最为低下的工作。日本大阪、和歌山、东京等地成为诸多琉球人的谋生之地，待遇微薄，饱受歧视。一些公司前的木牌上甚至写有“严禁冲绳人和朝鲜人”④，造成很多纠纷。为了反对歧视，琉球人成立了“关西冲绳人会”进行抗争。而这些抗争，又与日本的左翼劳工运动结合起来，不少

---

① 西里喜行編：『清末中琉日関係史の研究』，京都大学学術出版会，2005 年版，第 422 頁。

② 使用琉球语言者，要罚站走廊、扣操行分等。

③ 誉田豊吉：「沖縄教育の方針」，『沖縄の教育』32 号，1898 年版。转引自《那霸市史》资料编第二卷中一三，那霸市役所，1970 年版，第 57 页。

④ 那霸市総務部市史編集室編：『那覇市史』通史稿第 2 巻，那霸市役所，1974 年版，第 577 頁。

“冲绳人会”的领袖，也加入了日本的社会主义政党，融入到日本的全国劳农运动之中。①

也有不少琉球人漂洋过海到中国（包括台湾）、南洋和夏威夷②。

四、琉球之共同会运动：交涉日本，求助中国

琉球被日本吞并后，在改造琉球人的历史方面，日本文部省颁布的小学课本中，提出了冲绳人自古以来就是日本人的一部分，但与本土交通断绝，因而忘记了自己为日本人。

由此，琉球复国运动随之而起，方式多样，其中包括向中国求援，向各国使节求助以及原琉球官吏拒绝就任新职、实施暴动、不惜殉国等。

1894 年春，朝鲜爆发东学党起义，清朝政府应朝鲜李朝政府的请求派兵协助镇压。而日本却以清朝出兵为借口，也同时向朝鲜派兵并进入朝鲜。

直到 1894 年 7 月 25 日，日本不宣而战，在朝鲜丰岛海面偷袭清朝舰队，甲午战争爆发。中日开战让琉球人重新看到了摆脱日本统治的希望，独立运动再次高涨起来。琉球亲清派的领袖向志礼等人秘密募捐军资供给清国，率领琉球士族前往寺庙，名义上祭拜先王，暗自却为祈求清朝战胜日本。然而，琉球独立运动却因清国战败而落空。中国被这个自己曾不放在眼里的蕞尔小国日本打败，被迫签订了《马关条约》，琉球才最终划给日本，成为冲绳县。

1896 年，琉球王尚泰的儿子尚寅、尚顺再次发动“共同会运动”，要求日本政府提高冲绳县的自治权利，将冲绳县知事一职由尚家世袭担任。

---

① 那霸市総務部市史編集室編：『那覇市史』通史稿第 2 卷，那霸市役所，1974 年版，第 575—579 頁。

② 1898 年 8 月 12 日，为美国吞并。当时由于美国距离夏威夷很远，故大量接受各方移民。冲绳县在夏威夷被美国吞并之前已经“合约劳工移民”，故 1900 年之时，便有第一批 26 人的冲绳劳工前往夏威夷，随后又有更多的冲绳人去此谋生。另一方面，到南洋和巴西的人也非常多。据统计，1940 年，日本留居海外最多的县民是广岛县民，为 7 万多人，其次是熊本县民，第三位的就是冲绳县民，约有 5 万多人，约占其人口的 9.7%，高居首位，即每十个人就有一个人移居海外。

向志礼[1]乘坐“球阳”号前往东京，欲与明治天皇交涉，日本明治天皇却以身体欠佳为由予以拒绝，向志礼又是无果而回。

同年，向志礼见复国无望，再率长子向明良、四子向明通以及慎善熙（东恩纳宽）等人乘坐小船秘密前往中国求助，途中遭风暴漂至温州，后被官员送至福州柔远驿（琉球馆）安置。

1898 年，向志礼再做努力，但在行将动身前往北京求援之际，不慎染病逝于福州。

同年，其子向明良（小城按司朝真）[2] 再次赴京求助，但由于清朝此时已经割让台湾于日本，在琉球问题上发言无力，故此次上京也未如愿，最后客死福州。

1901 年，琉球处分后，软禁在东京的琉球王尚泰被囚禁十年后病逝，后将其遗体回葬琉球玉陵。

1933 年，向志礼次子向明德（义村按司朝义）前往福州扫墓，并依照琉球人的风葬习俗为其父向志礼、其兄向明良开棺洗骨，后将其遗体从中国移葬琉球平良本墓。

然时过境迁，形势又在不断变化，清政府已根本无力顾及琉球问题。琉球之覆亡，是日本向海外扩张领土迈出的第一步。

---

① 葬于福州下渡山，享年 69 岁。

② 1906 年葬于其父墓旁。

结 语

1879年，日本将琉球收编为县，进行殖民统治，尤其在教育上推行其皇民化教育，使民智有所提升，而在经济上推行土地改革，减少特权阶级的土地占有和不事生产的寄生人群的政策，使得琉球人民生活也较萨摩藩欺压琉球时的状况有所缓解。曾经一时，被称为“冲绳学之父”的伊波普猷曾对废藩置县这一举动大为褒奖，其曾认为：琉球人在萨摩藩的欺压下，驯服地过了三年奴隶般的生活，而1879年废藩置县是琉球人的一种奴隶解放。① 半死的琉球王国正在坏灭，琉球民族的再生是值得高兴的，这样一来，就要欢迎废藩置县（“琉球处分”）了。② 而“琉球处分”的结果就是所谓的琉球王国的灭亡，但琉球民族加入日本帝国后，可从此得到再生。③

然而，历史本身是客观存在的。冲绳战的毁灭，使得琉球古国几乎毁灭，这又使得伊波普猷对其讴歌的日本帝国大失所望，1945年12月9日，在“救济回流民众冲绳县人大会”上，尚未开口即已破口：发动无谋之战，让国民倒下，受伤，遭受家破食量缺的烦恼，尤以我冲绳本岛几乎全化灰烬，我们的兄弟现今如何生活，是否安危？仍未能确知。④

伊波普猷一反其拥护军国主义的态度，重新发出了要用民主主义来重建冲绳的呐喊。

---

① 转引自喜舎場朝賢：『琉球見聞録』，“代序——琉球处分是一种奴隶解放”。

② 岛越皓之：『琉球国の滅亡とハワイ移民』，吉川弘文館，2013年版，第54頁。转引自伊波普猷：『古琉球』，沖縄公論社，1911年，第63頁。

③ 西里喜行：『琉球＝沖縄史における「民族」の問題』，转引自服部四郎・仲宗根政善・外間守善編：『伊波普猷全集』第二卷，平凡社，1974年版，第493頁。

④ 伊佐真一：『伊波普猷批判序説』，影書房，2007年版，第54頁。

中日之间有关琉球归属及改约问题的交涉，由于清政府的慎重和宍戸玑的归国而中断。前者视为失去国家主权，而后者视为预期的目的受到梗阻。此后中日双方没有再派全权代表进行交涉，虽后再经李鸿章与竹添进一郎私下笔谈，亦无结果。至此，中日琉球归属问题交涉，尽管前有美国格兰忒调停，后有《拟定约稿》，但终未了结。从日本政府自行“处分”琉球王国，中经出兵入侵台湾签订《台事条约》，到中日关于琉球归属问题的交涉，实际是充分反映了近代地缘政治格局变迁下的一些特征。

第一，琉球原本是一独立国家。中国自明代洪武五年（1372年）杨载出使琉球招谕以来，历经明代、清代二朝，至1879年被日本强行吞并，琉球与中国所形成的册封关系长达500年。

明清两代的中国，将琉球视为“属国”，而琉球王也始终对中国皇帝入贡称臣。这是一个基本事实。[①] 中琉关系中，除了杨载出使琉球是中国主动派遣外，之后明朝至清朝共派出23次册封使，皆为琉球世子请求中国册封，并非中国有何严令，琉球始终以守藩国臣服于天朝，可谓“守礼之邦”。这期间，中国赐闽人三十六姓的优秀造船技工和航海舟师，可谓助推了琉球发展海上远航贸易，令琉球摆脱了贫困，从而成为贸易的中继港、中转地。[②] 然而，1609年后，琉球遭受日本萨摩藩的制约，处于“两属”状态。而这种“两属”状态，完全是日本政府不顾中琉两国的隶属关系，更是违背琉球王国及其臣民意愿，凌驾于琉球之上而决定其所属。清政府根据1871年签订的《中日修好条规》，以及“两国所属邦土，各以礼相待。不可稍有侵越”的规定，同日本政府进行反复交涉，是为尊重事实，也是根据两国的关系法办事。中国封建社会时期的宗藩体系，虽然有上下之分，但始终是不以武力威慑，对琉球一直恪守儒家之仁义，两国和睦相处500年。可是，日本明治政府一直存有野心吞并琉球，其不仅言称强占琉球为其“内政”，与中日条约无涉，而且恣意行事，或出兵台湾、压迫清政府，或强制琉球，废其社稷，唯以“振张国威于海外”是念。这不完全是否定“中华思想”的问题，而是近代日本天皇政权仿效西方资本

① 米庆余：《琉球历史研究》，天津人民出版社，1998年版，第231—236页。
② 黄天：《琉球冲绳交替考》，三联书店（香港）有限公司，2014年版，第408页。

主义，蓄意推行强权政治，对外领土扩张政策的表现。当年，清政府驻日公使何如璋质问日本“今若欺凌琉球，擅改规章，将何以对我国，且何以对与琉球有约之国”①，不无道理。然而，当年的日本不仅毫无邻国主权之念，虽其一直承认琉球在历史上两属于中国和日本，但恰是利用琉球王国无力对抗的历史条件，强行于 1879 年“废琉置县”，公然吞并琉球。对此，琉球国反对，清政府更不予承认。作为琉球的宗主国，或为两属之一的清政府，对于日本“处理琉球”并设其为冲绳县是拥有过问权与交涉权的。

第二，日本政府以琉球漂民被害事件为滋事染指台湾，是为求吞并琉球，迫使朝鲜对日开放，实现“明月弯战略”。

清朝曾有百年之久的康乾之盛，可谓畏威怀德，对慕华来贡者，薄来厚往，特别是对远来的海难的船民，已有抚恤定例，如入驻馆驿，增衣施食。如贡船已毁掉或覆没，则多以为其订造新船，给予行食粮以供一月行程。至于琉球船民漂流至台湾惨遭山地土著杀害，实属不幸，但此仅为偶发事件，况且事后，均能将生者安顿好并送回那霸，琉球国也能深明其由，对清政府从无怨言，而清政府也已委派相关官员查办番社，这也只能归罪于地方官员查办不力。然而当年，并非当事国的日本明治政府，却越俎代庖派遣来华使节，在所谓“台湾事变”的起因，也即“琉球漂民被害事件”原因上，不容清政府与其理论琉球归属问题，而有意回避了这个本质问题，说是为“保民”而“义举”复仇。其目的是试探清政府的实力，以为吞并琉球迈出第一步，即日本才是其真正的宗主国。清政府在与大久保利通交涉之际，被完全引入台湾番地的所属问题之中，可谓又陷入了日本外交策略之中。进而，在有关议定台事条款中，有明文规定日本出兵台湾，是为了“保民义举”，“中国不指以为不是”，更是一种失误。② 通过史料，我们可以看到，明治政府在有意使清政府在外交上陷入被动，以及利用琉球王国没有自卫能力等，来达到其“处分”琉球，并使之亡国的目的。可以说，1871 年的“牡丹社事件”，是被日本利用的口实，其所谓的

① 米庆余：《琉球历史研究》，天津人民出版社，1998 年版，第 231—236 页。
② 同上。

讨回“公道”，实质是剑指首里，灭掉琉球国后，再迫使朝鲜对日开放，完成李仙得为其提出的“明月弯”东亚战略。

第三，清政府在与日本明治政府的琉球问题交涉中只为琉球复国，而明治政府的分岛改约方案，实为自身攫取更多的权益。

1879 年，琉球被日本强行吞并后，清政府不断接到琉球乞愿，恳请清政府帮助其复国。然而，清政府已经今非昔比，无力跨海远征，唯有通过外交途径与日本交涉，其宁可让出贸易利益，以换取日本释放琉球王尚泰恢复琉球王国。但日本予以拒绝，提出了“二分琉球案”，愿以宫古、八重山让给中国，以阻止清政府“干涉”琉球问题。然而李鸿章却无占有琉球之心，只是要帮助琉球复国。当时，还有“三分琉球”，是将琉球北五岛交日本，琉球本岛（冲绳）还给琉球，宫古、八重山交给中国（李鸿章仍表明送还琉球）。而日本将“三分琉球”硬是指责为何如璋捏造而拒绝承认这一分法。实则，当年的日本政府在任命宍户玑为全权代表之前，便已确定了要将分岛与改约相互联系起来的外交策略。1880 年 4 月，日本外务卿井上馨在给宍户玑的书信中谈到：“尽管彼方希望将琉球结局与修改条约分割开来，但我方则应必须使两者紧密联结，达到两边相互换的本意。”① 为了贯彻这一策略，日本政府还专门将内阁大书记官井上毅派来中国，在宍户玑正式与总署衙门交涉之前，为其提示了谈判战术。也即先让清政府承认日本政府之所以要求撤销何如璋的抗议，在于日本政府以前所采取的措施都是正当的，并使之表明悔悟。然后，由于撤销何如璋所采取的措施，关系到清政府的国威，所以提出“二岛分割案”，给清政府以“活路”。最后提出“我之所欲修改条约之说”，以获得实利。②

清政府与日本的琉球交涉，最后因为“二分琉球”“三分琉球”存在争议而破裂，但中国作为琉球的宗主国，始终不承认日本吞并琉球，只是因为甲午战争失败而再无力与日本交涉，争取琉球复国。

---

① 日本国立国公図書館憲政資料室所蔵：『宍户玑文書』。参见我部正男：「条約改正と沖縄」，《史潮》107 号，大冢史学会，1969 年版，第 34 頁。

② 同上书，第 35 页。对此，有的日本学者认为，这是把琉球问题作为贯彻修改条约的“准备”。然而，此种说法并未揭示当年日本政府对华修约的目的在于均沾列强在华的各种权益，也并未触及日本政府恣意分割琉球领土的事实。转引自米庆余：《琉球历史研究》，天津人民出版社，1998 年版，第 231—236 页。

琉球亡国后，日本明治政府在对华交涉中虽然提出了分割琉球方案，却不敢让琉球人民知道，实则正是担心遭到琉球国民的强烈反抗。这样一来，中日有关琉球问题未能重新开议。日本方面片面认为琉案已结，然而清政府却始终认为此事未了。

1882 年 2 月 17 日，竹添进一郎受命与李鸿章再次笔谈时，李鸿章依然坚持“南二岛，物产太稀，人民太少，断不足以立国。若将中岛仍分给尚姓，长为中国属邦，庶可经久”。[①] 同样，琉球王国也没有甘受日本政府的强行处置，据日本《朝野新闻》（1886 年 9 月 5 日）专题社论报道：

> 最近，二三家新闻刊载琉球有某种事变之说。据我社在本月 2 日所载冲绳县上月 24 日发出的通讯，去年以来，该县有称黑党或中国党者，向我政府申述管辖更替之事，其残党不久前乘三艘黑船，有十八名重要人物从当地出航，暗中前往中国，反复请求属于中国……[②]

上述种种表明，中日有关琉球交涉，实际并未了结。只是由于日本政府的强行镇压（如逮捕琉球请愿者），以及当时中日围绕朝鲜问题的矛盾等等，琉球争议被搁置下来。

第四，琉球群岛是东北亚地区东出太平洋的必经之地，琉球国版图并不含有钓鱼岛。[③]

琉球群岛位于中国东海的东部外围和日本九州岛之间，像篱笆一样从南到北紧紧守护着东海，南北总长度达 1000 多公里，西侧是中国东海，东

---

① 鹿岛守之助：『日本外交史』第 3 巻，鹿島研究所出版会，1970 年版，第 339 頁。

② 芝原拓自等編：『日本近代思想大系・12・対外観』，岩波書房，1988 年版，第 445—446 頁。

③ 村田忠禧认为：冲绳海槽构成了琉球国各岛屿和钓鱼岛、黄尾屿与赤尾屿之间的天然分界线，由于黑潮强烈的海流影响，仅靠冲绳传统的小船来往其间是十分困难的；中国的册封使从福建省福州乘船经由钓鱼岛、黄尾屿和赤尾屿的西北侧前往当时琉球的那霸。村田指出，册封使为何不选择经由那些岛屿的东南侧而选择经由西北侧，是因为那些岛屿位于大陆架的边缘，而岛屿的东南侧深度突然加大，即便能够供 300—400 人乘坐的册封使船，在黑潮的海流中航行也会遭遇危险，只有安全地经过被称为“黑水”的黑潮并看到久米岛，他们才会感觉已经进入琉球国而放松下来，这样的记述在册封使的记录文献中数量很多。村田明确认为，这也证明了钓鱼岛等岛屿并未包含在琉球国的领土范围之内，钓鱼岛并非日本的固有领土。

侧是太平洋。西南部和中国台湾紧紧相连，东北端的大隅诸岛与日本九州的鹿儿岛隔海相望，最北处为硫磺岛，最南处是波照间岛，最东边是北大东岛，最西边是与那国岛。历史上，琉球群岛曾长期属于中国的宗藩范围。琉球国疆域北起奄美大岛，东到喜界岛，南止波照间岛，西界与那国岛。钓鱼岛及其附属岛屿不属于琉球群岛范围之内。

钓鱼岛及其附属岛屿（简称钓鱼岛）包括钓鱼岛、黄尾屿、赤尾屿、南小岛、北小岛等岛屿，自古以来就是中国的固有领土。早在1403年（明永乐元年）出版的《顺风相送》中就明确记载了“福建往琉球”航路上中国的岛屿“钓鱼屿”和“赤坎屿”，即今天的钓鱼岛、赤尾屿。

中国明清两代朝廷先后24次向琉球王国派遣册封使，留下大量《使琉球录》，较为详尽地记载了钓鱼岛地形地貌，并界定了赤尾屿以东是中国与琉球的分界线。现存的《使琉球录》，以明代陈侃写的内容最早。其后，各封使或为撰写《使录》或者著成《琉球国志略》等，多为准备出海的过程，登州后海上的凶险，抵达琉球后的册封、外交，以及琉球国的山川风俗人物。1534年（明嘉靖十三年）明朝册封使陈侃所著《使琉球录》是现存最早记载中国与琉球海上疆界的中国官方文献，明确记载：

> 过钓鱼屿，过黄毛屿，过赤屿，目不暇接，……见古米山，乃属琉球者。夷人鼓舞于舟，喜达于家。

其意为琉球人乘船过了赤屿（即今赤尾屿），看到古米山（即今久米岛）后便认为到达琉球。这已经清楚地说出古米山（今久米岛）是属于琉球的，钓鱼岛是中国的领土，而非琉球国土。

1719年（清康熙五十八年）清朝册封副使徐葆光所著的《中山传信录》中明确记载：八重山是“琉球极西南属界”。从福建到琉球，“经花瓶屿、彭家山、钓鱼台、黄尾屿、赤尾屿，取姑米山（琉球西南方界上镇山）、马齿岛，入琉球那霸港”，这里所谓“界上镇山”，即琉球西南海上边界的主岛。当时琉球的权威学者程顺则在《指南广义》中对此也有相同论述，时间上还早于《中山传信录》。由此可见，当时清朝和琉球对两国海上疆界和相关岛屿归属的认识十分清楚，且完全一致。

1556年（明嘉靖三十五年），郑舜功受明朝政府派遣赴日本考察，并撰写了《日本一鉴》。书中绘制的“沧海津镜”图中有钓鱼屿，并写道“钓鱼屿小东小屿也”。所谓“小东”，即当时台湾别称，说明当时中国已从地理角度认定钓鱼岛是台湾的附属岛屿。清代《台海使槎录》《台湾府志》等官方文献还详细记载了对钓鱼岛的管辖情况。1871年编写的《重纂福建通志》进而确定钓鱼岛隶属于台湾噶玛兰厅（即今宜兰县）。

1579年（明万历七年）明朝册封使萧崇业所著的《使琉球录》中的“琉球过海图”、1863年（清同治二年）的“大清壹统舆图”等，都明确载有钓鱼屿、黄尾屿、赤尾屿。

日本最早记载钓鱼岛的当属日本仙台学者林子平于1785年所著《三国通览图说》的“琉球三省并三十六岛之图”，图中标绘了钓鱼岛等岛屿，并将其与中国大陆绘成一色，意指钓鱼岛为中国一部分。1876年日本明治政府陆军参谋局绘制的《大日本全图》、1873年出版的《琉球新志》所附《琉球诸岛全图》、1875年出版的《府县改正大日本全图》、1877年出版的《冲绳志》中有关冲绳的地图等，均不含钓鱼岛。

1744年来华的法国人、耶稣会士蒋友仁（Michel Benot）受清政府委托，于1767年绘制出《坤舆全图》。该图在中国沿海部分，用闽南话发音注明了钓鱼岛。1811年英国出版的《最新中国地图》明确钓鱼岛为中国领土。1877年，英国海军编制的《中国东海沿海自香港至辽东湾海图》，将钓鱼岛看作台湾的附属岛屿，与日本西南诸岛截然区分开。该图在其后的国际交往中被广泛应用。

由此可见，中国最迟在15世纪初就已发现钓鱼岛，并将其作为台湾的附属岛屿进行管辖。包括日本在内的国际社会对这一事实是承认的。这说明钓鱼岛绝非“无主之地”，日方所谓依据“先占”原则取得钓鱼岛“主权”的说辞纯属欲盖弥彰的历史谎言，不值一驳。

日本在完全侵吞琉球王国之后，于1885年开始策划侵占中国钓鱼岛列屿。在军事上，日本企图以此作为侵略中国台湾和东南沿海各省的跳板，因为该列屿在地理上亦具有重要军事价值。日本政府为了侵占中国钓鱼岛列屿，内务省首先密令冲绳县对该列屿进行调查。对此，冲绳县令西村舍三①在1885年9月22日呈报文件中称：

> 盖久米赤岛、久场岛及鱼钓岛……其与数日前所至之大东岛（位于本县及小笠原岛之间）地势相异，而与《中山传信录》中所载之钓鱼台、黄尾屿、赤尾屿相同，无置疑之处也。若果为一者，则已为清国册封之旧中山王之使船所详悉，且各命其名，以为琉球航海之目标。故若效此次大东岛之行，勘察之后即立标桩，恐有所不妥。②

日本内务卿山县有朋，是军国主义最狂热的鼓动者，一心要侵占中国钓鱼岛列屿，对西村舍三提出"勘察之后即立标桩，恐有所不妥"的意见，仍不以为然，还想把此事提交日本太政官会议。1885年10月9日，他首先和日本外务卿进行了协商。对此，外务卿井上馨覆函如下：

> 第三十八号兹冲绳县实地勘察冲绳县与清国福州间散布之无人岛、久米赤岛外二岛，并建立国标之事，本月9日第83号文中协商之意已悉。此岛屿近清国之境，较之前番勘察已毕之大东岛方圆甚小，且清国已命其岛名。近日清国报纸等，风传我政府欲占台湾近旁之清国所属岛屿云云，对我国心怀猜疑，我国已屡遭清政府之警示。此时若公然骤施立国标诸策，则易为清国所疑。窃以为目下可暂使其实地勘察，细报港湾之形状及有无开发土地、物产之望，建立国标、开发诸事留待他日。勘察大东岛之事及此次勘察之事，不宜见诸官报及报端为上，万望以之为念。谨表下官拙见。③

由上文中"盖久米赤岛、久场岛及鱼钓岛，与《中山传信录》中所载之钓鱼台、黄尾屿、赤尾屿相同，无置疑之处也"；"此岛屿近清国之境，且清国已命其岛名"；此岛屿是"台湾近旁之清国所属岛屿"等内容可知，

---

① 1883—1886年间，任冲绳第四任知事。

② 日本外务省编：《日本外交文书》第18卷「版図関係雑件」。

③ 同上。

冲绳县令西村舍三与日本外务卿井上馨，都认定钓鱼岛列屿为中国固有领土，是中国台湾岛附属岛屿。[①]

时至1895年清政府同日本签订《马关条约》，日本政府从中国割占台湾、澎湖列岛，并实现了多年企图均沾列强在华权益的夙愿，琉球问题便再也没有成为中日交涉之课题。

第五，日本萨摩藩将琉球强行置于其监管之下，隐瞒日琉关系真相，以欺瞒中国。

琉球被置于萨摩藩的监管之下。每当清朝的使者来到琉球时，萨摩藩都会事先给琉球一份指示，要求琉球应当向使者隐瞒日本朝代名，隐藏日本书籍和其他可能引起中国人怀疑的物品，不得吟唱日本诗歌或使用日语，当中国人故意用日语进行试探时，应当装作听不懂；而琉球贡使的每一次天朝进贡之旅也同样受到萨摩藩的严格监控，对中国人提出的问题都早已拟定好了相应的答案。如果中国的问题涉及琉球与日本间的朝贡关系，日本为琉球人拟定好的答案是："不知道"。

1759年（清乾隆二十四年），琉球政治家蔡温曾编写过一部《旅行人心得》。该书系印有中琉文标准答案的小册子，其目的是指导所有琉球入华官员、官生和一般商人，如何答复中国人可能提出的问题。其中，最重要的便是隐瞒日琉关系真相的问题，那就是如何欺骗中国人的一套统一说辞。来华人员及商人均有一本手册，上印中琉文字，乃在中国可能遭遇之问题及其标准答案。

早在1742年（清乾隆七年）日本人桂山义树曾摘录清人徐葆光的《中山传信录》而成《琉球事略》一书，他在书末有一段感慨：

---

① 日本政府强调所谓"自1885年以来，通过冲绳县政府等途径多次对尖阁诸岛进行实地调查，慎重确认尖阁诸岛不仅为无人岛，而且也没有受到清朝统治的痕迹"。对于此种说辞，日本学者村田忠禧经过仔细研究证明，日本政府不仅对钓鱼岛的归属权心知肚明，更编造所谓"多次调查"的谎言蒙骗世人。其认为，从日本这一解密的外交公文可以说明，1885年日本明治政府确实曾命令冲绳县政府进行实地调查并设置国家标志，不过，当时的冲绳县令西村舍三认为，这些无人岛"与《中山传信录》记载之钓鱼岛、黄尾屿、赤尾屿相同，无置疑之处也"，故而没有对其建立国家标志。村田忠禧还着重指出：西村舍三作为冲绳县令，在此之前，该人从未引起人们的关注。其无论从冲绳历史的角度，还是从作为日本幕末明治初年那个波澜壮阔时代的人物而言，都应该受到更多的关注和更加深入的研究。

琉球两属于大清与我也，奉书于我，则称松平萨摩守内中山王某，呈之阁老，而后达于殿下，所谓披露状也。（其书用日本俗字）盖于大清也，达表皇帝犹臣也；于日本也，一凭萨守，此陪臣矣。乃国小民弱之故，可悯也！①

这段文字揭示了中、日、琉关系的实质，更道出了太平洋小国琉球的苦衷。另外，在甲午战争之前，特别是晚明和盛清时代，中国在东亚是个令人敬畏的庞然大物，任何邻国都不敢小觑，而与中国保持良好的关系，就意味着可以获得极为丰厚的经济回报。在这一点上，琉球王府与日本萨摩藩有着共同的利益诉求，他们因此长期刻意隐瞒两国关系的真相。

其实清朝对琉球的“两属”状态早已察觉，但没有干涉。这不但反映了中央王朝特有的高傲心态，更表明了东方朝贡体系下特殊的国际关系逻辑。比起国家利益，中央王朝的君主更在意“夷狄蛮番”对中国文化的态度：只要表示臣服和尊崇，使天朝的尊严得到满足即可。独特的东方观念，无疑为后来转变中的痛苦埋下了伏笔。

第六，清政府对日外交的软弱导致琉球被日本吞并，并打开“侵华”之门。甲午战争中方失败是直接造成琉球救国运动失败的重要原因。

1872 年 10 月，借明治天皇亲政之机，鹿儿岛县秉承明治政府的旨意，令琉球王子伊江等人进宫朝拜。伊江等人从鹿儿岛乘船出发，先抵达品川，后进宫朝拜。当时，琉球的贺表上写的本是“琉球国王尚泰”，而日本外务省擅自去其国号，改为“琉球尚泰”。日本明治天皇下诏将琉球王室“升为琉球藩王，叙列华族”。第二年，又下诏书命琉球受内务省管辖，租税上缴大藏省，将其纳入日本内政的轨道，而这一切都没有获得琉球国的同意。就在日本加紧控制琉球的时候，“牡丹社事件”为日本人彻底占领琉球并染指中国台湾找到了借口。

1875 年，日本内务大丞松田道之以钦差大臣的名义来到琉球，宣布了一系列“改革措施”，其中包括禁止向清朝纳贡，禁止使用清朝年号，对华贸易由日本全权负责等。这个所谓的“改革”，就是要阻断琉球与清朝

---

① 杨中揆：《琉球古今谈》，台湾商务印书馆，1990 年版。

的联系，把琉球的主权控制在自己手中。琉球人向日本人苦苦哀求：只要保留对清朝的宗藩关系，其他一切条款都能应允。在给日本政府的上书中，琉球人写道：

> 自归清国版图，以其保护声援，乃可无忧外患，自建为国。有古来风俗之礼乐政刑、自由不羁之权利，上下雍睦，安居乐业，若离清国必失自由权利而招掣肘之累，国家岂可永葆？父子之道既绝，累世之恩既忘，何以为人，何以为国。

这段文字至今读来仍令人动容，琉球对中国的情义，由此可见一斑。1875年12月，尚泰派遣密使到福州请求清政府援助，清政府驻日公使何如璋也向日本提出抗议。

1877年底，清政府驻日公使何如璋在东京考察了琉球问题后指出："阻贡不已，必灭琉球；琉球既灭，次及朝鲜。否则，以我所难行，日事要求，听之乎，何以为国？拒之乎，是让一琉球，边衅究不能免……他时日本一强，资以船炮，扰我边陲，台澎之间，将求一夕之安不可得。是为台湾计，今日争之患犹纾，今日弃之患更深也。口舌相从，恐无了局。然无论作何结局，较之今日隐忍不言，犹为彼善于此。"也许当时的清政府怎么也不会料到，历史正是踏着这样的轨迹一步步向中国走来。

1879年，日本明治政府以武力派往不设军队的琉球，将琉球国王强行解到东京，吞并琉球王国，将它改为冲绳县。在琉球，有很多人顽强抵抗日本势力，期待清政府进行援助，并试图以生病为由推迟尚泰的离岛日期，但是清政府并没有给予积极援助，致使抵抗失败。5月27日，尚泰离开琉球迁往东京。至此，被称为"琉球处分"的将琉球并入日本本土的过程最终完成。1895年甲午战争，清政府战败，被迫签订了《马关条约》，琉球最终划给日本，成为冲绳县。

甲午战争的失败，导致清朝继鸦片战争失败后又一次遭受重大冲击，而此次冲击招致日本之后50年对清朝的肆虐侵略，令中华民族陷入前所未有的灾难。甲午战争的失败，清政府割地赔款以为求和，其已经自身难保，何谈再图为琉与日争夺。此时的清政府是有心无力，以致琉球人更无复国之望。鸦片战争之败被迫签订的一系列不平等条约，导致环中国“朝贡国”及“属国”逐渐丧失。1886 年中法战争后签订的《天津条约》中，清政府被迫承认法国对越南的保护权。而朝鲜是清宗藩体系的最后一块基石，关系着琉球复国运动的命运。只要清政府能继续维持对朝鲜的宗主权，琉球在清宗藩体制下的复国亦有实现的可能。1894 年 8 月 22 日，中国《申报》发表社论《天诛篇》，评论琉球问题应派遣军事力量以求速战速决。而琉球社会更是遍传清朝“黄色舰队”即将袭击琉球。琉球本土复国运动的团体每朔望之日必赴寺庙参拜，祈求清朝获胜。但甲午战争最终日本取胜，1895 年 4 月 17 日，清朝和日本签订了《马关条约》，在其第一条中日本政府即要求清政府承认放弃对朝鲜的宗主权。至此，中国的宗藩体制全面崩溃已成事实，琉球复国运动也因此遭受毁灭性打击。

第七，李鸿章的“延宕一法”即“拖”之策，无力阻止日本吞并整个琉球群岛，更造成二战琉球历史问题遗留。

琉球危机期间，清朝政府采取了消极的态度，并未想要阻止日本对琉球的处置。1879 年 5 月美国前总统格兰忒访问清朝时，曾接受清朝直隶总督李鸿章要求其斡旋中日关系的请求，所以在他访问日本期间，向明治天皇建议中日两国分割琉球群岛。在当时的日本国内，存在一种意见，即试图仿照欧美国家同中国之间签订的条约来修改 1871 年签订的《中日修好条规》。

1880 年 3 月，日本正式向清政府提出“分岛、改约”案，即琉球群岛的北部和中部岛屿属日本管理；琉球群岛的南部诸岛如宫古岛、八重山，则归清政府管辖。作为交换条件，清政府应修改日清通商条约，允许日本享有最惠国待遇。据此，清政府总理衙门大臣沈桂芬等人与日方代表进行商谈，1880 年 10 月 28 日双方草签了《琉球条约》及《酌加条款》。此一“分岛、改约”案在清政府内部引起非议。清政府以李鸿章为原办议约之人，又熟悉日本情势，令他统筹全局。李鸿章上奏折称：“日人多所要求，允之则大受其损，拒之则多树一敌，唯有以延宕一法，最为相宜。”清政府最终采纳了李鸿章的建议，对“分岛、改约”案置之不理。

李鸿章的“延宕一法”即“拖”的政策，既不能、也无力阻止日本吞并整个琉球群岛，结果是中方在琉球问题上一无所得，使中国轻易地丧失了琉球群岛的南半部，失去了由东海进入太平洋的重要通道。试想，如果李鸿章有一点海洋意识和地缘战略思想，在无力、也无心阻止日本吞并琉球的情形下，接受日本的“二分琉球”方案，中国就可以轻易地、合法地拥有琉球群岛南部的宫古岛、八重山等诸岛。琉球被日本吞并，还造成了一个历史遗留问题，就是钓鱼岛。

李鸿章未能保住琉球。同样，当时间快进到1943年世界反法西斯战争开始进入反攻阶段，随着意大利的无条件投降，纳粹德国的覆灭已成为时间问题，对日作战开始成为同盟国的作战重心。而此次，仍是由美国从中“调和”。

此次美国总统罗斯福决定召开由美、英、中、苏四国首脑参加的开罗会议，以加强反法西斯联盟，协同对日作战。

开罗会议于1943年11月22日至26日召开。11月23日晚，蒋介石带王宠惠与罗斯福单独会谈，在谈到剥夺日本在太平洋侵占的岛屿时，罗斯福想到了琉球群岛，“琉球系许多岛屿组成的弧形群岛，日本当年是用不正当手段抢夺该群岛的，也应予以剥夺。我考虑琉球在地理位置上离贵国很近，历史上与贵国有很紧密的关系，贵国如想得到琉球群岛，可以交给贵国管理”。

11月25日，罗斯福再次向蒋谈及琉球群岛，说：“我反复考虑，琉球群岛在台湾的东北面，面向太平洋，是你们的东部屏障，战略地位极其重要。你们得到了台湾，如得不到琉球，台湾也不安全。更重要的是，此岛不能让侵略成性的日本长期占领。是不是与台湾及澎湖列岛一并交给你们管辖?”

蒋半天不作声，罗斯福以为他没有听清楚，又补了一句：“贵国要不要琉球?”蒋犹豫再三，最后答复道：“琉球的问题比较复杂，我还是那个意见，中美共同管理为好。”

罗斯福心里明白了：蒋介石是真的不想要琉球群岛。此后，罗斯福再也不提琉球的事了。[①]

---

① “蒋罗会谈”，参见刘少东：《二战前后的冲绳问题及中日美关系研究》，人民出版社，2015年版。

第八，琉球复国运动和独立运动，长久以来在一直影响着琉球的历史，影响着琉球人的意识。然而，琉球自主决定权仍被日美两国所踩踏。

2015年以来，“琉球独立”“冲绳的主体性”“琉球自治、自立”的主张，几度震荡并成为热点，这些主张和呼声反映出琉球人的自我意识和民族意志。琉球人似乎在三种力量之中寻求着张力的平衡，即日益被日本同化、融入全球化和区域一体化、寻求全方位的自立自强和特色发展。而琉球复国运动和独立运动，长久以来也一直影响着琉球的历史，影响着琉球人的意识，加之日本“琉球处分”、战后“琉球处置”、“冲绳返还”、美军基地等遗留的历史问题，使得琉球依然作为一个问题区域而存在，其现实的变化与未来的走向仍有不确定性。

日前，据美国《华尔街日报》披露，泄密网站“维基解密”公布的美国驻日使馆外交电文显示：冲绳人不认为中国不断强大的军事力量是安全威胁，反而驻冲绳的美军给当地人留下了“不太好的印象”。该电文称：冲绳人的态度与东京、华盛顿所持的态度大相径庭。对于冲绳居民为何对美军继续驻扎在当地持保留态度一事，可以给出许多理由加以解释，噪音污染和某些美国军人的不守规矩行为是最显而易见的两个原因。这份由美国驻那霸领事馆总领事托马斯·里奇签署的电文说，冲绳人对中国缺乏恐惧感与冲绳和中国的历史联系，以及冲绳和中国因双方都“一直受到日本的恶待而产生的相互亲近”是相符合的。电文提到了第二次世界大战期间发生的一系列事件，特别是美日双方全力进行的冲绳之战，这场战役导致了双方军人和平民的大量伤亡。电文还简要回顾了中国与冲绳群岛之间的友好历史，在1894—1895年中日甲午战争之前，冲绳还是一个独立的国家，名叫琉球国。①

另据《日本新闻网》报道：由日本冲绳县当地政治家、大学教授、社会活动家以及市民团体成员组成的“琉球民族独立综合研究学会”于2013年5月15日下午宣告，表示：将寻求冲绳独立并建立“琉球自治联邦共和

---

① 琉球尚泰久王五年（1458年）铸成《万国津梁钟》，其铭文为：“琉球国者，南海胜地而钟三韩之秀……以舟楫为万国之津梁，异产至宝充斥十方刹。”

国”①。“琉球民族独立综合研究学会”② 由冲绳县石垣岛出生的龙谷大学教授松岛泰胜和冲绳国际大学副教授友知政树等人组织发起。

会长松岛泰胜当日即5月15日表示，日本政府借助《日美安保条约》获得利益，却让冲绳成为牺牲品，冲绳人一直遭受着日本社会的歧视。松岛泰胜认为，冲绳过去是琉球王国，并不隶属于日本。即使被日本占领后，琉球也没有将自治权交给日本，因此冲绳人有寻求独立的决定权。松

① 琉球民族独立综合研究学会，成立于2013年5月15日，为日本冲绳县人士组成的一个民间组织。2013年5月15日该学会表示，将寻求冲绳独立并建立“琉球自治联邦共和国”，在研究他国独立经验的同时，将寻找机会向联合国直接陈述冲绳独立的意愿。“琉球民族独立综合研究学会”由冲绳县石垣岛出身的龙谷大学教授松岛泰胜和冲绳国际大学副教授友知政树等人组织发起。据《环球时报》报道：“琉球民族独立综合研究学会”的人数不是很多，大约100多人，参加者多在三四十岁。该组织带有研究色彩，主要是探讨“冲绳独立”。会长松岛泰胜主要研究南太平洋岛屿经济，在当地十分活跃。

② 2013年5月15日，由冲绳社会活动家和学者组成的“琉球独立”组织“琉球民族独立综合研究学会”公开宣布成立。该学会表示：将寻求冲绳独立并建立“琉球自治联邦共和国”，在研究他国独立经验的同时，将寻找机会向联合国直接陈述冲绳独立的意愿。日媒称：冲绳人公开成立“独立”组织还是第一次。“琉球民族独立综合研究学会”的发起人日本龙谷大学教授松岛泰胜自称出生于“琉球石垣岛”，其驳斥了一些右翼媒体关于“琉球民族独立综合研究学会”成立是与中国舆论“协调作战”的说法，并表示，日、美政府对冲绳的“殖民地化”，使得“琉球人”对日本的不满和绝望感蔓延，因此期望通过向联合国申诉等方式来推动对“琉球独立”问题的全民公决，这将是该组织追求的长期目标。松岛还表示：冲绳曾有100多万人（2013年有140万人），也有过独立国家的历史，而像帕劳这样一个仅有两万多人的小岛国，竟然也是联合国一个享有与其他成员同样地位的国家，帕劳总统访美也能与美国总统平起平坐。几十年来，冲绳居民一直围绕美军普天间军事基地搬迁问题不懈地斗争。当年日本前首相鸠山由纪夫曾许诺要将美军基地搬出冲绳到日本其他地方，但由于各种因素搬迁未果。而且美日协同后变本加厉地将备受争议的“鱼鹰”军用运输机部署到驻冲绳普天间基地，引起地区紧张。冲绳居民对此更加不满。4月28日是纪念《旧金山和约》生效的“主权恢复日”。1972年，美军把冲绳交给了日本。2013年日本首相安倍等都出席冲绳“主权恢复日”，但冲绳人认为在美军仍然驻守冲绳军事基地的情况下，主权根本没有恢复。日美安保体制实际上凌驾于日本宪法之上。前几年，一架美国直升机在冲绳大学坠落，美国宪兵竟然将现场封锁，完全不让冲绳当地警察和冲绳人靠近。这让我们感到非常愤怒。日本学者4月和美国关岛研究人员探讨冲绳主权。记者提问：在冲绳乃至全日本，推动琉球独立的还有哪些团体？这样对琉球独立进行研究的组织和成员是否受到过日本官方及右翼势力的干扰？松岛泰胜表示：一直以来，冲绳有以屋良朝助为首的“琉球独立党”存在，这是一个比较老的追求琉球独立的组织。但该组织人数较少，许多人只是在酒馆里发发牢骚，被称为“酒馆独立论”。现在日本官方对我们的研究还没有任何限制。根据日本和平宪法，政府不能干涉言论自由。尽管如此，我们“琉球民族独立综合研究学会”的骨干成员还是会经常遭到各种骚扰和抗议、邮件攻击等，但暂时我们的人身安全没有受到什么伤害。不过，如果按照安倍要求修改日本和平宪法的话，我们担心以后言论自由将会得不到保证。独立是琉球的长期目标。松岛泰胜对于琉球真实历史表示：很长时期，日本官方规定的正式教材中根本没有写琉球当年的那段历史，他

岛泰胜还表示，太平洋岛国帕劳虽然只有2万人，却依然获得独立。冲绳有140万人口，完全具备独立的条件，连英国的苏格兰都将举行关于独立的全民公决。

据悉，“琉球民族独立综合研究学会”在研究他国独立经验的同时，将广泛吸纳冲绳民众入会，以期待逐渐发展成为一个地方政党，并计划寻找机会向联合国“脱离殖民地化特别委员会”申诉独立要求，以向联合国直接陈述冲绳独立的意愿。

们不会真实反映冲绳和琉球的历史。不过，近年来冲绳民间有不少组织推动人们了解当年的历史，因此现在学校的一些副读本会涉及琉球历史。冲绳县首府那霸市政府的考试也会提到冲绳或琉球的历史。总的来说，现在冲绳民间人士以及日本人对了解冲绳历史情况较过去持更为积极的态度。松岛泰胜还对冲绳被并入日本后，冲绳民众最不满的是什么这一问题，表示：冲绳被日本并入后，冲绳民众觉得受了很大欺骗。现在许多人认为如果不并入日本的话，不会发生这么多和美军士兵有关的负面事件、事故，美军在这里经常干坏事，强奸妇女、强闯民宅……而冲绳居民和日本人还要用税金支付美军基地费用。冲绳人的心被践踏了，觉得并入了日本和以前并没有任何改变。日本其他地区总的来说同情冲绳人的遭遇，但他们也不可能分担冲绳人的痛苦，同意将美军基地搬迁至他们那儿。记者提问：据史料记载，1972年，美军将琉球群岛移交给日本时，民众曾聚众抗议美军剥夺他们的独立自主的权利。松岛泰胜还表示，近几十年来琉球民众曾做了许多为寻求民族自治或独立的努力，至于琉球具备独立的条件，他认为当时确实有一些民众不愿并入日本，但总的来说，愿意并入的人更多。现在不少人对此感到后悔，认为是被日本政府欺骗了。不过，回归前，琉球曾为反对美军统治爆发过“吴屋暴动”，现在人们则主要是用非暴力手段来诉求琉球独立和民族自决，比如许多人用手拉手的人链来向美日政府申诉。目前琉球具备独立的条件还远远不够，因此现在我们只能研究和探讨，我们也只是成立一个综合研究学会。不过我们可以通过县、市议会的议员作为会员积极奔走活动，来逐渐地达成进行全民公决投票的目的。松岛在琉球独立问题上评价美国的历史角色认为：在《旧金山和约》中，琉球人的权益是得到保障的。不过，后来美国却把冲绳给了日本。实际上，我们在成立“琉球民族独立综合研究学会”过程中主要是借鉴菲律宾的经验。当年，菲律宾总统曾为撤走美军基地去美国访问，与美国总统会谈，在持久的努力下终于成功了。如果琉球独立了，琉球的首脑也可以直接和美国交涉，让美军迁走。相对现在的县知事交涉，成功概率要大得多。松岛对于日本《产经新闻》猜测“琉球民族独立综合研究学会”成立是否与中国“协调作战”有关的问题表示：《产经新闻》的推测完全没有根据。我们对琉球民族独立的研究只是反对日本政府的活动，绝没有要跟外国勾连起来。不过，我们认为中国现在不该提这样的问题。当年琉球灭国时，中国都不管。琉球与中国应该是对等的关系。我认为，琉球过去不是中国的属国，而是像日美安保条约下的盟国。中国专家现在提出这样的问题，反而容易引起冲绳人的反感。这次由于钓鱼岛争议引起中国提出琉球问题。我认为，中日钓鱼岛纷争主要责任在日本政府，日本政府擅自对钓鱼岛进行“国有化”，惹得中国介入进来。而令冲绳人最担心的是，如果中日因此发生战争，受害最大的就是冲绳。我们主张将钓鱼岛问题重新搁置起来，对相关海域资源共同开发利用。我们“琉球民族独立综合研究学会”将通过持续不断的研究和讨论，准备不断推出一些相关论文集，在社会各个层面扩大影响，并通过联合国相关组织来和日本政府及地方自治体政府进行交涉，促成他们正视琉球民族的自决权要求。

出生于冲绳的日本社民党国家对策委员长、众议院议员照屋宽德公开表示支持。照屋宽德15日在博客上发表题为《终于要从大和走向独立了》的文章称：

> 冲绳还是独立的好。明治以来的近现代史中，冲绳总是受到当时政权的歧视。即使现在，冲绳人也没有被看成日本国民。

对此，日本《产经新闻》15日发表评论称，15日是冲绳回归日本本土之日，照屋的观点显然与中国舆论"协同作战"，寻求冲绳独立。

据日本外务省2015年9月22日称，冲绳县知事翁长雄志当地时间2015年9月21日上午（北京时间22日凌晨）在位于瑞士日内瓦的联合国欧洲总部出席了由冲绳市民团体举办的钻研会并发表演讲，指出美军普天间机场搬迁至名护市边野古"很是不合理"。翁长提到了日本吞并琉球的汗青，称在汗青上，冲绳的自主权一直被日本和美国践踏。日本在职都道府县知事在联合国人权理事会发表演说尚属首次。翁长特别介绍了琉球王国被日本吞并以及在太平洋战役后由美军统领的冲绳汗青，强调："在时代的变迁中，冲绳的自主决定权一直在被践踏"。

显然，冲绳的自主决定权被日、美所践踏。萨摩藩侵占琉球已过去409年，日本的"琉球处分"至今也有139年。130余年来，琉球群岛在日本、美国的控制下，政治上无法面对真正自主独立，经济上对外依赖性强，文化上的主体性正在模糊游移。特别是美军基地问题、诸多虐待少女事件频频引发的反美浪潮，以及日本政府的立场和政策，正在牵动着琉球人敏感的民族意识之神经。

琉球拥有自己的历史与传统，明代洪武年间，中琉两国正式形成封贡关系，其成为对中国皇帝纳贡称臣的属国。乃至清王朝的建立，两国延续并加强了这种关系。而19世纪后期，日本走上资本主义道路后，几乎所有的近邻国家都成为日本侵略或兼并的对象。其中，琉球王国首当其冲。日本政府经过一系列的阴谋策划，终于在1879年强行"废除"琉球王国，改为日本的冲绳县。在这期间，琉球王国反复抗争，并曾派遣紫巾官向德宏，率员到天津谒见李鸿章，请求中国"尽逐日兵出境"。清政府虽然未能派兵援助琉球，但依克尽保护之责，对日进行强烈的抗争与交涉。但日本政府却欲壑难填，以至于使得中日琉球交涉成为历史悬案。

第九，琉球群岛是美国西太平洋的战略中枢，是日本觊觎东亚的战略重地。

20 世纪 40 年代末 50 年代初，美国趁机占领了琉球及太平洋上的大部分岛屿，并逐步将其势力范围扩展到太平洋部分国家，首先提出了对亚洲国家实施“东方弧线”的新月形封锁战略。1950 年 1 月 12 日，美国国务卿艾奇逊宣布“美国在太平洋地区的防御圈是从阿留申群岛，经日本、琉球到菲律宾”。又于 1951 年 1 月 4 日，美国国务院顾问约翰·福斯特·杜勒斯指出，“美国在太平洋地区的防御范围应是日本、琉球群岛、中国台湾、菲律宾、澳大利亚这条近海岛屿链”。杜勒斯还特别强调，中国台湾岛是构成西太平洋地缘上岛屿锁链的重要环节。与此同时，美国还大量加强有关国家和地区的军事设施建设，扩建海空军事基地，加速构建军事包围体系。此外，美国更是加紧拼凑“东亚集体安全体系”，签订各种条约，建立军事同盟，增加驻兵数量，加紧岛链的封锁力度，保持对各国的遏压事态。

正因如此，第二次世界大战前后，美国处心积虑，将琉球建成美国在亚洲最大的军事基地。琉球群岛是东北亚地区东出太平洋的必经之地。对于美国来说，控制了琉球群岛就如同控制了远东，因为日本九州、琉球群岛和中国的台湾地区如同一条长长的岛链，把东亚和太平洋隔开，而琉球恰好置于这一岛链的中心。重要的地理位置赋予琉球群岛极大的军事价值和战略价值，其东承美国西太平洋最大的海空基地关岛，北瞰千岛群岛和朝鲜半岛，南探巴士海峡，西窥中国台湾海峡及全部沿海地区。因此，对于美国而言，琉球无疑是美军太平洋的基石，亚洲的战略枢纽。

特别是自 1945 年以来，美国完全占领琉球后，逐步将其西太平洋的“防御前沿”前推至日本列岛、琉球、韩国、中国台湾、菲律宾一线，即所谓西太平洋“第一岛链”。在东西方冷战期间，“第一岛链”在美国太平洋战略乃至全球战略中发挥着重要作用。美国为此，在亚洲驻军达 10 万，而琉球的驻军就超过 3 万。美国在日本共有 133 处军事设施，而在琉球就有 41 处，虽然琉球群岛面积仅占“日本全国”面积的 0.6%，但美军在琉球群岛的基地的面积却占到了“驻日”全部基地面积的75%，占琉球群岛总面积的20%。琉球群岛城区的最好地段几乎全部被美军占用，在驻有美军的市区行走，往往需要绕行很长时间，故有“琉球在基地里”的说法。目前，部署在冲绳的美军，包括陆海空和海军陆战队在内有3万余人，主要为美陆军第10地区作战支援大队、美海军第72和76特混舰队、美空军第18战斗机联队、陆军第3陆战远征部队等，特别是美国还在冲绳基地储有核武器等。

岛链因冷战而起，然而这条东亚视阈下的岛链并未因冷战而消失，反而愈发增加，驻琉美军和基地虽有所减少，而准备进入琉球的日本军队却有5.5万人。随着中国的强大，美、日为防范中国，正不断实施将进攻力量调集到西南战线的战略，琉球的进一步军事化问题日益凸显。由此琉球地域对中国的东海、台湾和钓鱼岛群岛发起军事行动的可能性逐日增大。

对日本而言，琉球群岛可谓是日本本土南部的重要屏障，一旦被攻破，则势必直接威胁东京。2012年12月末，第二次出任日本首相的安倍上台不久，便挖空心思提出了“菱形包围圈”战略（亦称“安全保障钻石构想”，全称“守护从印度洋到西太平洋的钻石状海域的战略”①），这个菱形的四点分别是美国夏威夷、日本、印度和澳大利亚。时过五年有余，这个原本只是概念和构想的“菱形包围圈”，如今已由少数日本右翼分子逐步推进为现实。长期以来，以安倍为首的一小撮日本右翼政治家不断叫嚣“包围中国”，除继续力抱“山姆大叔”大腿，构筑“大菱形包围圈”外，前不久，处心积虑的安倍政府又针对南海现状抛出一个范围略小、参与国有所变化的“小菱形包围圈”，将“包围圈”扩展到日本、菲律宾、越南和印度尼西亚（或马来西亚）。这两个内外套嵌、紧箍南海的“双菱形包围圈”，不仅包涵了日本这个南海域外国家企图通过拉帮结伙，正式介入南海地区事务，并及早成为“协警”，以辅佐美国这个“世界警察”，

---

① 据日本《产经新闻》报道称：“安全保障钻石构想”最先由安倍在2012年12月末提出的，其当时指责北京加强对南海的实效支配，“南海已经变成了北京的湖”，并借此制定“守护从印度洋到西太平洋的钻石状海域的战略”。《朝日新闻》也认为，日本防卫费预算增加的同时，将强化针对中国的武器装备。与此同时，日本加快推进国际联合，试图通过与美国、印度和澳大利亚的合作构成所谓的对抗中国的“菱形包围圈”（也被称为“钻石构想”）。共同社称，安倍晋三本月接连与印度、澳大利亚首脑举行会谈，就是要推动四国合作，“剑指中国的海洋活动”。

还希冀在很多情况下能握有亚太地区一定的“主导权”，以达到实现指挥、协调南海周边各国四面围堵、扼控中国的战略目的。

据日本共同社2015年11月22日报道，日本2016年度预算案已经基本敲定全部内容，其中防卫费创纪录地超过5万亿日元，连续第四年增加。防务预算增加，再加上安倍在国际上的奔走游说，日本的战略态势更值得中国关注。据共同社2015年11月21日报道，安倍重视构筑以美国的威慑力为核心的合作机制，近来加大力度推动日、美、澳、印四国的安全保障合作。日本外交消息人士透露，安倍在12日的日印首脑会谈中，提到日、美、印的英文首字母组合，称将“推动JAI的合作”，安倍发言中意识到“JAI”在印度语中意为“胜利”。具体来讲，日方将通过让海上自卫队定期参加美印两国海军的“马拉巴尔”联合演习，使得三国防务交流更加活跃；对澳大利亚，日本将加快新协定谈判，以便两国顺利实施联合训练，进一步带动日、美、澳合作。日、澳、印与美国的夏威夷连接形成一个形似钻石的菱形区域，这是剑指中国海洋活动的措施。

为了“重返亚太”，达到“再平衡”中国的目的，美国近些年来虽然大量在该地区周边调兵遣将、排兵布阵，但除非遇到“迫不得已”的情况，美军一般不太愿意冲到第一线，而是更多地怂恿日本、澳大利亚等国加入南海的“反华联盟”，让其“赤膊上阵”。日本为了变现“国家正常化”，在图谋解禁集体自卫权后，积极配合美军，并向澳大利亚出售并提供最新的“苍龙”级AIP潜艇及相关技术。在首相安倍晋三主导下，日本加强军备的步伐不断加快。

据日本媒体报道，日本政府强化自卫队的西南防卫体系，“通过作战，夺回被中国奇袭夺走的领土，之后和平地收拾事态”。那时最有效“抑制”中国的工具，就是国际舆论。所以，把中国拉到将受到“谴责”的国际场合，对日本来说是重要的。①

反之，从中国战略角度而言，琉球群岛也是扼守日本向南推进的大门，不仅从战略上切断了日本驰援中国台湾、抢占东海和钓鱼岛的通道，

---

① 2015年12月23日，日本《现代商贸》的文章“包围网已经形成，中国四面楚歌”、《产经新闻》的文章“安倍首相的长期战略是‘不战而胜’”等均报道，安倍不停地参加国际会议，通过各种会谈，正逐渐形成对中国的包围网。

更使得日本的野心难以实现，也会使美国封锁西太平洋、“重返亚太”的防御体系全面瓦解。

20 世纪末，美军从菲律宾撤兵后，以关岛为核心的“第二岛链”在西太平洋的地位越发凸显，而位于西北方向的琉球群岛与之相互策应，呈现掎角之势，成为策应“第二岛链”的桥头堡，以及美军部署在亚太地区最前沿的阵地。

美国及其盟国利用西太平洋岛链对中国采取封锁战略，严重威胁着中国在太平洋海上出海通道的安全。因此中国应从被动到积极应对，采取有效措施冲破岛链封锁，打通出海口，维护中国海上航线及其咽喉要道的安全，不断提升中国海军近海防御和远海防卫作战能力。

参考文献

一、中文文献

中文著作

[明] 吴朴著，向达译：《顺风相送》①，1961 年版。

[明] 陈侃：《使琉球录》，《台湾文献史料丛刊》第三辑《使琉球录

① 《顺风相送》是明代的一部海道针经，原本藏于英国牛津大学鲍德里氏图书馆（Bodleian Library）。1935 年，北京图书馆研究员向达，在该图书馆整理中文史籍，抄录《顺风相送》等中国古籍。原本是钞本，封面有“顺风相送”四字。著者姓名不详。向达在 1961 年出版《两种海道针经》，其中包括《顺风相送》。牛津大学鲍德里氏图书馆《顺风相送》钞本副页有一行拉丁文，说明此钞本是 1639 年牛津大学校长赠送。1639 年即明崇祯十二年，确定这钞本是明钞本。荷兰学者戴文达（Duyvendak）断定《顺风相送》在郑和第七次下西洋时，即明宣宗宣德五年（1430 年）完成。“《顺风相送》作者及完成年代新考”［Notes on the Shun - feng Xiang - song（Fair Winds for Escort）with a Focus on Its Auchor and Compilation］一文的作者认为：《顺风相送》与《东西洋考》《东西洋图》（the Selden Map of China）均明代漳人之作。其初编本系漳州诏安人吴朴于嘉靖十六年（1537 年）所撰的《渡海方程　海道针经》。该书是参考了明永乐十九年（1421 年）始编的《郑和航海图》，即永乐十九年而非永乐元年始绘的“山为微簿”，亦即“微型岛屿簿”，全书最后完成于万历廿一年（1593 年）或其前，比《东西洋考》（1618 年）早 25 年，比《东西洋图》（约 1624 年）早 30 年左右。中国向来号称历史悠长久远、典籍汗牛充栋，或正因为如此，许多古书不是埋没、亡佚，就是被劫，一些图籍幸存却未着撰者或年代。元明以降舟子船工代代相传、递补的“海道针经”就有类似的情况。其中之一，即与《指南正法》合订为《两种海道针经》（向达校注）的《顺风相送》。据校注者介绍，本书原只是旧钞本，既无书名又无作者名，也未署著作年代；唯封面题写“顺风相送”四字，副叶用拉丁文写明为坎德伯里主教牛津大学校长劳德大主教（Arch. Laud）于 1639 年（明崇祯十二年）赠送给该校的鲍德里氏图书馆（Bodleian Library）：“Liber Guib：Laud Archirbi Cant. et Cancillor Universit. Oxon. 1639”。向达先生于 1935 年在牛津大学鲍德里氏图书馆整理中文图书时，抄录了这部他后来命名为《顺风相送》的钞本，并加校注而于 1961 年在北京由中华书局正式出版。与其合订一册的《指南正法》也是向氏抄回的鲍德里氏图书馆藏书。《顺风相送》另有何毓衡氏据牛津大学所赠美国国会图书馆藏该钞本照片排版，于 1966 年在台北的刊印本。两种版本大同，唯后者有所简略，漏排“各处州府山形水势深浅泥沙地礁石之图”等五条内文；另两者标点有异，或有部分错漏字，可相互参订。（http：//www. 360doc. cn/article/4134627_ 273317682. html）

三种》，台湾大通书局印行。

［明］萧崇业：《使琉球录》，《台湾文献史料丛刊》第三辑《使琉球录三种》，台湾大通书局印行。

［明］张廷玉等修：《明史》卷324《外国四》。

［清］王元稚：《甲戌公牍钞存》（全书共载一百七十九件文牍，除二十件奏章及十七件上谕与第三八种“同治甲戌日兵侵台始末”所载相同外，其余多为原始材料），台北图书馆所藏的一部抄本。

《国家图书馆藏琉球资料汇编》，上中下册，2000年10月。

《旧金山和约与中日和约的关系》，中日外交史料丛编（8），1966年版。

《李文忠公（鸿章）全集》，文海出版社，1980年版。

《李文忠公全集》，译署函稿卷八，光绪乙巳刊本。

《琉球资料续编》，2000年10月。

《明太祖实录》卷28，永乐二年三月壬辰。

中国档案汇编：《清光绪朝中日交涉史料》，卷二，故宫博物院文献馆编印，1932年影印本。

中国档案汇编：《清光绪朝中日交涉史料》，卷一，故宫博物院文献馆编印，1932年影印本。

《清光绪朝中日交涉史料》，文海出版社，1963年版。

《斯大林选集》下册，人民出版社，1963年版。

《战后国际关系史料》第1辑，上海市国际关系学会编印，1983年7月9日。

《战后国际关系史料》第2辑，上海市国际关系学会编印，1983年7月9日。

蔡大鼎：《北上杂记》，冲绳县立图书馆藏。

蔡璋：《琉球亡国史谭》，正中书店，1951年版。

陈龙贵、周维强编：《顺风相送——院藏清代海洋史料特展》，台湾故宫博物馆，2013年版。

戴宝村：《帝国的入侵：牡丹社事件》，自立晚报社文化出版社，1993年版。

东北地区中日关系史研究会：《中日关系论文集》，黑龙江人民出版社，1984 年版。

法学教材编辑部：《国际关系史资料选编》上册（第二分册），武汉大学出版社，1983 年版。

法学教材编辑部：《国际关系史资料选编》上册（第一分册），武汉大学出版社，1983 年版。

高岐：《福建市舶提举司志》考异，1939 年铅印本。

何慈毅：《明清时期琉球日本关系史》，江苏古籍出版社，2002 年版。

黄天：《琉球冲绳交替考》，三联书店（香港）有限公司，2014 年 11 月版。

纪连海：《琉球之迷》，北京大学出版社，2011 年版。

金熙德：《日美基轴与经济外交——日本外交的转型》，中国社会科学出版社，1998 年版。

金熙德：《中日关系——复交 30 周年的思考》，世界知识出版社，2002 年版。

李鸿章：《李鸿章全集》，海南出版社，1997 年版。

林泉忠、鞠德源：《日本国窃土源流—钓鱼列屿主权辩》（上下册），首都师范大学出版社，2001 年版。

刘少东：《二战前后的冲绳问题及中日美关系研究》，人民出版社，2015 年版。

刘少东：《日美冲绳问题起源研究（1942—1952）》，世界知识出版社，2011 年版。

刘晓峰：《日本的面孔》，中央编译局出版社，2007 年版。

吕万和：《简明日本近代史》，天津人民出版社，1984 年版。

孟凡仁、黄振华主编：《中俄伊犁交涉》，新疆人民出版社，1995 年版。

米庆余：《琉球历史研究》，天津人民出版社，1998 年版。

米庆余：《日本近代外交史》，南开大学出版社，1988 年版。

米庆余：《日本近现代外交史》，世界知识出版社，2010 年版。

米庆余监修，肖伟著：《战后日本国家安全战略》，新华出版社，2000

年版。

米庆余主编：《国际关系与东亚安全》，天津人民出版社，2001 年版。

米庆余主编：《日本百年外交论》，中国社会科学出版社，1998 年版。

日本外交史料馆：《本邦人海外—密航关系杂件》卷 3，外务省记录分类三·八·八·四。

沈云龙主编：《近代中国史料丛刊续编》第 696 册，文海出版社，1975 年版。

宋成有、李寒梅等：《战后日本外交史（1945—1994）》，世界知识出版社，1994 年版。

台湾银行经济研究室：《甲戌公牍钞存》，台湾银行出版社，1959 年版。

唐淳风编著：《悲愤琉球》，东方出版社，2014 年 5 月版。

汪向荣、夏应元：《中日关系史资料汇编》，中华书局，1984 年版。

王亮辑：《清季外交史料（光绪朝）》卷 13，北平外交史料编纂处 1935 年铅印本。

王铁崖：《中外旧约章汇编》第一册，三联书店，1957 年版。

王玺：《李鸿章与中日订约（一八七一）》，台北中央研究院近代研究所，2006 年版。

王芸生：《六十年来中国与日本》，大公报社，1932 年版。

王芸生编：《六十年来中国与日本》第一卷，生活·读书·新知三联书店，2005 年版。

王振锁：《日本战后五十年（1945—1995）》，世界知识出版社，1996 年版。

王振锁：《战后日本政党政治》，人民出版社，2004 年版。

吴汝纶编：《李文忠公全集》，1908 年版。

吴廷璆主编：《日本史》，南开大学出版社，1994 年版。

吴学文主编：《日本外交轨迹（1945—1989）》，时事出版社，1990 年版。

吴于廑、齐世荣主编：《世界史　近代史编》《世界史　现代史编》，高等教育出版社，1992 年版。

谢必震：《中国与琉球》，厦门大学出版社，1996 年版。

徐葆光：《中山传信录》，《台湾文献史料丛刊》第三辑《清代琉球纪录集辑、清代琉球纪录续辑》，台湾大通书局印行。

徐思伟：《吉田茂外交思想研究》世界知识出版社，2001 年版。

徐艺圃主编，中国第一历史档案馆编：《清代中琉关系档案选编》，中华书局，1993 年版。

徐艺圃主编，中国第一历史档案馆编：《清代中琉关系档案三编》，中华书局，1996 年版。

杨家骆主编：《中国近代史文献汇编·清光绪朝文献汇编》，鼎文书局，1979 年版。

杨生茂主编：《美国外交政策史 1775—1989》，人民出版社，1991 年版。

杨中揆：《琉球古今谈》，台湾商务印书馆，1990 年版。

于群：《美国对日政策研究》，东北师范大学出版社，1996 年版。

曾纪泽撰：《曾惠敏公遗集》，江南制造总局，1893 年。

张健：《战后日本的经济外交（1945—1972）》，天津人民出版社，1996 年版。

张启雄：《清光绪朝中日交涉史料选辑》，台湾省文献委员会，1997 年版。

张廷玉：《明史》卷三二二，列传二一一，外国四，中华书局，1974 年 4 月第 1 版。

张雅丽：《战后日本对外战略研究》，浙江人民出版社，2002 年版。

张蕴岭主编：《转变中的中、美、日关系》，中国社会科学出版社，1997 年版。

赵学功：《巨大的转变——战后美国对东亚的政策》，天津人民出版社，2002 年版。

浙江大学日本文化研究所：《日本历史》，高等教育出版社，2003 年版。

郑海麟：《钓鱼岛列屿之历史与法理研究》（增订本），中华书局，2007 年版。

中国第一历史档案馆编：《清代中琉关系档案续编》，中华书局，1994

年版。

中国福建省琉球列岛交涉史研究调查委员会编：《中国福建省·琉球列岛交涉史研究》，第一书房，1995 年版。

资中筠主编：《战后美国外交史——从杜鲁门到里根》（下册），世界知识出版社，1994 年版。

沈玉慧：《中国、东亚与全球经济——区域与历史的视角》，社会科学文献出版社，2009 年版。

刘江永：《钓鱼岛列岛归属考：事实与法理》，人民出版社，2016 年版。

［日］安冈昭男著，胡连成译：《明治前期日中关系史研究》，福建人民出版社，2007 年版。

［日］安岗昭男：《战后日本外交（1945—1995）》，中国社会科学出版社，1996 年版。

［日］村田忠禧：《日中领土争端的起源　从历史档案看钓鱼岛问题》，社会科学文献出版社，2013 年 10 月版。

［日］村田忠禧：《尖阁列岛·钓鱼岛争议》，日本侨报社，2004 年版。

［日］东亚同文会编，胡锡年译：《对华回忆录》中译本，商务印书馆，1959 年版。

［日］吉泽清次郎主编：《战后日美关系》（中译本），上海人民出版社，1977 年版。

［日］井上清著，贾俊琪等译：《钓鱼岛》，中国社会科学出版社，1997 年版。

［日］毛利和子：《中日关系——从战争走向新时代》，社会科学文献出版社，2009 年版。

［日］升味准之辅：《日本政治史（第四册）》（中译本），商务印书馆，1997 年版。

［日］五百旗头真：《日美关系史》，世界知识出版社，2012 年版。

［日］西里喜行著，胡连成等译：《清末中琉日关系史研究》上册，社会科学文献出版社，2010 年版。

［日］喜舍场朝贤：《琉球见闻录》，东京至言社，1977 年版。

[日] 信夫清三郎著，周启干译：《日本政治史》第1卷，上海译文出版社，1982年版。

[日] 信夫清三郎：《日本外交史》（下册）（中译本），商务印书馆，1992年版。

[日] 信夫清三郎编，天津社会科学院日本问题研究所译：《日本外交史》（上、下），商务印书馆，1980年版。

[美] 亨利·欧文主编，齐沛合译：《七十年代的美国对外政策》，生活·读书·新知三联书店，1975年版。

[美] 布鲁斯特·C. 丹尼著，范守义等译：《从整体考察美国对外政策》，世界知识出版社，1988年版。

[美] 杜鲁门·哈里：《杜鲁门回忆录》第1卷，生活·读书·新知三联书店，1974年版。

[美] 乔治·凯南著，葵阳等译：《美国外交》，世界知识出版社，1989年版。

[苏] C. A. 戈尼昂斯基：《外交史》（四卷下），三联书店，1980年版。

[英] 爱德华·豪士原著，陈政三译著：《征台记事：牡丹事件始末》，台湾书房，2011年版。

[英] 李约瑟：《中国科学技术史》，科学出版社，1990年版。

中文文章

戴东阳："何如璋与早期中日琉球交涉"，《清史研究》，2009年第3期。

关捷："甲午战争前日本的战备及其战略计划"，《山东社会科学》，2014年6期。

胡飞："1880：一个琉球人的自刎——林世功的激愤与无奈"，《佳木斯教育学院学报》，2012年第3期。

黄大慧："钓鱼岛争端的来龙去脉"，《求是》，2010年第20期。

黄加佳："琉球失国"，《北京日报》，2012年9月13日。

蒋跃波、李育民："试析曾纪泽伊犁交涉成功原因"，《湖南教育学院学报》，2000 年第 4 期。

孔凡岭：“1874 年日本出兵台湾探析”，《台湾研究》，1997 年第 2 期。

赖正维：“‘球案’与近代中日关系”，《福建师范大学学报（哲学社会科学版）》，1996 年第 3 期。

赖正维：“论福建在明清中琉关系史上的地位”，《福建论坛（文史哲版）》，1997 年第 4 期。

赖正维：“清末琉球王国在华的复国运动”，《中国边疆史地研究》，2015 年第 1 期。

赖正维：“清政府对中琉交往活动中违法事件的处置”，《福建师范大学学报（哲学社会科学版）》，2002 年第 4 期。

雷颐：“从‘联为外援’到‘永久大患’——李鸿章对日观演变浅论”，《抗日战争研究》，2006 年第 3 期。

李金明：“明朝中琉封贡关系的论析”，《福建论坛（人文社会科学版）》，2008 年第 1 期。

李理、赵国辉：“李仙得与日本第一次侵台”，《文史知识》，2007 年第 7 期。

李理：“日本‘吞并琉球’计划出台始末”，《清华大学学报（哲学社会科学版）》，2014 年 5 月。

李微：“城市问题的复杂性及其本质”，《日本学刊》，2010 年第 5 期。

李细珠：“李鸿章：甲午战前对日认识及其外交策略”，《文史知识》，2011 年第 2 期。

刘江永：“论美国在钓鱼岛争议中偏袒日本的背景和原因”，《日本学刊》，2016 年 1 期。

刘少东：“‘第三次工业革命’的‘思想产业’——日本智库的特点及启示”，《世界知识》，2014 年第 3 期。

刘少东：“岛争背后的中日国民心态比较”，《人民论坛》，2012 年 28 期。

刘少东：“论美国 1942—1946 年冲绳战略的形成”，《历史教学》，2008 年第 22 期。

刘少东：“破解中日关系中的文化隔膜”，《世界知识》，2012 年

17 期。

刘少东："破解中日互信中的制约因素"，《中日关系史研究》，2013 年第 1 期。

刘少东："日本政府在最初处理冲绳问题上的努力"，《历史教学》，2009 年第 3 期。

刘少东："思习近平中日关系讲话"，《中日关系史研究》，中日关系史学会，2015 年第 4 期。

刘少东："析评《二战前后的冲绳问题及中日美关系研究》"，《世界知识》，2015 年第 19 期（总 1662 期）。

刘少东："战后日本 70 年来的智库的建设"，《日本战后 70 年轨迹与走向》，中国社科文献出版社，2015 年版。

刘少东："智库建设的日本经验"，《人民论坛》，2013 年第 35 期。

刘少东："再解蒋介石中美共管琉球表态"，《日本侵华史研究》2017 年第 4 期

刘少东："试论明治维新 150 周年安倍强行修宪与中日关系走向"，《晋阳学刊》2018 年第 4 期。

刘世华："李鸿章与《中日修好条规》的签订"，《社会科学战线》，1997 年第 1 期。

刘世华："李鸿章与日本"，《安徽史学》，1996 年第 3 期。

刘晓峰："琉球一八七五"，《读书》，2005 年第 3 期。

米庆余："《隋书·流求传》是琉球（冲绳）吗?"，《中国社会科学》，1998 年第 1 期。

米庆余："钓鱼岛及其附属岛屿归属考——从明代陈侃《使琉球录》谈起"，《历史研究》，2002 年第 3 期。

米庆余："古代日琉关系考"，《世界历史》，2000 年第 3 期。

米庆余："近代日本'琉球处分'的历史"，《第九届中琉历史关系学术会议论文》，海洋出版社，2005 年版。

米庆余："近代中日琉球问题交涉"，《中日关系史论考》，中华书局，2001 年版。

米庆余："琉球漂民事件与日军入侵台湾（1871—1874）"，《历史研

究》，1999 年第 1 期。

米庆余："现代日本'大东亚'战略的缘起"，《太平洋学报》，2005 年第 7 期。

米庆余："中日美三国关系与东亚的安全保障"，《世界历史》，2001 年第 4 期。

庞培法、刘金国："古代中国与琉球王国友好关系的确立与中断"，《山东师范大学学报》，1995 年第 5 期。

戚其章："从《翁同和文献》看晚清外交"，《历史教学》，2003 年第 9 期。

戚其章："李鸿章与中日琉球交涉"，《历史教学（高校版）》，2007 年第 3 期。

戚其章："日本吞并琉球与中日关于琉案的交涉"，《济南教育学院学报》，2000 年第 5 期。

邱展雄："读《何如璋传》一得"，《湖南城市学院学报》，1992 年第 2 期。

宋志勇："东京审判研究"，博士论文，南开大学日本研究院，2002 年 5 月。

汪晖："冷战的前兆：蒋介石与开罗会议中的琉球问题"，《开放时代》，2009 年 5 月。

汪晖："琉球与区域秩序的两次巨变"，《人文与社会》，2013 年 7 月 11 日。

汪幸福："钓鱼岛祸根：二战后蒋介石两拒'琉球'"，《环球时报》，2009 年 3 月 1 日。

王海滨："琉球名称的演变与冲绳问题的产生"，《日本学刊》，2006 年第 2 期。

王明星："1871—1874 年日本对台湾政策的演变"，《齐鲁学刊》，1992 年第 1 期。

王振锁："开中国研究日美冲绳问题起源之先河——评刘少东教授所著《日美冲绳问题起源研究 1942—1952》"，《世界知识》，2012 年 14 期。

吴怀民："清代中国对琉球的册封"，《福建师范大学学报（哲学社会科学版)》, 1992 年第 3 期。

吴密察:"'建白书'所见'征台之夜'(1874)",《第二届中琉球历史关系国际学术会议论文集》, 台湾中琉文化经济协会, 1990 年版。

谢必震:"第六届中琉历史关系学术研讨会简述",《教育评论》, 1996 年第 6 期。

谢必震:"李鸿章与'球案'",《福建论坛(人文社会科学版)》, 1991 年第 6 期。

谢必震:"明赐琉球闽人三十六姓考述",《华侨华人历史研究》, 1991 年 1 期。

谢必震:"明清士大夫与琉球",《福建师范大学学报(哲学社会科学版)》, 2002 年第 4 期。

修斌、常飞:"琉球复国运动的历史回顾",《中国海洋大学学报(社会科学版)》, 2010 年第 4 期。

修斌、姜秉国:"琉球亡国与东亚封贡体制功能的丧失",《日本学刊》, 2007 年第 6 期。

徐恭生:"福州与那霸关系史初探",《福建论坛(社科教育版)》, 1981 年第 5 期。

徐勇:"琉球谜案",《世界知识》, 2005 年第 15 期。

杨令侠:"一八七九年尤·格兰忒的访华",《历史教学》, 1983 年第 9 期。

袁成毅:"二战蒋介石为何要对日实行'以德抱怨'政策",《抗日战争研究》, 2006 年 1 期。

张海鹏、李国强:"论《马关条约》与钓鱼岛问题",《人民日报》, 2013 年 5 月 8 日。

张启雄:"何如章的琉案外交——以"失言事件"为论题中心",《第一届中琉历史关系国际学术会议论文集》, 台北中琉文化经济协会, 1988 年。

张先清、谢必震:"清代台湾与琉球关系考",《中国社会经济史研究》1998 年第 1 期。

张耀武:"战后中日关系中的台湾问题", 博士论文, 南开大学日本研究院，2003 年。

郑容和：“从周边视角来看朝贡关系——朝鲜王朝对朝贡体系的认识和利用”，《国际政治研究》，2006 年第 1 期。

朱惠足：“来自帝国边境的近代化推动者——冲绳八重山诸岛与殖民地台湾统治”，《人文与社会》，2009 年 8 月。

［日］赤领守：“琉球归属问题交涉与脱清人”，《第九届中琉历史关系国际学术会论文集》，海洋出版社，2005 年版。

［日］井上清：“日本学者井上清：钓鱼列岛等岛屿是中国领土”，《世界知识》，2010 年第 19 期。

二、日文文献

「米外交顧問ケナン氏が来島」、『うるま親報』、1948 年 3 月 18 日。

「日本復帰の請願決議」、『琉球新報』、1952 年 4 月 30 日。

「昭和天皇と沖縄—『天皇メッセ ージ』の再考察—」、『中央公論』第 24 巻第 3 号、1999 年版。

『大久保利通文書』6、日本史籍協会、1928 年版。

『那覇市史』資料編第二巻中一三、那覇市役所、1970 年版。

『日本外務省當案目録』。

『岩波講座　日本史 23 現代 2』、岩波書店、1997 年版。

エルドリッヂ· ロバートD. 「ジョージ· F· ケナン PPSと沖縄—五十年前の米国の沖縄政策決定過程」、『国際政治』第 120 号、1999 年 2 月。

エルドリッヂ· ロバートD.「昭和天皇と沖縄—『天皇メッセージ』の再考察—」、『中央公論』第 144 巻第 3 号、1999 年 3 月。

ヒュー· ボートン（五百旗頭真監修）『戦後日本の設計者ボートン回想録』、朝日新聞、1998 年版。

マシュー・C・ペリー著、木原悦子訳『ペリー提督日本遠征日记』、小学馆、1996 年版。

安岡昭男『幕末維新の領土と外交』、清文堂、2002 年版。

安藤良雄「講和条約への道」、『昭和経済史への証言（下）』、朝日新聞社、1966 年版。

安藤良雄『昭和経済史への証言（下）』、朝日新聞社、1996 年版。

比嘉幹郎『沖縄　政治と政党』、中央公論社、1965 年版。

比嘉清『琉球弧の言語』、三元社、2000 年版。

柴田紳一『昭和期の皇室と政治外交』、原書房、1995 年版。

産経新聞社『蒋介石秘録や一四—降伏—』、産経新聞社、1977 年版。

池井優『日本外交史概説』、慶応通信、1983 年版。

赤嶺誠紀『大航海時代の琉球』（進貢船一覧表）、冲绳タイム社出版、1988 年版。

沖縄返還 20 周年記念行事民間実行委員会『沖縄返還関係主要年表資料表』、国際交流基金日米センター、1994 年版。

沖縄県『沖縄—戦後 50 年歩み—』、沖縄県、1995 年版。

沖縄県教育委員会『冲縄県史資料　戦後 I　冲縄会諮詢記録』、1986 年版。

沖縄県教育委員会『沖縄県史』巻 13。

村川一郎『ダレスと吉田茂』、国書刊行会、1991 年版。

大蔵省財政史室『昭和財政史第 2 巻—終戦から講和まで（2）—』、東洋経済新報社、1982 年版。

大城立裕『冲绳歴史散歩』、創元社、1991 年版。

大久保利谦『近代史史料』、吉川弘文館、1973 年版。

大山梓『日本外交史研究』、良書普及会、1980 年版。

大田昌秀「占領下の沖縄」、『岩波講座　日本歴史二三　現代二』、岩波書店、1977 年版。

大田昌秀『沖縄の挑戦』、恒文社、1990 年版。

大嶽秀夫『戦後日本防衛問題資料集　第二巻「非軍事化から再軍備へ」』、三一書房、1992 年版。

大嶽秀夫『戦後日本防衛問題資料集　第一巻「非軍事化から再軍備へ」』、三一書房、1991 年版。

岛越皓之『琉球国の滅亡とハワイ移民』、吉川弘文館、2013 年版。

島川雅史・藤本博『アメリカの戦争と在日米軍』、社会評論社、2003 年版。

東京大学史料纂所編『大日本古文書・家別第十六・島津家文書之一』、東京大学出版会、2011 年版。

東郷茂徳『時代の一面』、原書房、1967 年版。

渡辺幾治郎『日本戦時外交史話』、千倉書房、1937 年版。

渡辺昭夫『戦後日本の政治と外交—沖縄問題をめぐる政治過程—』、福村出版株式会社、1970 年版。

渡辺昭夫・宮里政玄『サンフランシスコ講和』、東京大学出版会、1986 年版。

法政大学沖縄文化研究所『沖縄文化研究』12 号、1986 年 3 月。

服部四郎・仲宗根政善・外間守善編『伊波普猷全集』第二巻、平凡社、1974 年版。

宮里政玄「沖縄の戦後」、『歴史学研究』第 545 号、1985 年 9 月。

宮里政玄『アメリカの沖縄統治』、岩波書店、1966 年版。

宮里政玄『アメリカの沖縄政策』、ニライ社、1986 年版。

宮里政玄『アメリカの対外政策決定過程』、三一書房、1981 年版。

宮里政玄『戦後沖縄の政治と法—1945—1972 年—』、東京大学出版会、1975 年版。

宮澤喜一『東京—ワシントンの密談—』、実業之日本社、1956 年版。

河野康子『沖縄返還をめぐる政治と外交—日米関係史の文脈—』、東京大学出版会、1994 年版。

横瀬夜雨『明治初年の世相』、新潮社、1927 年版。

吉田茂『回想十年』、新潮社、1957 年版。

吉田善明・影山日出弥・大須賀明『憲法と沖縄』、敬文堂、1971 年版。

吉田松蔭『日本名著』第 31 巻、中央公論社、1972 年版。

進藤栄一「分割された領土—沖縄、千島、そして安保—」、『世界』第 407 号、1979 年 4 月。

菊田真雄『征韓論及び其の影響』、日日新聞社、1941 年版。

鈴木九万『日本外交史　終戦から講和まで』、鹿島研究所出版会、1997年版。

琉球政府編『沖縄県史』15巻、国書刊行会、1989年複刻版。

芦田均『芦田均日記』、岩波書店、1986年版。

鹿島守之助『日本外交史』第3巻、鹿島研究所出版会、1970年版。

鹿島平和研究所編『日本外交主要文書・年表　第1巻』Basic Documents on Japanese Foreign Relations, Vol. 1、原書房、1983年版。

鹿島平和研究所編『日本外交主要文書・年表　第2巻』Basic Documents on Japanese Foreign Relations, Vol. 2、原書房、1984年版。

鹿島平和研究所編『日本外交主要文書・年表　第3巻』Basic Documents on Japanese Foreign Relations, Vol. 3、原書房、1985年版。

梅林宏道「情報公開法でとらえた」、『在日美军』、高文研、1998年版。

那霸市総務部市史編集室編『那霸市史』通史稿第2巻、那霸市役所、1974年版。

那霸市総務部市史編集室編『那霸市史』資料編第2巻中4、『史料本稿』、1969年版。

楠綾子「占領下日本の安全保障構想—外務省における吉田ドクトリンの形成過程—」、『六甲台論集』第45巻第3号、1999年3月。

平良辰雄『戦後の政界裏面史—平良辰雄回想録—』、南報社、1963年版。

浦野起央『釣魚臺群島（尖閣諸島）問題研究資料匯編』、刀水書房、2001年版。

浦野起央『尖閣諸島・琉球・中国日中関係史』、三和書籍、2002年版。

秦郁彦『昭和天皇五つの決断』、文藝春秋社、1994年版。

清水俊雄・奥畑稔訳『ジョージ・F・ケナン回顧録（下巻）』、読売新聞社、1973年版。

日本国立国公図書館憲政資料室所蔵『宍户玑文書』。

日本外交史辞典編纂委員会『日本外交史辞典』、山川出版社、1992

年版。

日本外務省調査部編『日本外交文書』第1巻1冊、1936年版。

入江昭・ロバート・ワンプラー編、細谷千博・有賀貞監訳『日米戦後関係史1951—2001』、講談社、2001年版。

若林千代「占領初期沖縄における米軍基地化と『自治』1945—1946年」、『国際政治』第120号、1999年2月。

三国一郎「『サンフランシスコ条約』始末」、『昭和史探訪・六』、番町書房、1975年版。日本内閣官報局:『法令全書』第1巻、原書房、1974年版。

三浦陽一『吉田茂サンフランシスコ講和』、大月書店、1996年版。

色川大吉『自由民権』、岩波書店、1981年版。

森島中良「琉球談」、『江户期琉球物資料集覧』第4巻、本邦書籍株式会社、1981年版。

山口和雄『日本経済史講義』、筑摩書房、1968年版。

山崎美成「琉球入貢紀略」、『江户期琉球物資料集覧』第4卷、本邦書籍株式会社、1981年。

神谷不二『戦後史の中の日米関係』、新牒社、1989年版。

升味準之助『昭和天皇とその時代』、山川出版社、1998年版。

石川忠雄・中嶋岭雄・池井優『戦後資料日中関係』、日本評論社、1970年9月30日第1版。

寺崎英成・マリコ・テラサキ・ミラー『昭和天皇独白録　寺崎英成・御用掛日記』、文芸春秋社、1991年版。

田庄兵衛・長谷川正安・藤原彰『日本戦後史資料』、新日本出版社、1995年版。

畠基晃『基地問題　基礎知識』、亜紀書房、1998年版。

外務省『初期対日占領政策　朝海浩一郎報告書（下)』、毎日新聞社、1979年版。

外務省百年史編纂委員会『外務省の百年』、原書房、1969年版。

王芸生『日支外交六十年史』第1卷。

我部正男「条約改正と沖縄」、『史潮』107号、大冢史学会、1969

年版。

我部政明「米統合参謀本部における沖縄保有の検討・決定過程1943—1946」、『法学研究』第69巻第7号、1996年7月。

我部政明『日米関係の中の沖縄』、三一書屋、1996年版。

呉天潁『甲午戦前釣魚列嶼帰属考』、外文出版社、1998年版。

五百旗頭真「カイロ宣言と日本の領土」、『広島法学』第4巻第3、4号、1981年3月。

五百旗頭真『米国の日本占領政策（上、下）』、中央公論社、1985年版。

五十風武士『対日講和と冷戦』、東京大学出版会、1985年版。

五十嵐武士「対日講和の提唱と対日占領政策の転換」、『思想』1976年10月号。

西村熊雄「サンフランシスコの思い出」『中央公論』第72巻第6号、1957年5月。

西村熊雄「沖縄帰属のきむるまで求めるに急であった日本の世論」、『朝日ジャーナル』第1巻第1号、1956年6月21日。

西村熊雄「講和条約」、『語りつぐ昭和史 激動の半世紀』、朝日新聞社、1977年版。

西村熊雄「占領前期の対日講和問題—六つの伝達—」、『ファイナンス』第10巻第11号、1975年版。

喜舎場朝賢『琉球見聞録』、三秀舎、1914年版。

喜舎場朝賢『琉球見聞録』、東汀遺書著刊行会、1952年版。

細谷千博『サンフランシスコ講和への道』、中央公論社、1984年版。

細谷千博『日米關係通史』、东京大学出版会、1996年版。

細谷千博・本間長世『日米関係史「新版」摩擦と協調の140年』、有斐閣選書、1995年版。

細谷千博・有贺貞・石井修・佐々木卓也『日米関係資料集1945—1997』、東京大学出版会、1999年版。

下田武三『戦後日本外交の証言　日本はこうして再生した』、行政問題研究所、1984年版。

新崎盛暉『沖縄現代史』、岩波新書、1996 年版。

新崎盛暉『戦後沖縄史』、日本評論社、1981 年版。

信夫清三郎『日本外交史：1853—1972』、毎日新聞社、1974 年版。

緒方貞子編、添谷芳秀訳『戦後日中・米中関係』、東京大学出版会、1992 年版。

岩倉公旧跡保存会『岩倉公実記』下巻、1906 年発行、1927 年再版。

岩玉幸多編『資料による日本の歩み・近代編』、東京吉川弘文館、1965 年版。

伊波普猷『古琉球』、青磁堂出版、1942 年版。

伊波普猷等編『琉球史料叢書』巻 5、名取書店、1941 年版。

伊東昭雄編『アジアと近代日本：反侵略の思想と運動』、社会評論社、1990 年版。

伊藤博文文書研究会（監修）、檜山幸夫（総編集）『伊藤博文文書』、ゆまに書房、2007 年版。

伊佐真一『伊波普猷批判序説』、影書房、2007 年版。

誉田豊吉「沖縄教育の方針」、『沖縄の教育』32 号、1898 年版。

増田弘『日米関係史概説』、南窓社、1977 年版。

真境名安興・島倉竜治合著『冲绳一千年』、栄光出版社、1974 年版。

真永井阳之助・山本満『戦後資料日米関係』、日本評論社、1970 年版。

芝原拓自等編『日本近代思想大系・12・対外観』、岩波書房、1988 年版。

中村政則「占領下の尊厳　戦後日本と白洲次郎」、『太陽』第 453 号、1998 年 7 月。

中野好夫『戦後資料沖縄』、日本評論社、1969 年版。

中野好夫・新崎盛暉『沖縄・70 年前後』、岩波新書、1970 年版。

猪木正道『評伝吉田茂』、読売新聞社、1981 年版。

佐々木雅幸・宮本憲一『沖縄 21 世紀への挑戦』、岩波書店、2000 年版。

三、英文文献

Foreign Relations of the United States，中国国家图书馆，http：//www. questa. com www. nlc. gov. cn。

United States National Archives，College Park，Maryland.

Record group 59，General Records of the Department of State；

Record group 107，Records of the Office of the Secretary of War；

Record group 165，Records of the War Ddepartment General and Special Staffs；

Record group 218，Rrecords of the Joint Chief of Staff；

Record group 319，Records of the Army Staff.

Akio Watanabe，The Okinawa Problem：A Chapter in Japan U. S. Relations，Melbourne：Melbourne University Press，1970.

Allison，John M. Ambassador from the Prairie or Allison Wonderland. Boston ：Houghton Mifflin Co. ，1973.

Allison，John M. Ambassador from the Prairie or Allison Wonder land. Boston：Houghton Mifflin Co. ，1973.

Byrnes，James F. Speaking Frankly，New York：Harper and Brothers Publishers，1947.

Cohen Bernard C. ，The Political Process and Foreign Policy：The Making of the Japanese Peace Settlement. Princeton University Press，1957.

Cohen，Warren I . Dean Pusk. Totowa：Cooper Square Publishers，1980.

Condit，Kenneth W. The History of the Joint Chiefs of Staff：The Joint Chifs of Staff and National Policy，VolumeII，1947 – 1949，Wilmington：Micheal Glazier，Inc. 1979.

Department of State，Foreign Relations of the United States，1942 – 1951，Washington，D. C. ：U. S. Government Printing Office.

Eleror Lattimore. Pacific Ocean or American Lake? Far Eastern Survey，Vol. 14，1945.

Geore H. kerr: "KOkinawa: The History of an Island People".

Hal Mare Friedman. Creating an American Lake: The United States, Imperialism, Strategic Security, and the Pacific Basin 1945 – 1947, Michigan State University, 1995.

Howard B. Schonberger, Aftermath of War: Americans and the Remaking of Japan, 1945 – 1952, Kent: The Kent State University Press, 1989.

Immerman, Richard H., ed. John Foster Dulles and the Diplomacy of the Cold War, Princeton Priceton Univeisity Prees, 1990.

Jean-MAarc F. Blanchard: The US role in the Sino – Japanese dispute over the Diaoyu (Senkaku) Islands, 1945 – 1971, the China Quarterly, No. 161 (Mar., 2000).

John W. Dower, "Occupied Japan and the American Lake, 1945 – 1950," in Edward Essays on American-East Asian Relations, New York: Random House, 1969.

Kase, Toshikazu, Journey to the Missouri, New Haven: Yale University Press, 1950.

Manuscripts and Archives Division, Yale Uuniversity Library, Yale, Connecticut The Henry Lewis Stimson Diaries (microfilmed copy).

Michael S. Sherry. Preparing for the Next War: American Plans for Postwar Desfense 1941 – 1945, New Haven: Yale University Press, 1977.

Michael Schaller, The American Occupation of Japan: The Origins of the Cold War in Asia, New York: Oxford University Press, 1985.

Oral History Research Office, Columbia University, New York City, New York: The Reminiscences of Hugh Borton.

Richard H. Immerman, ed., John Foster Dullse and Diplomacy of the Cold War. Princet on, New Jersey: Princetion University Press, 1990.

Robert D. Eldridge and Ayako Kusunoki, "To Base or Not to Base? Yoshida Shigeru, the 1950 lkeda Mission, and Post-Treaty Japanese Security Conceptions", Kobe University Law Review, No. 33, 1999.

Sabald, William J., With MacArthur In Japan: A Personal History of The

Occupation. New York : W. W. Norton and Co, 1965.

Seeley G. Mudd Manuscript Library, Princeton University, Princeton, New Jersey Papers of James V. Forrestal.

Special Collections Division, Nimitz Library, Unitid States Naval Academy, Annapolis, Marylan Sebald Diaries, The Reminiscences of William J. Sebald (2 Volumes), 1997.

Special Collections Library, Duke University, Durham, North Carolina Papers of Robert L. Eichellberger.

Truman Library Oral History Program, Harry S. Truman Presidential Library, Independence, Missouri.

后　记

本书是2014年度天津市哲学社会科学规划基金项目（后期资助）“中日琉球归属交涉研究（1854—1894）”（编号：TJZZHQ1402）的最终成果。

本书完成之际，获悉相关研究课题2011年度国家社会科学基金项目学术专著《二战前后的冲绳问题及中日美关系研究》问世出版（人民出版社2015年4月），2014—2015年度天津市高校智库优秀决策咨询研究成果《天津市智库建设的现状、问题及对策》获三等奖，深感欣慰。

本书作为天津市哲学社会科学规划课题研究成果，渗透了许多专家与学者的心血，在此谨向参与本书研究的人民日报社编辑边文峰博士等同仁，以及时事出版社方苹编辑致以衷心谢忱。

本书在撰写及鉴定过程中，先后得到了天津市社科规划办公室，中国社会科学院日本所、近代史研究所，南开大学日本研究院、历史学院、外国语学院，黑龙江大学哲学与公共管理学院，军事交通学院基础部，天津社会科学院日本所，天津师范大学外国语学院、文学院、政治与行政学院，天津财经大学人文学院，天津外国语大学日语学院，中华日本学会，中国日本史学会，中国中日关系史学会，《世界知识》杂志社，《日本学刊》杂志社，《人民论坛》杂志社，天津理工大学科技处、研究生部及外国语学院等各级领导与同仁的支持与鼓励，在此深表谢意！

由于水平有限，本书错误和疏漏之处在所难免，敬请专家和读者评判指正！

刘少东

2017年冬至于天津